Gustave de Molinari

Questions économiques à l'ordre du jour

essai

ISBN : 978-1511498319

10 9 8 7 6 5 4 3 2 1

Gustave de Molinari

Questions économiques à l'ordre du jour

essai

Table de Matières

Préface

Les études que nous avons réunies dans ce livre concernent quelques-unes des questions qui s'imposent particulièrement aujourd'hui à l'attention publique : les lois naturelles dont les protectionnistes et les socialistes veulent ignorer l'existence ; la solution que les progrès suscités par ces lois apportent au problème de la participation du travail aux profits de la production ; la raison d ' être légitime de la rétribution du capital ; les causes qui ont fait naître le protectionnisme et celles qui agissent pour y mettre fin ; la substitution de l'or à l'argent comme étalon monétaire et la nécessité de recourir à une mesure de la valeur moins instable ; le rôle utile des religions ; enfin, l'impossibilité de perpétuer un régime politique et militaire en opposition avec les conditions actuelles d'existence des sociétés.

Les socialistes accusent, d'habitude, les économistes de prendre parti pour le capital contre le travail. On se convaincra en lisant ce livre qu'ils n'ont d'autre parti pris que celui de la recherche de la vérité.

Gustave de Molinari

Première partie

La fonction régulatrice des lois naturelles de la concurrence et de la valeur

À mesure que l'industrie progresse, la production indirecte se substitue à la production directe. On ne produit plus pour consommer les fruits de son industrie, on produit pour les échanger. Cette substitution de la production en vue de l'échange à la production en vue de la consommation, s'est particulièrement accélérée depuis l'avènement de la grande industrie.

Après avoir été la règle, la production directe est devenue l'exception. Dans les pays où l'industrie est la plus avancée, on ne consomme soi-même qu'une faible partie des choses que l'on produit, et la plupart même des producteurs et des coopérateurs de la production n'en consomment aucune. Cette généralisation de la production indirecte tient à l'essor prodigieux que le progrès a imprimé à la puissance productive de l'homme, en comparaison de la production directe. A l'époque où les vêtements étaient fabriqués à la main, il pouvait être avantageux de les confectionner soi-même ; il est plus économique de les acheter tout faits depuis qu'ils sont fabriqués à la machine, et il en est de même pour tous les autres articles de consommation. On ne produit plus pour soi-même, on produit pour autrui.

Cette substitution de plus en plus générale de la production en vue de l'échange à la production en vue de la consommation a fait surgir les problèmes de l'équilibre de la production et de la consommation, et de la répartition des produits entre les coopérateurs de la production. Comment ces problèmes se résolvent par l'opération combinée des lois naturelles de la concurrence et de la valeur, c'est ce que nous allons essayer de résumer.

Mais si l'on veut se rendre clairement compte de cette opération, il faut d'abord savoir pourquoi on produit et ce qu'on produit, autrement dit, avoir présentes à l'esprit les notions du besoin, de l'utilité, et de la valeur.

I
Le besoin, l'utilité et la valeur.

C'est au phénomène de la vie que nous devons remonter pour avoir la notion du besoin.

L'homme est un composé de matières et de forces. Ces matières et ces forces dans lesquelles réside la vie ne peuvent se conserver et se développer que par l'assimilation ou, pour nous servir de l'expression économique, par la consommation de matières et de forces adaptées à leur nature. De là le besoin. Le besoin se manifeste par une sensation pénible, une souffrance.

Averti par cette souffrance, l'être vivant cherche à se procurer les matières et les forces en possession du pouvoir de satisfaire à la demande du besoin, et de réparer ainsi la perte de vitalité qui provoquait cette demande. Ce pouvoir réparateur ; c'est l'utilité. L'assimilation ou la consommation de l'utilité provoque une jouissance. Tout être vivant est donc averti par la souffrance de la nécessité d'agir pour se procurer les matériaux réparateurs de sa vitalité et excité, de plus, à les acquérir, par la jouissance qui en accompagne la consommation. Tel est le mobile de son activité.

Cependant, cette nécessité d'agir ne s'imposerait point à l'être vivant si la nature lui fournissait les matériaux nécessaires a la satisfaction de ses besoins sans qu'il eût à faire aucun effort, partant à s'infliger aucune peine pour les obtenir, autrement dit si l'utilité qu'ils contiennent était gratuite. Mais il n'en est pas ainsi. Le plus grand nombre des matériaux nécessaires à la satisfaction des besoins de l'homme doivent être acquis par des efforts plus ou moins intenses et prolongés, que l'on désigne sous le nom de travail. Le travail consiste en une dépense de forces employées à l'acquisition des matériaux contenant des pouvoirs de satisfaction des besoins, ou des utilités, et cette dépense de forces cause une sensation de peine. Il y a donc deux sortes d'utilités : celles qui sont fournies par la nature sans que l'homme ait à faire aucun effort, à se donner aucune peine pour les acquérir, les utilités gratuites ; et les utilités acquises par le travail, les utilités produites. Celles-là sont simplement qualifiées d'utilités, celles-ci prennent le nom de valeurs, et elles sont exclusivement l'objet de l'économie politique.

Mais avant d'aller plus loin, achevons de nous rendre compte de la nature des besoins.

Chaque besoin répond à une catégorie particulière de forces vitales. Il se manifeste par la souffrance que cause la déperdition de ces forces lorsqu'elles ne sont pas entretenues et renouvelées par l'assimilation d'éléments qui leur conviennent. Selon leur nature, physique, intellectuelle ou morale, elles sont plus ou moins nécessaires à la conservation de la vie de l'individu dans lequel elles sont investies. Sous ce rapport, les besoins physiques tiennent le premier rang, et, parmi eux, le besoin de nourriture, car la non satisfaction de ce besoin, dit de première nécessité, provoque la souffrance la plus vive et est suivie de la perte la plus certaine de la vie. Viennent ensuite le besoin de défense contre les êtres et les choses du milieu ambiant, le besoin de reproduction, etc. Ces besoins physiques sont communs aux hommes et aux espèces inférieures. Parmi les besoins intellectuels et moraux, quelques-uns appartiennent, quoique à des degrés divers, à l'homme et aux animaux supérieurs, d'autres n'appartiennent qu'à lui, mais au point de vue de la conservation de la vie, les uns et les autres ne viennent qu'après les besoins physiques. C'est pourquoi la valeur des produits qui sont propres à satisfaire ceux-ci peut s'élever plus haut que la valeur de ceux-là.

Parmi les besoins, il faut distinguer encore ceux qui se rapportent à l'individu lui-même et ceux qui se rapportent à autrui, les besoins égoïstes et les besoins altruistes. Les uns et les autres demandent à être satisfaits et provoquent la création de produits matériels ou immatériels, adaptés à leur nature. Mais tous sont gouvernés par la même loi : l'individu qui les éprouve obéit au mobile de la peine et du : plaisir en satisfaisant un besoin altruiste, aussi bien qu'un besoin égoïste. S'il impose, par exemple, des privations pour satisfaire aux besoins de ses enfants et, en général, des êtres qu'il aime, c'est qu'il souffre de leur souffrance, et que cette souffrance est supérieure à celle qu'il s'impose à lui-même pour l'apaiser ; c'est que la jouissance qu'il ressent en satisfaisant ce besoin altruiste est supérieure à celle que lui vaudrait la satisfaction d'un besoin égoïste.

Première partie

Le mobile de la~peine et du plaisir, véhicule universel de l'activité des êtres vivants, auquel nous obéissons en pourvoyant à nos besoins égoïstes ou altruistes, nous l'appelons l'intérêt. C'est donc restreindre abusivement la signification de l'intérêt que de le confondre, comme on le f'ait d'habitude, avec l'égoïsme.

Enfin, entre le sauvage et l'homme civilisé, il y a cette différence, que l'un obéit aveuglément à l'impulsion de ses besoins et se laisse gouverner par eux, tandis que l'autre les gouverne ou s'efforce de les gouverner. C'.est que l'homme n'a pas seulement des besoins actuels, il a encore des besoins futurs. Dépourvu de prévoyance, et, n'ayant d'ailleurs qu'un minimum de capacité productive, le sauvage ne pourvoit guère qu'à ses besoins actuels les plus pressants, dans une gradation déterminée par le mobile de la peine et du plaisir. L'homme civilisé obéit au même mobile, mais il prévoit ses besoins futurs et il compare les peines et les jouissances, qui y sont afférentes, avec celles de ses besoins actuels. Il répartit les valeurs qu'il crée entre les uns et les autres, selon l'importance qu'il leur attribue. S'il juge que la satisfaction d'un besoin futur, matériel ou moral, lui procurera une jouissance ou lui épargnera une peine plus grande que celle d'aucun de ses besoins actuels, il restreindra sa consommation quotidienne, en admettant qu'il ne puisse augmenter sa production, pour faire une part à sa consommation à venir. Il épargnera et constituera un capital, c'est-à-dire une accumulation de valeurs, et ce capital, ou bien il l'emploiera à accroître sa puissance productive de manière à pourvoir plus amplement à ses besoins actuels et futurs, ou il le conservera simplement jusqu'au jour où les besoins qu'il a prévus viendront à échéance. Il est rare toutefois que ce partage entre les besoins présents et les besoins à venir soit parfaitement conforme à l'intérêt de l'individu qui l'opère. Le plus grand nombre des hommes font une part trop grande à leurs besoins actuels, d'autres exagèrent celle de leurs besoins futurs, et ces deux déviations de l'emploi utile des valeurs sont également nuisibles. Il faut remarquer aussi que la capacité de prévoir ne suffit pas seule à l'opération de l'épargne, il faut y joindre celle de résister à la poussée, parfois violente, des appétits du jour. Mais l'homme prévoyant comme l'imprévoyant, le civilisé comme le sauvage, obéit toujours au mobile de la peine et du plaisir. Seulement, chez l'un l'obéissance est aveugle et passive, chez l'autre, elle est éclairée et active.

II
La production directe et la production indirecte.
L'échange.

L'homme a commencé par produire directement lui-même les choses nécessaires à sa consommation. Mais dans cet état embryonnaire de son industrie, où il se trouvait réduit à ses propres forces, il ne pouvait satisfaire que ses besoins les plus urgents, ceux dont la non satisfaction entraînait, après un maximum de souffrance, l'extinction de sa vitalité. Encore sa production, entièrement dépendante du milieu ambiant, était-elle trop souvent insuffisante. Sous l'impulsion du mobile de la peine et du plaisir, il s'efforça donc d'augmenter la productivité de son industrie. Il inventa le procédé de la division du travail et de l'échange. A la production isolée succède alors la production divisée et combinée. La productivité du travail s'accroît successivement par la séparation et la spécialisation des industries, la multiplication des capitaux et l'emploi des machines. En échange de la même dépense de travail et de peine, le producteur obtient une quantité croissante de produits, cent fois ; mille fois plus grande que sous le régime primitif de la production isolée. L'espèce humaine s'élève au-dessus de l'animalité avec laquelle elle était confondue à ses débuts, .elle peut aspirer à un état de choses où tous les besoins matériels et moraux de la généralité de ses membres pourront être satisfaits, moyennant une dépense de plus en plus réduite de travail et de peine, où elle atteindra le summum de puissance matérielle et morale que comporte sa nature.

Mais le régime de l'échange soulève un problème d'une importance capitale, qui ne se pose point sous le régime de la production isolée, celui de l'équilibre utile de la production et de la consommation.

Le producteur se trouvant désormais séparé du consommateur cesse de produire pour lui-même ; il produit pour autrui. Le producteur-consommateur connaissait ses besoins, et il pouvait, suivant la sensation plus ou moins pénible qui provoquait leur demande, répartir entre eux ses produits, ajuster sa production avec sa consommation. Le producteur qui travaille pour autrui ignore le plus souvent où se trouve autrui et quels sont ses besoins. De nos jours, les consommateurs des produits de la plupart des industries ont cessé d'être concentrés dans la même localité, ils sont disséminés sur toute la surface du globe. Il faut les chercher, les découvrir et savoir de quelles quantités ils ont besoin, en un mot, connaître leur demande. C'est un problème qui s'impose aux producteurs et qu'ils doivent résoudre sous peine de ruine.

Ce problème, disons-nous, ne se posait point à l'individu isolé. A quel mobile obéissait-il ?

À son double intérêt de producteur et de consommateur, car ces deux intérêts étaient joints.

Si, comme producteur, il était intéressé à diminuer la quantité de travail et de peine que lui coûtait un produit, il ne l'était pas moins, comme consommateur, à obtenir de ce produit la plus grande somme de jouissance. En est-il encore ainsi sous le régime de l'échange ? En aucune façon. Quand le producteur confectionne un produit, il ne s'inquiète nullement de savoir quelle somme de jouissance ce produit procurera à un consommateur qui lui est presque toujours inconnu : il se préoccupe uniquement d'obtenir par l'échange, en sus de sa dépense de frais de production, le profit le plus élevé possible. Donner le moins pour recevoir le plus, tel est son objectif. Et, quand le producteur est le plus fort, quand son besoin de vendre est moins pressant que n'est celui du consommateur d'acheter, il ralentit son offre, tandis que le consommateur accélère sa demande. Alors, à mesure que l'écart entre les quantités offertes et les quantités demandées s'agrandit, la valeur du produit s'élève. Jusqu'à quel point peut-il s'élever ? Jusqu'au point où le produit aurait coûté à l'acheteur une dépense moindre de travail et de peine s'il l'avait confectionné lui-même, chose, d'ailleurs, presque toujours impossible sous le régime de l'échange, ou bien encore, où il aurait subi une privation et une peine moindres en s'abstenant de l'acheter. Il y a une marge plus ou moins étendue selon la nature du produit, selon qu'il répond à un besoin plus ou moins urgent et nécessaire. A la vérité, l'échange ne peut s'opérer qu'à la condition d'être profitable à l'acheteur aussi bien qu'au vendeur. Mais ce profit qui réside dans la différence de productivité de la production isolée et de la production combinée et qui va s'augmentant avec elle, peut être inégalement partagé, et procurer aux plus forts un accroissement progressif' de richesse aux dépens des plus faibles.

Cependant, si l'on considère l'intérêt général et permanent des producteurs et des consommateurs sous le régime de l'échange, on trouvera qu'il est absolument le même que celui du producteur-consommateur sous le régime de la production isolée. Si, sous ce dernier régime, l'individu était intéressé comme producteur à ne dépenser qu'un minimum de travail et de peine dans la création des produits, il ne l'était pas moins comme consommateur à en obtenir la plus grande quantité possible, à répartir entre ses besoins. Ce double intérêt n'a pas cessé de subsister chez l'individu sous le régime de la production divisée et de l'échange. Car s'il est producteur d'un produit ; il est consommateur de tous les autres, et comme tel, intéressé à ce qu'il en soit créé la plus grande quantité possible. Or, ce résultat ne peut être atteint qu'autant que le consommateur ne se trouve pas obligé de consacrer à l'acquisition d'un produit au delà de la somme nécessaire pour en déterminer la création. S'il lui en coûte davantage, il lui restera moins de ressources pour acheter les produits qui répondent à ses autres besoins. Il ne pourra en demander qu'une quantité moindre, et, par conséquent, la production en sera diminuée dans la proportion de l'excès du coût du produit, dont la valeur aura dépassé le taux nécessaire pour en déterminer la création. L'intérêt de la généralité des producteurs est donc conforme à celui de la généralité des consommateurs.

Mais les producteurs s'inquiètent peu de l'intérêt général et permanent de l'espèce. Ils ne voient que leur intérêt individuel et ils s'efforcent de le satisfaire aussi amplement que possible, fût-ce aux dépens des consommateurs. Ils ne se préoccupent pas davantage de savoir si leurs produits recevront une destination utile ou nuisible. Les consommateurs, de leur côté, n'ont pas plus de souci de l'intérêt des producteurs ; ils ne s'avisent point de chercher si le produit qu'ils achètent couvre ou non ses frais. Bref, les uns et les autres croient volontiers que dans l'échange, le profit de l'un fait le dommage de l'autre.

Ce que nous venons de dire des rapports des producteurs et des consommateurs s'applique de même à ceux des coopérateurs de la production, employeurs et employés, salariants et salariés. Les employeurs s'efforcent d'obtenir des employés la plus grande quantité possible de travail au prix le plus bas, sans se préoccuper de savoir si cette quantité ne dépasse pas les forces humaines et si le salaire qu'ils paient suffit ou non à l'entretien de la vie des ouvriers.

Ceux-ci, de leur côté, ne s'efforcent pas moins d'obtenir le salaire le plus élevé en échange de la moindre quantité de travail, sans se demander davantage si l'excès de leurs exigences ne causera pas la ruine des employeurs et, finalement, la destruction de l'industrie à laquelle ils demandent leurs moyens d'existence.

Ces conflits des intérêts individuels aboutiraient à une anarchie permanente et à une guerre universelle, s'il n'existait point, en dehors et au-dessus des intérêts et des passions des hommes, un régulateur qui agisse pour fixer de la manière la plus juste et la plus utile, le prix des produits et la rétribution des coopérateurs de la production, capital et travail, en les ramenant incessamment au taux nécessaire pour assurer la conservation et le progrès de la production, et de ses coopérateurs. Ce régulateur, c'est la concurrence associée à la loi de la valeur.

III
L'opération régulatrice des lois naturelles
de la concurrence et de la valeur.

La concurrence, sous sa forme productive et économique, naît de l'échange, mais elle n'apparaît qu'après le monopole et c'est seulement lorsqu'elle a atteint un certain degré de développement qu'elle acquiert toute la puissance nécessaire pour remplir pleinement sa fonction de régulateur. Aussi longtemps qu'une seule entreprise de production suffit aux besoins de la consommation, et que, d'une autre part, la valeur de ses produits dans l'échange ou leur prix ne dépasse pas le taux nécessaire, l'établissement d'une entreprise concurrente ne donnerait aucun profit. Mais, sous l'impulsion du désir d'augmenter son profit, le détenteur de ce monopole cède facilement à la tentation de diminuer ses frais de production en abaissant la qualité de ses produits et d'élever ses prix au-dessus du taux nécessaire. L'abus du monopole suscite ainsi la concurrence en la rendant profitable. Un autre cas se présente lorsque le pouvoir d'achat des consommateurs s'augmente ou lorsqu'ils viennent à se multiplier. Alors une seule entreprise cessant de suffire à leurs besoins, de nouvelles entreprises, attirées par l'appât du profit, se créent pour y pourvoir. Cependant le monopole ne disparaît pas entièrement. Le pouvoir que possédait le monopoleur de commander le prix, s'affaiblit seulement en se partageant, du moins aussi longtemps que les consommateurs ne peuvent y échapper, en s'approvisionnant ailleurs. Telle est leur situation dans un marché naturellement ou artificiellement limité, où ils sont en présence d'un petit nombre de producteurs, même quand ceux-ci ne sont pas coalisés ou unis par une entente tacite pour maintenir le prix. Dans ces marchés limités, c'est l'appréciation individuelle de l'intensité du besoin de vendre ou d'acheter, beaucoup plus que la quantité des produits disponibles pour la vente ou la somme de monnaie disponible pour l'achat qui décide du prix. De là la pratique du marchandage. Mais dans les marchés qu'aucun obstacle ne limite, les inégalités individuelles des besoins de vendre et d'acheter s'effacent, les prix s'impersonnalisent et se fixent uniquement suivant le rapport des quantités offertes d'un côté, demandées de l'autre.

Comment les lois naturelles de la concurrence et de la valeur agissent, en ce cas, pour fixer le prix au niveau des frais et du profit nécessaire de la production, et l'y ramener aussitôt qu'il s'en écarte, on se l'explique, en examinant l'opération combinée de ces lois. Lorsque les quantités demandées dépassent les quantités offertes, la concurrence que se font les consommateurs pour acheter, se développe d'un mouvement plus rapide que celui des producteurs pour vendre, et cette différence va croissant à mesure que les quantités offertes s'épuisent, que les consommateurs sont, par conséquent, menacés davantage de ne pouvoir satisfaire le besoin auquel le produit répond. Le prix qu'ils consentent à payer s'élève alors dans la progression de l'utilité du produit, c'est-à-dire de la grandeur de la peine qu'il épargne ou de la jouissance qu'il procure. Tandis que les quantités offertes diminueront dans la progression arithmétique de 1, 2, 3, 4, l'utilité qu'elles contiennent s'augmentera dans la progression géométrique de 1, 2, 4, 8. S'il s'agit d'un aliment nécessaire à la vie, le prix de cet aliment pourra donc s'élever considérablement au-dessus de ses frais de production. S'il s'agit d'un produit moins nécessaire ; dont la privation cause une peine moindre, le prix s'élèvera quand même dans la progression de l'utilité, mais cette progression s'arrêtera plus tôt. Elle s'arrêtera lorsque le prix du produit représentera pour le consommateur une somme de peine égale à celle que la consommation du produit peut lui épargner. Il n'aura alors aucun profit à conclure l'échange, et l'écart entre les quantités offertes et les quantités demandées cessant de croître, le produit cessera de hausser. Le prix d'un produit peut donc s'élever d'autant plus au-dessus de ses frais de production que ce produit a un caractère plus prononcé de nécessité. Il est, par conséquent, plus profitable de combler les déficits des produits les plus nécessaires que ceux des produits dont la privation est moins vivement sentie.

Lorsque les quantités offertes dépassent les quantités demandées le prix tombe au-dessous des frais de production et du profit nécessaire, dans la même progression descendante d'utilité.

Or, qu'arrive-t-il dans l'un et l'autre cas ?

Lorsque le prix vient à dépasser le montant des frais de production et du profit nécessaire, l'esprit d'entreprise et les capitaux sont attirés dans l'industrie qui jouit de ce surcroît de profit, la production se développe, les quantités offertes s'accroissent et le prix baisse. S'il tombe au-dessous des frais de production et du profit nécessaire, la production se ralentit, les quantités offertes diminuent et le prix hausse.

On le voit, c'est une gravitation économique qui ramène incessamment et d'un mouvement de plus en plus rapide, par l'opération combinée des lois de la concurrence et de la valeur, le prix des produits au niveau des frais et du profit nécessaire pour que la production puisse subsister, et assurer par là même la satisfaction permanente des besoins de la consommation. Il suffit pour cela que l'opération régulatrice de ces deux lois ne soit entravée par aucun obstacle naturel ou artificiel, autrement dit, qu'elles opèrent dans un milieu libre.

Les mêmes lois agissent pour régler de la manière la plus utile la répartition des produits entre les agents productifs, savoir : le capital investi dans les choses, et le capital investi dans les personnes, celui-là rétribué par l'intérêt, celui-ci par le salaire. Lorsque le taux courant de l'intérêt vient à dépasser le taux nécessaire pour que le capital soit mis au service de l'industrie, la production et l'apport de cet agent productif s'accroissent et l'intérêt baisse. Il hausse dans le cas contraire, et dans les deux cas il est incessamment ramené au taux nécessaire. Il en est de même pour le capital investi dans les personnes, le capital personnel ou humain, dont le travail est rétribué par le salaire. Lorsque le salaire dépasse le taux nécessaire, ou tombe au dessous, la production du capital humain s'accroît ou décroît et, dans les deux cas, le salaire gravite vers le taux nécessaire. Avons-nous besoin d'ajouter que les mêmes lois agissent pour établir l'équivalence de la rétribution des capitaux dans les différentes branches de la production, et, finalement, entre les deux catégories d'agents productifs : les capitaux investis dans les choses et les capitaux investis dans l'homme.

Comme les lois physiques, les lois économiques rencontrent des obstacles qui troublent leur opération régulatrice. Tels sont les monopoles naturels et artificiels. Telle est encore l'incapacité de l'homme à gouverner, conformément aux lois économiques, la production des denrées dont il ne peut se passer et sa propre reproduction.

La production du blé et des autres denrées alimentaires, sans parler des plantes industrielles, est soumise à l'influence capricieuse des saisons. Tantôt elle est insuffisante et elle fait hausser le prix bien au-dessus du taux nécessaire, tantôt elle est surabondante et elle le fait baisser bien au-dessous. Dans le premier cas, c'est la disette et parfois la famine pour le consommateur, dans le second, c'est la ruine pour le producteur, mais il faut remarquer que les progrès des moyens de communication, en permettant de transporter rapidement et à bas prix les denrées alimentaires dans l'espace ont déjà sensiblement atténué ces deux sortes de maux, et que la suppression des obstacles que des intérêts aveugles opposent à la spéculation les atténuera davantage encore en facilitant le transport dans le temps du surcroît des années d'abondance pour combler le déficit des années de rareté. Les progrès de l'agriculture conduisent au même résultat, en rendant les récoltes moins dépendantes de l'inégalité des saisons.

Les mêmes observations s'appliquent à la reproduction de l'homme. Lorsque cette reproduction est trop peu abondante pour remplir les emplois disponibles, il en résulte un ralentissement bientôt suivi d'une décadence de la production, insuffisamment pourvue du capital investi dans l'homme, et obligée de le payer à un prix qui abaisse au-dessous du taux nécessaire la rétribution d'un autre agent non moins indispensable, le capital investi dans les choses. Lorsque la reproduction est surabondante, l'excédent non seulement demeure sans emploi, mais encore il pèse sur la rétribution du capital humain employé et le fait baisser au dessous du taux nécessaire. Toutefois, comme l'a justement observé Malthus, en ce cas, et quels que soient les ressources et le zèle de la charité, la mort fait des coupes sombres dans l'excédent et détermine, avec le rétablissement au moins momentané de l'équilibre entre la production et les moyens de subsistance, le relèvement des salaires. Notons qu'ici encore des progrès de différentes sortes ont agi pour faciliter 1e rétablissement de l'équilibre. Malgré l'absence de publicité et d'intermédiaires, les progrès des moyens de transport ont rendu le travail plus mobilisable, tandis que, d'un autre côté, l'homme s'est préoccupé davantage de régler utilement sa reproduction ; peut-être même montre-t-il dans les classes supérieures de la population une tendance à la limiter à l'excès.

Ces divers et nombreux obstacles que rencontrent les lois de la concurrence et de la valeur dans l'exercice de leur fonction régulatrice ont pour effet de troubler l'équilibre de la production et de la consommation de la richesse et d'en fausser la distribution. Nous sommes loin encore de la constitution de ce « milieu libre » où les lois naturelles Pourront remplir avec une pleine efficacité le rôle de régulateur. Mais nous nous y acheminons malgré tout. On s'en convaincra en jetant un coup d'oeil sur la genèse de la concurrence et sur le développement des organes qu'elle s'est créée pour nous y acheminer.

IV
Comment la concurrence, en se développant,
a créé ses instruments et ses organes.

Le trait caractéristique de l'économie des anciennes sociétés, c'est la limitation et l'isolement des marchés. L'obstacle des distances et l'état de guerre, en rendant les communications difficiles et intermittentes, restreignait dans des limites étroites la sphère des échanges. Le plus grand nombre des articles nécessaires à la vie étaient produits sur les lieux mêmes où ils étaient consommés. Les articles de luxe à peu près seuls étaient l'objet du commerce avec les pays étrangers. Dans les marchés locaux, que l'obstacle des distances et du défaut de sécurité défendait contre la concurrence extérieure, les industriels et les propriétaires de métiers empêchaient l'éclosion de la concurrence intérieure en s'organisant sous forme de corporations, et le commerce extérieur était de même monopolisé par des entreprises syndiquées. Tel était, au moyen âge, le commerce avec les contrées lointaines de l'Orient, d'où l'on retirait les pierres précieuses, les soieries, les parfums, les épices. Monopolisé par les Vénitiens et les Génois, qui en écartaient avec un soin jaloux les concurrents, ce commerce leur rapportait des bénéfices extraordinaires. Ces bénéfices de monopole, croissant avec la demande des articles exotiques, excitèrent les autres nations maritimes, les Portugais, les Espagnols, puis les Hollandais, les Anglais, les Français, à chercher de nouvelles routes pour arriver au riche marché d'approvisionnement qui leur était fermé. Alors commença à se produire la série de découvertes qui ont élargi la sphère des échanges, en y englobant successivement toutes les régions de la terre. Quoique les nations qui avaient dépossédé les Vénitiens et les Génois de leur monopole se fussent efforcées à leur tour de fermer aux autres nations les marchés qu'elles s'étaient ouvertes, la concurrence se fit jour à travers les fissures du système colonial. En dehors des corporations, en possession exclusive des marchés locaux, on vit bientôt apparaître des industries libres qui se disputèrent le vaste marché du monde. Et tandis que les monopoles corporatifs mettaient en interdit les progrès qui dérangeaient leur routine, les industries libres, stimulées par la concurrence, s'empressaient d'accueillir et de mettre en oeuvre tous les procédés et les instruments qui réduisaient leurs frais de production et augmentaient leur puissance productive. Ainsi a commencé la grande évolution industrielle, plus féconde qu'aucune révolution politique, dans le cours de laquelle, - bien qu'elle ne date que de deux ou trois siècles, - la puissance productive de l'homme s'est accrue plus qu'elle ne l'avait fait pendant des milliers d'années. Cette impulsion extraordinaire

Première partie

que la concurrence a donnée à la puissance productive, a eu pour
conséquence une multiplication rapide et prodigieuse de la richesse en
dépit du gaspillage causé par l'incapacité et les vices des gouvernements
de la société et de l'individu, en même temps qu'un accroissement
sans précédent des échanges. Le commerce tant, intérieur qu'extérieur
des nations civilisées, a décuplé depuis l'époque encore récente où
l'invention de la machine à vapeur a marqué l'avènement de la grande
industrie.

Or, il fallait, pour porter la masse croissante des produits de
l'industrie agrandie, sur les marchés qui lui étaient devenus accessibles
et les distribuer à des consommateurs dont l'abaissement des prix
augmentait incessamment le nombre et qui se trouvaient épars sur
toute la surface du globe, il fallait, disons-nous, des instruments de
transport et des agents de distribution. Instruments et agents ont surgi,
comme par enchantement, aussitôt que le besoin s'en est fait sentir
avec assez d'énergie pour rétribuer leurs services. Les inventions qui
ont transformé l'industrie des transports se sont multipliées à l'appel
de la demande, et elles ont attiré, par l'appât des profits dont cette
demande était la source, l'esprit d'entreprise et les capitaux nécessaires
à leur application. En moins de trois quarts de siècle, nous avons vu
construire 800000 kilomètres de chemins de fer, se créer les lignes
océaniques de navigation à vapeur, et le globe se couvrir d'un réseau de
communications électriques qui ont supprimé la distance pour la pensée
et les ordres de vente ou d'achat. Cette oeuvre colossale s'est opérée en
dépit de tous les obstacles dont le moindre n'a pas été l'intervention
soi-disant tutélaire des gouvernements, et à mesure qu'elle se poursuit
on aperçoit plus clairement le but auquel elle conduit : l'unification des
marchés des échanges.

V
Les agents de mobilisation des produits.

Cependant les instruments matériels de transport ne suffisent pas
seuls à la distribution des produits et à leur apport aux consommateurs,
à travers l'espace et le temps. Cette distribution et cet apport nécessitent

un organisme spécial, l'organisme du commerce, lequel s'est séparé de bonne heure de la machinerie de la production proprement dite et se compose de deux rouages distincts répondant à deux sortes de services : 1° services d'information ou d'éclairage des marchés ; 2° services d'apport des produits dans le lieu et le moment où ils sont demandés. Quoique également nécessaires, ces deux rouages se sont inégalement développés et perfectionnés. Le premier, celui de l'information, est demeuré notoirement en retard et ne répond qu'imparfaitement au besoin qu'il a pour objet de desservir. La cause de ce retard réside, au moins pour la plus grande part, dans la mainmise des gouvernements sur l'industrie de la statistique et des renseignements commerciaux. Ce n'est pas que les statisticiens officiels, les agents consulaires, et autres, soient investis d'un monopole, il n'est pas défendu de leur faire concurrence, mais en présence des masses de chiffres et de documents en apparence gratuits qu'ils amoncellent (en apparence, disons-nous, car les contribuables en font les frais), des entreprises libres ne peuvent avoir que des chances insuffisantes de couvrir leurs frais et de réaliser un profit.

Quoique les informations officielles ne se recommandent ni par leur exactitude, ni par leur célérité, elles n'en font pas moins obstacle au développement et au perfectionnement d'un rouage nécessaire de la distribution des produits. A la vérité, les entreprises commerciales les plus puissantes suppléent à l'insuffisance des statistiques et des renseignements bureaucratiques en organisant un service particulier d'informations. Mais ces informations, elles se les réservent naturellement pour elles-mêmes, et elles accaparent ainsi des débouchés qui demeurent inaccessibles à leurs concurrents, réduits à se contenter de la manne officielle. Heureusement, bien d'autres instruments d'information, les Bourses de commerce, les circulaires et les feuilles spéciales, la presse politique elle-même contribuent à l'éclairage des marchés. En comparant, d'une part, l'état actuel de ces divers agents et instruments de la publicité commerciale à l'état embryonnaire où ils se trouvaient il y a un siècle à peine, et, d'une autre part, les grands magasins d'aujourd'hui aux boutiques d'autrefois, on pourra se faire une idée de l'importance de l'évolution qui est en voie de s'accomplir dans le commerce du monde.

Première partie

Quoique les marchés n'aient pas cessé d'être limités par l'obstacle artificiel des barrières douanières que l'esprit de monopole a élevées à mesure que le génie de l'invention, l'esprit d'entreprise et la vertu de l'épargne s'unissaient pour abaisser l'obstacle naturel des distances, la sphère des échanges s'est progressivement agrandie, le milieu libre s'est étendu. Et dans ce milieu libre, les lois de la concurrence et de la valeur accomplissent chaque jour avec plus d'exactitude et de sûreté leur opération régulatrice, en impersonnalisant les échanges et en égalisant les prix. Dès que sur un point quelconque du vaste marché du monde, l'insuffisance de l'approvisionnement fait élever le prix au-dessus du taux nécessaire, la concurrence desservie par ses organes d'information et de mobilisation, y fait affluer les produits jusqu'à ce que le déficit soit comblé. Et plus grand est le déficit, plus rapidement il se comble sous l'impulsion irrésistible de la loi de la valeur. S'il y a, au contraire, surabondance, si le prix tombe au-dessous du taux nécessaire, si les produits se vendent à perte, la production se ralentit jusqu'à ce que l'équilibre soit rétabli. C'est ainsi, par la coopération de ces deux lois naturelles, que la production et la distribution des produits tendent à se régler de la manière plus utile.

VI
Les agents de la mobilisation des capitaux.

Cet énorme accroissement de la puissance productive de l'homme, qui a décuplé en moins de deux siècles la production des peuples civilisés et la somme des échanges de leurs produits, a eu pour conséquence un développement correspondant de la production et de la mobilisation des capitaux. Les capitaux se produisent avec une telle abondance dans les pays où l'évolution progressive de l'industrie est la plus avancée qu'ils débordent des frontières et se répandent sur toute la surface du globe. C'est par milliards que se chiffre l'exportation des capitaux anglais, français, belges, suisses, allemands. Et si cette production colossale alimente trop souvent les gaspillages des gouvernements, la plus grande part en est cependant mise au service de l'industrie, à l'intérieur et au dehors. A certains égards même, l'organisme de la mobilisation des capitaux à travers l'espace et le temps l'emporte sur celui de la mobilisation des produits quoique ses progrès ne soient pas moins entravés par la fiscalité et le protectionnisme ⊠. Les Bourses et les institutions de crédit de toute sorte, qui remplissent l'office d'intermédiaires entre les producteurs et les employeurs de capitaux ont crû encore plus rapidement en nombre et en importance que les intermédiaires de la production et de la consommation des produits. Au double point de vue de l'information et de la mobilisation, ce merveilleux organisme dont les socialistes ne sont pas encore parvenus à apercevoir l'utilité a atteint un degré de perfection qui semble ne pouvoir être dépassé. Il suffit aux producteurs et aux employeurs de capitaux de consulter la cote de la Bourse, quand elle n'est pas trop amaigrie par le protectionnisme financier, pour connaître, le jour même, le marché où ceux-là peuvent prêter leurs capitaux au taux le plus élevé, ceux-ci les emprunter au taux le plus bas. Il leur suffit ensuite de recourir à l'intermédiaire d'une banque pour réaliser d'une manière presque instantanée leur prêt ou leur emprunt. Tandis qu'à l'époque encore récente où cet organisme d'information et de transmission n'existait qu'à l'état embryonnaire, les capitaux demeuraient improductifs aux lieux où ils étaient produits, ou bien se prêtaient à un taux usuraire dans des marchés étroits où le besoin de prêter était moins pressant que celui d'emprunter, ils se répandent aujourd'hui librement, à l'appel de la demande, dans toutes les parties du vaste marché du monde et les prix qu'ils y obtiennent tendent à s'égaliser, sauf la différence des risques, et à s'établir au taux nécessaire pour en déterminer la production et l'emploi.

Cet immense et puissant organisme de la distribution des produits et des capitaux, que la concurrence a créé et développé à mesure qu'elle se développait elle-même, n'existe pas encore pour les capitaux investis dans l'homme lui-même, et dont la mise en oeuvre porte exclusivement le nom de travail, quoique ce nom s'applique aussi bien à celle des capitaux investis dans les choses. Nous examinons plus loin dans notre étude sur la production et le commerce du travail les causes de ce retard et les maux dont il est la source. La principale de ces causes réside aujourd'hui dans l'esprit de monopole des ouvriers qui veulent commander contre tes employeurs les prix et conditions du travail comme ceux-ci les commandaient contre les employés sous le régime de l'esclavage. Mais la concurrence aura raison de ces obstacles comme de bien d'autres. Elle mettra au service du travail le même organisme d'information et de mobilisation qui dessert la distribution des produits et des capitaux. Elle résoudra ainsi le problème de la pacification des rapports du capital et du travail en attribuant à chacun la juste part qui lui revient dans les fruits de la production.

VII
Conclusion

L'exposé que nous venons de faire de l'opération régulatrice des lois naturelles de la concurrence et de la valeur, a montré l'opposition radicale qui existe entre le socialisme et l'économie politique. Les socialistes de toutes les écoles s'accordent à nier que la production et la distribution de la richesse soient gouvernées par des lois que l'homme n'a point faites et auxquelles il est tenu d'obéir. A leurs yeux, l'une et l'autre n'ont d'autres règles, d'autres lois que celles que l'homme établit lui-même. Ces règles ou ces lois ont été jusqu'à présent l'œuvre d'une minorité capitaliste, - aristocratie ou bourgeoisie, - en possession du gouvernement, c'est-à-dire de la machine à fabriquer les lois et à les imposer. Lorsque le gouvernement appartiendra à la démocratie socialiste, elle emploiera cette toute-puissante machine à créer un nouvel organisme de la production et de la distribution qui attribuera au travail seul la totalité des produits. Ce que sera cet organisme, comment il assurera l'existence et les progrès de la production, comment il réglera la distribution, ce sont là des questions que chaque école résout à sa manière ou qu'elle laisse au futur gouvernement de la démocratie le soin de résoudre. Mais avant tout, - et sur ce point toutes les écoles s'accordent encore, - il s'agit de démolir la vieille société. Quelque Moïse socialiste, inspiré par l'Esprit de la Démocratie, se chargera alors de donner des lois à la nouvelle et de conduire à la Terre promise son peuple libéré de l'esclavage du capitalisme.

Les économistes n'ont point cette foi mystique. Ils savent que le monde économique est gouverné, comme le monde physique, par des lois immuables qui y maintiennent l'ordre et en assurent l'existence et le progrès. Toutefois, à la différence dès lois physiques, les lois économiques rencontrent des obstacles non seulement dans le milieu où elles agissent, mais encore dans l'homme lui-même. Ces obstacles, il faut les lever, détruire les monopoles naturels, n'en pas créer d'artificiels et laisser faire.

Première partie

Deuxième partie

*La production
et le commerce du travail*

Chapitre I

I
La séparation de l'industrie et du commerce.

Lorsque l'homme ne consomme pas lui-même les choses qu'il produit, - et tel est le cas de plus en plus général du moins chez les peuples appartenant à notre civilisation, - il est obligé de remplir deux fonctions différentes, celles de producteur et de marchand.

Rappelons brièvement en quoi l'une et l'autre consistent et en quoi elles diffèrent.

La production, quelle qu'en soit la nature, agricole, industrielle, artistique, consiste dans la recherche, la combinaison ou la transformation de matériaux ou de forces, qui les adaptent aux besoins de la consommation. Elle exige la coopération d'agents et l'emploi de matériaux de diverses sortes et elle s'opère au moyen d'entreprises. Quel but se propose l'entrepreneur, qu'il soit individuel ou collectif ? C'est de réaliser un profit. C'est dans ce but qu'il produit ou contribue à produire l'un ou l'autre des articles demandés par les multiples besoins, matériels ou spirituels, de l'espèce humaine. Et c'est afin d'augmenter son profit qu'il s'efforce de diminuer ses frais de production, en employant des outils, des machines ou des procédés de plus en plus économiques. L'augmentation du profit qui résulte de cet emploi n'est toutefois que temporaire. À mesure que l'outil, la machine ou le procédé se vulgarise, la concurrence des producteurs qui le mettent en oeuvre agit pour abaisser le prix du montant de l'économie réalisée, et c'est ainsi que le bénéfice de tous les progrès qui réduisent les frais de la production finit, au bout d'un temps plus ou moins long, selon que la concurrence a été plus ou moins active, par être recueilli par les consommateurs.

Parmi les procédés qui permettent d'obtenir une quantité donnée de produits en échange d'une moindre dépense, figure en première ligne la division du travail. Ce procédé ne réside pas seulement dans l'application du travail d'un ouvrier à une seule des opérations qu'exige la confection d'un produit, comme dans l'exemple célèbre de la fabrication des épingles cité par Adam Smith, il réside encore dans la spécialisation de plus en plus grande de la production entre les entreprises, chacune, comme dans l'industrie cotonnière, ne produisant qu'un petit nombre de numéros de filés ou même un seul ; il réside enfin dans la séparation des fonctions de la production et de l'échange, de l'industrie et du commerce.

Ces deux fonctions sont naturellement fort différentes, et elles sont l'objet de deux sortes d'entreprises. Comment les choses se passent-elles lorsqu'un article quelconque est assez demandé pour que la production en présente des chances suffisantes de profit ? Un homme réunit le capital nécessaire pour l'entreprendre, il investit ce capital en terres, bâtiments, outils, machines, matières premières, monnaie, et il enrôle le personnel non moins nécessaire pour mettre ce matériel en oeuvre. L'entreprise peut être individuelle ou collective, le capital peut être fourni par l'entrepreneur lui-même, par des commanditaires ou des actionnaires, mais l'entreprise ne peut subsister qu'à la condition de reconstituer le capital avec un surplus, autrement dit un profit. Et cette reconstitution et ce profit ne peuvent être réalisés que par l'échange des produits.

Il s'agit donc d'échanger les produits aussitôt qu'ils sont achevés et prêts pour la consommation. Car tout retard nécessite l'immobilisation d'un supplément de capital. Mais les produits ne sont qu'exceptionnellement demandés dans le moment et dans l'endroit où ils sont confectionnés. Il faut s'enquérir des consommateurs, leur faire connaître les produits et les mettre à leur disposition dans les lieux, les moments et les quantités où ils les demandent. C'est là une série d'opérations complètement distinctes de celles de la production proprement dite, et qui exigent une organisation et des aptitudes particulières. Aussi le progrès a-t-il consisté à séparer ces deux sortes d'opérations, et ce progrès a eu le même mobile que celui de toutes les autres applications du principe de la division du travail, savoir l'augmentation du profit, résultant d'une économie de frais, ou, ce qui revient au même, d'un accroissement de la production en échange de la même dépense.

Cependant, comme tous les autres progrès de la division du travail, la séparation de l'entreprise industrielle et de l'entreprise commerciale est subordonnée à une condition : l'extension du marché de la consommation. « L'important travail de faire une épingle, remarquait Adam Smith, est divisé en dix-huit opérations distinctes », mais la division du travail ne peut être poussée à ce point qu'à la condition que la consommation des épinglés soit suffisante pour absorber la quantité produite par dix-huit ouvriers. Si elle n'y suffit pas, si elle n'absorbe que la moitié de cette quantité, il faudra bien que le même ouvrier se charge de deux opérations, quoique le prix de revient d'une épingle soit, dans ce cas, plus élevé de tout le montant de l'économie qu'une division du travail complète aurait permis de réaliser. De même, une filature de coton ne peut se borner à produire un seul numéro de filé qu'à la condition que son débouché puisse en absorber régulièrement toute la quantité. Enfin, pour que l'opération commerciale puisse se séparer de l'opération industrielle, il faut que la consommation du produit soit assez abondante pour rétribuer deux entreprises. Si elle ne l'est point, il faudra que le producteur emploie une partie de son capital et de son travail à confectionner le produit, une autre partie à en chercher le placement et à pourvoir, en attendant, à sa conservation.

Si l'on considère à ce point de vue les différentes branches de l'industrie humaine, on remarquera que la séparation entre la production et le commerce s'y trouve très inégalement développée. Dans les petites localités, la plupart des denrées alimentaires, légumes, beurre, oeufs, etc., produites sur place ou aux environs, sont portées directement au marché ou chez les consommateurs par les producteurs. Dans les villes de quelque importance, les légumes sont apportés généralement de même, au marché par les producteurs, mais ils y sont, généralement aussi, achetés par des intermédiaires, boutiquiers ou colporteurs, qui les mettent à la portée immédiate des consommateurs, en procurant ainsi aux deux parties une économie de frais et de temps supérieure au montant de la rétribution de l'intermédiaire. L'industrie de la fabrication du pain présente encore, à peu près seule, la réunion dans la même entreprise de la production et du commerce. Le boulanger fabrique le pain et le vend directement au consommateur, mais la concentration de la fabrication du pain dans de grandes usines, munies d'un outillage perfectionné, ne manquera pas de faire apparaître un intermédiaire, marchand de pain, qui épargnera au producteur les frais de la vente au détail, et procurera au consommateur, avec une réduction de prix, déterminée par l'abaissement des frais de la Production, une plus grande variété et une meilleure confection de cette sorte de produit. Dans les autres branches d'industrie, la production est non seulement séparée du commerce, mais le commerce lui-même se sépare en sous-branches, de gros, de demi-gros et de détail, quoiqu'avec des différences dans le degré de séparation, qui tiennent toujours, en dernière analyse, au plus ou moins d'étendue du débouché.

C'est l'extension des marchés de consommation qui a été la cause déterminante de celle de la division du travail. Et bien que des obstacles naturels et artificiels continuent à limiter les marchés, les applications du principe de la division du travail se sont multipliées dans toutes les branches de l'activité humaine. Elles ont créé un immense organisme de production et de distribution des produits qui va se développant et se perfectionnant tous les jours et dont chaque progrès aboutit à une diminution du prix des choses, c'est-à-dire de la somme d'efforts et de peine que leur acquisition coûte aux consommateurs.

II
Comment se fixe le prix :

Mais si, dans l'état actuel de la sécurité et des moyens de communication, les marchés de la généralité des produits ont une étendue suffisante pour rendre possible la séparation de la production et du commerce, ces marchés n'en ont pas moins une étendue fort inégale. Les uns ne s'étendent pas au delà des limites d'une commune, d'un canton ou d'une province, tandis que les autres, tels que ceux des céréales, du coton, des laines, s'étendent sur toute la surface du globe.

De là des différences dans la pratique du commerce aussi bien que dans le développement de sa machinerie.

Quelle est la fonction du commerce et quel est le but d'une entreprise commerciale ? Sa fonction consiste à transporter le produit à travers l'espace et le temps et à le mettre à la disposition du consommateur dans la quantité et la quantité qu'il demande. Son but est d'obtenir le profit le plus élevé possible et par conséquent d'acheter le produit au prix le plus bas et de le revendre au prix le plus haut. Qu'est-ce qui détermine le prix ? C'est le rapport des quantités offertes et demandées. Plus les quantités offertes par le marchand, relativement à la demande du consommateur, s'élèvent, plus le prix s'abaisse et vice versa. Mais qu'est-ce qui détermine l'offre de l'un et la demande de l'autre ? C'est, d'une part, le besoin de vendre et, d'autre part, le besoin d'acheter. Or ces deux besoins n'ont pas toujours et ont même rarement un égal degré d'intensité. Si le besoin de vendre est plus intense que celui d'acheter, l'offre s'accroît d'un mouvement plus rapide que la demande et le prix baisse... Il monte, au contraire, si le besoin d'acheter est plus intense que le besoin de vendre.

Dans un marché étendu où une multitude de vendeurs se trouvent en présence d'une multitude d'acheteurs, cette inégalité d'intensité des deux besoins s'efface et cesse d'agir comme un facteur du prix. Sur ce marché, il y a, en effet, une masse de produits offerts par des vendeurs inégalement pressés de vendre, et une ample demande d'acheteurs inégalement pressés d'acheter ; mais nul ne peut connaître le degré d'intensité du besoin de chacun des vendeurs ou des acheteurs et mesurer son offre ou sa demande en conséquence. Le prix se fixe d'une manière impersonnelle, d'après le rapport des quantités offertes d'un côté, demandées de l'autre.

Il en est autrement dans un marché étroit, soit que le peu d'étendue de ce marché provienne de la rareté de l'offre et de la demande du produit ou du petit nombre des vendeurs et des acheteurs. Dans ce cas, le plus ou moins d'abondance de l'approvisionnement du marché agit sans doute, d'une manière générale, pour déterminer le prix, mais il n'en est pas le seul facteur. L'inégalité individuelle du besoin de vendre et d acheter y contribue pour sa part.

Gustave de Molinari

De là la pratique du marchandage, habituelle dans les bazars des pays orientaux et dans nos marchés de denrées alimentaires, sans parler autres articles. Entre le vendeur et l'acheteur s'engage une véritable lutte, les deux parties faisant assaut de finesse et de ruse, et s'efforçant de chercher sur la physionomie de la partie adverse, dans ses allures et dans sa mise, des indices de l'intensité de son besoin aussi bien que de ses moyens d'y pourvoir. Le vendeur surfait plus ou moins le prix de sa marchandise, selon la condition et l'apparence de l'acheteur auquel il a affaire. Si ce prix paraît excessif à l'acheteur, il peut sans doute s'adresser à un autre marchand, mais il n'ignore pas que celui-ci lui fera de même un prix surfait. Autant vaut s'en tenir au premier et marchander. Mais cette pratique fondée sur l'appréciation individuelle du besoin de vendre ou d'acheter, occasionne une perte de temps. Dans les pays où l'industrie est active, où le temps croît en valeur, cette perte finit par dépasser le bénéfice qu'un prix surfait peut rapporter au vendeur. Il en est de même lorsque les entreprises commerciales, en s'agrandissant, ont à desservir une clientèle plus nombreuse. La pratique du marchandage exigerait alors une augmentation du personnel qui en absorberait et au delà le bénéfice. C'est pourquoi l'agrandissement des entreprises commerciales a partout pour conséquence de remplacer par un « prix fixe », le prix individuellement débattu. Le prix fixe est impersonnel et ne subit aucunement l'influence du besoin individuel d'acheter ou de vendre.

Cependant l'inégalité d'intensité du besoin agit collectivement dans certaines circonstances, tantôt au détriment du vendeur, tantôt au détriment de l'acheteur. Dans un pays où les exploitations agricoles sont divisées à l'excès, les paysans propriétaires et les fermiers sont généralement pressés de vendre leurs blés. S'il n'existait point d'intermédiaires auxquels ils pussent recourir, s'ils étaient obligés d'attendre la demande des meuniers ou des boulangers, au fur et à mesure de la consommation de la farine ou du pain, ils se trouveraient fréquemment dans l'impossibilité de payer leurs impôts et de pourvoir à d'autres nécessités urgentes. Le marchand de grains les tire d'embarras en leur achetant leurs blés immédiatement après la moisson et même avant. Mais les marchands de grains, même lorsqu'ils se font une concurrence active, sont moins pressés d'acheter que le paysan pauvre ou obéré n'est pressé de vendre. Ils n'offriront, en conséquence, qu'un prix inférieur à celui qui ressortirait du rapport réel des quantités produites et des quantités nécessaires a la consommation. Et ce prix pourra même descendre jusqu'au point où il cesserait de compenser les gênes et les frais du retard de la réalisation de la récolte. Mais est-ce nécessaire d'ajouter que cette exploitation du producteur agricole par le marchand de grains n'est possible que dans un marché limité par des obstacles naturels ou artificiels ? Si le marché est suffisamment étendu et pleinement accessible dans toutes ses parties, l'inégalité locale d'intensité des besoins de vendre ou d'acheter demeurera sans influence, le prix se fixera d'après l'appréciation plus ou moins correcte du rapport des quantités disponibles pour l'offre et des prévisions de la demande jusqu'à la récolte suivante, et ce prix du marché général deviendra le régulateur de tous les marchés particuliers.

La limitation des marchés peut être causée par des obstacles naturels ou artificiels. Mais, dans les deux cas, elle a pour effet de constituer un monopole au profit du vendeur ou de l'acheteur.

Ce monopole peut être partiel ou complet. Il est complet lorsque le gouvernement s'empare, dans un but fiscal, de la production et de la vente d'un article de consommation, en interdisant toute concurrence. Dans ce cas, le marché est aussi limité qu'il peut l'être pour l'acheteur, qui n'a affaire qu'à un seul vendeur. Lorsque la limitation du marché est opérée par des droits de douane, le monopole n'est que partiel quoiqu'il tende généralement à devenir complet. En effet, les différentes entreprises, entre lesquelles se partage une industrie protégée, se font concurrence, et il peut arriver même que cette concurrence soit assez active pour abaisser le prix de ses produits au-dessous de celui des industries étrangères contre lesquelles le tarif la protège. Elle perd alors le bénéfice de la protection. Mais elle peut recouvrer ce bénéfice en constituant un trust ou syndicat qui associe les entreprises concurrentes, et place ainsi les acheteurs en présence d'un seul vendeur. En ce cas, le syndicat peut élever le prix du produit dans le marché dont il est le maître, de tout le montant du droit de douane et jouir entièrement du bénéfice de la protection. Ce cas, toutefois, se présente rarement : même aux Etats-Unis, les trusts, malgré leurs proportions colossales, ne sont point parvenus à supprimer complètement la concurrence intérieure.

Gustave de Molinari

Mais qu'il soit partiel ou complet, le monopole subit l'influence de l'intensité des besoins.

L'objectif de tout détenteur d'un monopole, c'est d'élever le prix de l'article monopolisé au-dessus du taux de la concurrence, Or cet exhaussement artificiel du prix ne peut être opéré que dans la mesure de l'intensité des besoins auquel l'article répond, et de la difficulté de s'en passer ou de le remplacer par un article qui procure la même satisfaction. Le prix du tabac peut être porté fort au-dessus du taux de la concurrence, parce que le tabac répond à un besoin intense et qu'aucun autre produit ne peut en tenir lieu ; il en serait de même, à plus forte raison, du monopole de la production et de la vente des denrées alimentaires de première nécessité, quoique l'abus de ce monopole, en réduisant plus encore que celui du tabac, le nombre des consommateurs, dût réduire promptement les bénéfices du monopoleur. Mais quand il s'agit d'un article dont la privation ne cause qu'une faible souffrance ou dont la consommation peut être remplacée avec une faible diminution de jouissance, tel que serait le monopole de la plupart des fruits ou des légumes, le prix du monopole ne peut s'écarter sensiblement de celui de la concurrence. On en a eu récemment la preuve aux Etats-Unis : tandis que le trust du fer et de l'acier a pu surélever le prix de ces articles indispensables à l'industrie, le trust des producteurs de prunes de la Californie n'a pu se défaire de son approvisionnement qu'à un prix inférieur même au prix ordinaire de la concurrence.

Quoique les obstacles naturels et artificiels à l'extension de la sphère des échanges soient loin encore d'avoir disparu, les marchés des produits et des capitaux se sont prodigieusement agrandis depuis l'époque où Adam Smith écrivait son célèbre chapitre sur la division du travail. Grâce à cet agrandissement que la transformation des moyens de transport a accéléré dans la seconde moitié du XIXe siècle, les entreprises de production ont pu se constituer sur un plan de plus en plus vaste, mettre en œuvre une machinerie de plus en plus puissante et diviser jusqu'à la dernière limite les travaux de la fabrication. La division des opérations de la production et de l'échange des produits et leur attribution à des entreprises spéciales n'ont pas fait de moindres progrès. Les entreprises commerciales, soit qu'il s'agisse du commerce des produits ou des capitaux, se sont multipliées et développées à l'égal des entreprises industrielles. Elles constituent aujourd'hui un immense organisme de transmission entre le producteur et le consommateur, en portant de l'un à l'autre, à travers l'espace et le temps, les produits et les capitaux, et en leur rendant ce service avec une économie croissante.

Considérons, par exemple, une manufacture de cotonnades ou de lainages. Il lui faut, pour se constituer et fonctionner avec des chances suffisantes de succès, un capital de plusieurs millions. Comment se le procurera-t-elle ? La production des capitaux s'opère par parcelles d'épargne dans d'innombrables foyers, parfois séparés par des milliers de kilomètres. Comment le manufacturier, consommateur de capitaux, pourrait-il se mettre à la recherche de ces parcelles et en réunir la quantité dont il a besoin et au moment où il en a besoin ? Le commerce de banque lui rend ce service qu'il serait le plus souvent incapable de se rendre lui-même, ou qui lui reviendrait à un prix bien supérieur à celui qu'il paie à l'intermédiaire. Ce capital, il le transforme en instruments et en matériaux, dont la recherche et l'acquisition, aux lieux où ils peuvent être obtenus au meilleur marché, ne lui présentent pas moins de difficultés que celles des capitaux. Des intermédiaires, commerçants ou commissionnaires dont c'est l'affaire spéciale, les lui fournissent de même dans la quantité qui lui est nécessaire et au moment où il en a besoin. Enfin, il transforme ses matières premières en produits, qu'il s'agit de réaliser par l'échange. Se mettra-t-il lui-même à la recherche des consommateurs ? Mais les consommateurs sont nombreux et plus disséminés encore que les producteurs de capitaux et de matières premières. Il faut, pour les atteindre et les desservir, à travers l'espace et le temps, une série d'opérations qui ne peuvent être accomplies avec efficacité et économie que par des entreprises spécialement vouées à ces opérations1 naturellement distinctes de celles de la production.

Nous n'avons pas besoin d'insister davantage sur la nécessité de cet organisme de transmission, que le socialisme se propose de supprimer. Mais il y a une condition indispensable à son fonctionnement, dont l'importance capitale n'a peut-être pas été suffisamment mise en lumière et sur laquelle nous devons nous arrêter, c'est la connaissance du marché.

Gustave de Molinari

Comme les entreprises de production, celles de transmission des produits se constituent en vue du profit. Et cet objectif, elles ne peuvent l'atteindre qu'en vendant les produits plus cher qu'elles ne les achètent. C'est avec la différence des deux prix qu'elles couvrent leurs frais et réalisent un profit, et ce profit elles s'appliquent naturellement à le porter au taux le plus élevé possible. Ce résultat, elles peuvent l'obtenir par deux procédés bien distincts : par l'augmentation de la différence entre le prix d'achat et le prix de vente, ou par celle de la quantité des produits qu'elles transmettent. A mesure que la sphère des échanges va s'agrandissant, ce dernier procédé apparaît comme le plus avantageux, et la concurrence les oblige même à y recourir de préférence. Mais soit qu'elles choisissent l'un ou l'autre, il leur est indispensable de savoir où et quand elles peuvent acheter au prix le plus bas et vendre au prix le plus haut, en un mot, de connaître le marché.

Lorsque le plus grand nombre des articles qui sont l'objet du commerce étaient produits dans la même localité, la connaissance du marché était facile à acquérir. Il n'en a plus été ainsi depuis que le marché des capitaux et de la presque totalité des produits a franchi les limites étroites où il était enfermé, pour s'étendre jusqu'aux régions les plus distantes de notre globe. Il s'est créé et développé, dans la mesure de l'extension du besoin auquel il avait à pourvoir, un organisme d'informations et de publicité, qui rend au commerce de transport des capitaux et des produits à travers l'espace et le temps un service analogue à celui que l'éclairage des rues rend aux passants. Quoiqu'il soit loin encore d'avoir acquis toute la perfection désirable, cet éclairage de l'arène des échanges épargne aux capitaux et aux produits les erreurs de direction, les heurts et les faux pas auxquels ils étaient exposés en cheminant dans les ténèbres, comme il leur arrivait à ses débuts. Les Bourses, la publication quotidienne des cours des valeurs et des marchandises, les annonces, les informations sur l'état et les prévisions des récoltes, etc., etc., concourent à ce résultat, en mettant jour par jour et même d'heure en heure à la disposition des intéressés, les renseignements sur les approvisionnements et les prix dans toute l'étendue de la sphère continuellement agrandie des échanges. C'est l'éclairage des marchés des capitaux, rapprochés et .pour ainsi dire unifiés par l'électricité qui est arrivé au plus haut degré de développement et de perfection, mais il est suivi de près par celui des matières premières et des principales denrées alimentaires.

La création et le développement successif de cet immense organisme tendent à un résultat dont on commence seulement à apercevoir toute la portée bienfaisante, savoir l'établissement de l'équilibre de la production et de la consommation au niveau du prix nécessaire pour couvrir les frais de production et de transmission des capitaux et des produits, en procurant à la généralité des producteurs et des transmetteurs la compensation de leurs dépenses et la juste rétribution de leurs privations, de leurs risques et de leur travail.

Sur un marché suffisamment étendu, où l'inégalité d'intensité des besoins individuels de vendre et d'acheter cesse d exercer son influence perturbatrice, où le prix se fixe d'une manière impersonnelle, c est uniquement le rapport mobile des quantités offertes et demandées qui en détermine le degré d'élévation, partant le taux du profit. Or, n'oublions pas que le profit est l'objectif de toutes les entreprises de production et de transmission des produits. N'oublions pas non plus que, dans l'état actuel d'avancement de la division du travail, les entreprises de transmission sont généralement séparées des entreprises de production, et qu'elles achètent aux producteurs pour revendre aux consommateurs. Quand aucun obstacle naturel ou artificiel n'intervient pour limiter leur nombre et entraver leurs opérations, elles se font concurrence pour acheter et pour revendre. A la lumière des informations qui éclairent désormais le marché dans toutes ses parties, elles se portent dans les lieux et dans les moments où les produits sont le plus abondants et au meilleur marché, pour y opérer leurs achats, et vers ceux où les produits sont le moins abondants et le plus cher pour y opérer leurs ventes. Or, il suffit du retrait ou de l'apport d'une faible quantité pour faire hausser et baisser, dans une proportion beaucoup plus forte, les prix de toutes choses, et faire par conséquent hausser ou baisser, dans la même proportion, le taux du profit. En achetant sur les lieux et aux moments où les produits offerts par les producteurs abondent, les intermédiaires font hausser les prix ; en vendant dans ceux où les produits demandés sont rares, ils les font baisser. Leur profit diminue en conséquence de cette hausse du prix d'achat et de cette baisse du prix de vente. Si la différence des deux prix se réduit au point de ne plus suffire à couvrir leurs frais et à leur donner un profit équivalent à celui des autres sortes d'entreprises, les moins capables, ceux dont les frais sont le plus élevés, cessent de les couvrir et disparaissent du marché. Alors, la diminution de la demande aux producteurs et de l'offre aux consommateurs augmente la différence du prix d'achat et du prix de vente, et fait hausser le profit. C'est une gravitation économique qui ramène incessamment les prix du marché au niveau des frais de la production et de la transmission des produits, augmentés du profit nécessaire pour rétribuer les producteurs et les intermédiaires, ni plus ni moins.

Ainsi éclairée dans ses opérations et guidée dans ses mouvements par un organisme d'information et de publicité qui va se développant à mesure que l'extension des marchés en fait ressentir davantage le besoin, la concurrence, - cette concurrence que les socialistes qualifient d'anarchique, - agit pour établir dans le monde économique un ordre naturel conforme à l'utilité générale, partant à la justice.

Comment la limitation des marchés du travail, en retardant la création de l'organisme de transmission nécessaire aux producteurs aussi bien qu'aux consommateurs de cette marchandise, et celle de l'organisme non moins nécessaire pour éclairer ses opérations, a empêché cet ordre naturel de s'établir dans les rapports du capital et du travail, voilà ce qu'il s'agit d'examiner.

III
La limitation des marchés du travail.

Malgré les leçons de l'expérience, on n'a pas cessé d'attribuer aux faiseurs de lois le pouvoir magique de changer du tout au tout les conditions d'existence des sociétés. Sans doute, les lois exercent une influence tantôt utile, tantôt nuisible, selon qu'elles favorisent ou entravent le développement de l'activité humaine ; mais cette influence est limitée et ne se fait guère sentir qu'à la longue. Le régime qui a précédé l'établissement légal de la liberté du travail et celui qui l'a suivi n'ont pas été séparés par un abîme. Ce progrès de la législation n'a pas changé d'une manière instantanée les rapports des ouvriers

Deuxième partie

avec leurs employeurs. Les ouvriers ont été déclarés propriétaires de leur travail, et, à ce titre, libres d'en disposer à leur guise, de l'employer pour leur propre compte ou de l'échanger contre un salaire, et de faire cet échange dans le lieu et le moment qui leur paraîtraient le plus avantageux, d'en débattre le taux et les conditions avec tel employeur qu'il leur conviendrait de choisir, au lieu de subir ceux qu'il plaisait à un maître, à un seigneur ou à une corporation de leur imposer. Mais dans quelle mesure étaient-ils en situation d'user de ces droits nouveaux que leur reconnaissait la loi ? Un petit nombre d'entre eux seulement pouvaient employer leur travail pour leur propre compte, et ce nombre allait même en diminuant à mesure que les progrès de l'industrie nécessitaient l'agrandissement des entreprises.

L'immense majorité était obligée d'échanger son travail, et les conditions dans lesquelles se faisait cet échange ne différaient point d'abord, d'une manière sensible, de celles qui existaient auparavant. Les ouvriers étaient libres désormais de porter leur travail où ils pouvaient le placer avec le plus d'avantage ; ils étaient libres encore d'en débattre le prix et les conditions. Mais, en fait, ils étaient confinés par le défaut de moyens de communication, de ressources et d'informations, dans la localité où ils étaient nés et où ils se trouvaient en présence d'un petit nombre d'employeurs, parfois même d'un seul. Dans ces conditions quel était le facteur déterminant de l'échange du travail contre un salaire ? La concurrence ? Si elle s'exerçait pleinement entre les ouvriers, elle était singulièrement moins active entre les employeurs. Comme le remarquait Adam Smith, qui a admirablement observé et analysé l'état de choses qu'il avait sous les yeux, « les maîtres sont en tout temps et partout dans une sorte de ligue tacite mais constante et uniforme pour ne pas élever les salaires au-dessus du taux actuel. Violer cette règle est partout une action de faux frères. » En fait donc, les employeurs avaient le monopole de l'achat du travail, et, comme le constatait encore Adam Smith, ils usaient de ce monopole pour fixer le prix de cette marchandise « à un certain taux au-dessous duquel il est impossible de réduire, pour un temps un peu considérable, les salaires ordinaires, même de la plus basse espèce de travail. » Ce taux, les ouvriers étaient libres, à la vérité, de le débattre et de le refuser. Ils avaient le droit de chercher ailleurs le placement de leur travail ou de le retirer du marché. Mais ils se heurtaient ici à des obstacles, les uns naturels, les autres artificiels.

Les obstacles naturels au déplacement étaient tels qu'Adam Smith pouvait dire que « l'homme est de toutes les espèces de bagages la plus difficile à transporter », et ils étaient encore aggravés par une série de lois qui avaient pour objet de retenir l'ouvrier attaché à la glèbe agricole ou industrielle. Ce n'est que récemment qu'a été aboli l'article du Code qui punissait d'un emprisonnement de six mois à deux ans l'action de faire passer en pays étranger des directeurs, commis ou ouvriers d'un établissement quelconque. L'ouvrier rencontrait ainsi des difficultés, le plus souvent insurmontables, à user de son droit de porter son travail sur un autre marché. Il lui restait le droit de demeurer inactif, autrement dit de faire grève. Mais l'exercice de ce droit ne pouvait avoir quelque efficacité qu'à la condition d'être collectif et prolongé de manière à causer à l'employeur un dommage supérieur à celui d'une augmentation de salaire. Qu'un ouvrier se refusât d'accepter « le taux au-dessous duquel il était impossible de réduire le salaire », cette grève isolée ne pouvait causer à l'employeur aucune perte appréciable. Aussi se bornait-on à le mettre à la porte, sans débat. Si la grève était collective, elle exposait ceux qui y prenaient part aux lois prohibitives des coalitions. Et ces lois que le nouveau régime avait héritées de l'ancien, qu'il avait même renforcées, étaient sanctionnées par des pénalités particulièrement rigoureuses. Nous avons eu l'occasion d'assister en 1845 au procès des charpentiers parisiens qui s'étaient coalisés pour obtenir une augmentation de salaire. Malgré l'éloquente plaidoirie de leur défenseur, Me Berryer, les meneurs de la coalition furent condamnés à cinq ans de prison. En fait donc, sinon en droit, l'employeur, protégé par les obstacles naturels et artificiels qui limitaient le marché de l'ouvrier, de l'autre, par les lois prohibitives des grèves, continuait à fixer d'autorité le .taux du salaire, comme il le faisait auparavant. De là une réaction contre le nouveau régime que l'on accusa même d'avoir aggravé la situation de la classe ouvrière, en lui enlevant les garanties qu'elle trouvait sous l'ancien. Les socialistes attribuèrent à la liberté les maux qui provenaient précisément des obstacles que rencontrait l'exercice de la liberté et ils s'évertuèrent à inventer des systèmes de réorganisation sociale qui n'étaient autre chose, à les examiner de près, que des rétrogressions au vieux régime de la servitude.

Mais si les lois qui avaient établi, quoique d'une manière bien incomplète, la liberté du travail et de l'industrie n'avaient pas eu pour effet d'améliorer directement et immédiatement la condition de la classe ouvrière, elles contribuèrent, au moins pour une bonne part, à susciter des progrès dont elle allait ressentir graduellement l'influence bienfaisante. Débarrassée des entraves du monopole corporatif et des barrières qui morcelaient le marché intérieur de la plupart des Etats, l'industrie prit un essor extraordinaire ; elle transforma son outillage, et dans la seconde moitié du XIXe siècle, l'application de la vapeur et de l'électricité à la locomotion aplanit le principal obstacle naturel à l'extension des débouchés des produits et des agents productifs, capital et travail. Malgré les barrières artificielles que la fiscalité et l'esprit de monopole ont continué d'élever aux frontières des Etats, le commerce extérieur des nations les plus progressives a décuplé, et, quoique les statistiques ne nous donnent que des renseignements insuffisants sur le commerce intérieur, les seuls relevés des transports des chemins de fer attestent qu'il s'est accru dans des proportions encore plus considérables. La circulation des capitaux ne s'est pas moins développée que celle des produits, tant à l'intérieur qu'au dehors. Enfin le travail a eu sa part dans les bienfaits de cette transformation de l'outillage de la production et de la locomotion. A mesure que l'accroissement de la productivité de l'industrie, armée d'agents mécaniques de plus en plus puissants, réduisait les frais de la production, et que la concurrence des producteurs, en abaissant les prix au niveau des frais réduits, mettait les produits à la portée d'un plus grand nombre de consommateurs, les entreprises se multipliaient et la demande du travail s'augmentait avec celle du capital. Le travail local n'y suffisant plus, il fallut en attirer du dehors par l'appât de salaires supérieurs aux salaires locaux. L'attraction que les foyers d'industrie exerçaient d'abord sur les régions avoisinantes n'a pas manqué de s'étendre à mesure que les communications sont devenues plus faciles, elle a dépassé les frontières, et c'est ainsi qu'un nombre croissant d'ouvriers belges, allemands, suisses, italiens, sont venus suppléer à l'insuffisance numérique des ouvriers français. Le progrès des moyens de communication maritimes a développé de même l'émigration dans les pays neufs, où l'abondance des agents naturels appelle le concours du capital et du travail des vieux pays : le nombre des émigrants d'Europe en Amérique s'est élevé annuellement de 10000 en 1820 à près d'un million à la fin du siècle. Bref, après avoir eu le droit de disposer librement de son travail et de le porter sur le marché le plus avantageux, l'ouvrier a vu s'aplanir le principal obstacle

Gustave de Molinari

que rencontrât l'exercice de ce droit. Le travail est devenu de plus en plus mobilisable dans l'espace. Il l'est devenu aussi dans le temps. Au début du régime de la liberté du travail, l'ouvrier avait beau être le maître de réserver son offre et demeurer inactif, il en avait rarement la possibilité. « A la longue, observait Adam Smith, - et cette observation s'appliquait à la généralité de la classe ouvrière, - il se peut que le maître ait autant besoin de l'ouvrier que celui-ci a besoin du maître, mais le besoin du premier n'est pas si pressant. » Et déjà un des précurseurs notables du socialisme, Necker, tirait de cette intensité inégale des besoins de vendre le travail et de l'acheter, inégalité qu'aggravait la prohibition de la grève collective, la condamnation du nouveau régime. « Que nous importent vos lois de liberté ? faisait-il dire aux ouvriers, si nous ne travaillons pas demain nous mourrons. » Mais, d'une part, les progrès de l'industrie, en développant la concurrence des employeurs sur des marchés plus étendus, d'une autre part, l'abrogation des lois sur les coalitions ont agi pour faire disparaître cette inégalité de situation. Sous l'influence de la concurrence chaque jour plus active qu'ils se font entre eux, les maîtres sont plus pressés de se procurer le travail dont ils ont besoin pour exécuter des commandes toujours près de leur échapper qu'ils ne l'étaient à l'époque d'Adam Smith, tandis que les ouvriers, sans être devenus cependant beaucoup plus prévoyants et économes, ont pu s'associer et se cotiser pour se constituer un capital qui leur permet d'ajourner leur offre, autrement dit de mobiliser leur travail dans le temps.

La situation des ouvriers producteurs de travail et des entrepreneurs d'industrie, consommateurs de cette marchandise, diffère donc essentiellement de celle qu'observait Adam Smith et qui inspirait à Necker sa prosopopée déclamatoire contre la liberté. S'il y a encore des marchés où un petit nombre de maîtres dictent, sans souffrir aucun débat, le taux et les conditions du salaire à des ouvriers qui ne possèdent ni les moyens de se déplacer, ni les moyens d'attendre, ces marchés n'existent plus qu'à l'état d'exception. De plus en plus, les employeurs se font une concurrence effective et souvent très serrée pour demander le travail comme les ouvriers pour l'offrir, le taux du salaire est débattu librement entre les deux parties et non fixé d'autorité par une seule.

Cette situation des marchés du travail n'est pas sans analogie avec

Deuxième partie

celle des marchés de détail des denrées alimentaires, sans parler d'autres articles, où le prix se fixe à la suite d'un débat individuel entre le producteur ou le marchand et le consommateur. Des deux côtés, on marchande, l'un s'efforçant d'obtenir pour sa marchandise, le prix le plus élevé possible, l'autre le prix le plus bas. Sans doute le prix est principalement déterminé parle degré d'abondance de l'approvisionnement, mais l'issue du débat individuel n'en est pas moins influencé par l'intensité inégale des besoins de vendre et d'acheter. Tandis que cette pratique du marchandage qui a continué de subsister dans le commerce au détail a presque disparu du commerce en gros, elle a succédé sur les marchés du travail à celle du salaire imposé sans débat, et si elle constitue un progrès, elle ne fournit cependant qu'une solution encore imparfaite du problème de la fixation utile et équitable des prix du travail.

C'est qu'en dépit des progrès qui ont élargi les marchés du travail, ces marchés sont demeurés plus ou moins localisés et indépendants les uns des autres. Il n'existe point, pour le travail comme pour les capitaux et les produits de grande consommation, un marché général, dont le prix déterminé uniquement par le rapport des quantités offertes et demandées, s'impose à toutes les transactions particulières et remplit ainsi l'office de régulateur. Ce marché général, nous avons vu comment il s'est constitué. A mesure que les progrès, de la sécurité et des moyens matériels de communication ont agrandi la sphère des échanges, les entreprises de transmission des capitaux et des produits ont pu se séparer davantage des entreprises de production et elles se sont développées en raison de l'extension du marché. De là un besoin croissant d'informations sur l'état des approvisionnements, de la demande et des prix dans les différentes parties de ce marché agrandi. Tout un appareil d'éclairage, composé de bourses, d'agences de publicité, etc., s'est créé pour répondre à ce besoin. Ces progrès ont eu pour premier résultat d'annuler l'influence perturbatrice de l'inégalité individuelle des besoins de vendre et d'acheter, et par conséquent de supprimer le marchandage. Sur les marchés agrandis et éclairés des capitaux et des produits, les prix ont été fixés uniquement et, en quelque sorte, d'une manière automatique, par le rapport général de l'offre et de la demande en rendant inutile tout débat entre l'acheteur et le vendeur. En même temps, - et ce second résultat a été plus important encore que le premier, - les prix ont tendu à s'uniformiser sur ces marchés unifiés et à se fixer au niveau des frais nécessaires de la production et de la transmission des produits.

Comment se fait-il que ces deux appareils de transmission et d'éclairage qui ont impersonnalisé et régularisé les prix des capitaux et des produits de grande consommation, au double avantage des producteurs et des consommateurs, n'aient pas été mis encore au service du travail ? Nous allons voir que ce retard d'un progrès dont la nécessité devient chaque jour plus manifeste est causé bien moins par la nature particulière de la marchandise-travail que par l'esprit monopoleur et protectionniste des ouvriers qui la produisent, aussi bien que des entrepreneurs d'industrie qui la consomment.

IV
Causes de ce retard

L'esprit de monopole est un legs de l'ancien régime. Les corporations industrielles se considéraient comme propriétaires de leur marché et elles le défendaient contre la concurrence intérieure et extérieure. Elles exerçaient de même un monopole de fait sur la classe ouvrière immobilisée par la difficulté des déplacements à laquelle s'ajoutait la défense d'émigrer et l'interdiction des coalitions. Les lois qui ont établi la liberté du travail et de l'échange, encore celle-ci dans une mesure moindre, ont pu modifier les faits, elles sont demeurées sans action sur les esprits. Les industriels sont restés animés de la même horreur de la concurrence : à défaut du monopole du marché local, ils ont voulu conserver autant que possible la possession exclusive du marché national, et ils ont usé de leur influence politique pour faire dresser aux frontières les barrières du système prohibitif. Ils se sont efforcés de même de conserver le monopole de la demande du travail quand les ouvriers eurent acquis la liberté de l'offre. Ce monopole a fini par leur échapper, et le marché du travail est devenu pour l'employeur comme pour l'ouvrier un marché de concurrence. Mais dans ce nouvel état de choses l'esprit du monopole a subsisté et il s'est rapidement propagé dans la classe ouvrière. A leur tour, les ouvriers se sont proposés pour objectif de devenir les maîtres du marché du travail et de dicter les conditions du salaire ; c'est vers cet objectif que convergent tous leurs efforts, et en particulier, ce qu'on pourrait appeler la politique des grèves.

L'expérience ayant démontré aux ouvriers que le refus individuel du travail ne suffit pas à provoquer la hausse ou à empêcher la baisse du salaire, ils s'associent pour le refuser collectivement. Ils désertent en masse les ateliers de leur employeur. Cette tactique se fonde sur le phénomène de l'inégalité d'intensité des besoins de vendre et d'acheter. Les grévistes coalisés se plaisent à supposer que l'employeur est plus pressé d'acheter leur travail qu'ils ne le sont de le vendre, que la suspension collective de leur offre peut lui causer une perte plus sensible que celle qu'elle leur fait subir à eux-mêmes et par conséquent que la considération de son intérêt l'obligera à céder à leurs exigences. Dans certains cas, ces prévisions se réalisent. Il en est ainsi notamment lorsque les commandes affluent et que l'employeur craint de les voir passer à ses concurrents. Il en est ainsi encore lorsque la prolongation d'une grève peut compromettre l'existence de l'entreprise ou, simplement, lorsque le chômage forcé, en se prolongeant, cause à l'employeur une perte supérieure au dommage d'une augmentation de salaire. Mais le succès de la grève est, en tous cas, subordonné à deux conditions, Il faut :

1° Que les grévistes puissent prolonger la suspension de l'offre plus longtemps que l'employeur ne peut prolonger celle de la demande ;
2° Que l'employeur ne puisse remplacer le travail qui lui était fourni par les grévistes.

Les ouvriers anglais et américains se sont appliqués à remplir la première de ces deux conditions en constituant des *trade unions*, qui ne sont autre chose que des coalitions permanentes et en accumulant, au moyen de cotisations régulières, un « trésor de guerre » destiné à soutenir les grèves. Quelques-unes de ces *trade unions*, sont parvenues ainsi à réunir des sommes considérables et à prolonger pendant .plusieurs mois des grèves que les simples coalitions étaient impuissantes à soutenir au-delà de quelques jours. Leur exemple a fini par être suivi dans les autres pays et nous voyons aujourd'hui en France s'organiser des associations analogues sous le nom de syndicats. Seulement nos syndicats sont loin encore de posséder des trésors de guerre comparables à ceux des *trade unions* anglaises ou américaines.

Mais si grandes que soient leurs ressources, les unions ou les syndicats n'ont quelque chance de l'emporter dans la lutte qu'en remplissant la seconde condition, c'est-à-dire en empêchant les employeurs de remplacer le travail des grévistes. Ceux-ci ont eu d'abord recours exclusivement à l'intimidation et à la violence pour atteindre ce but ; ils ont continué même à les employer de préférence, quand ils peuvent compter sur l'abstention ou la complicité des autorités chargées de garantir la liberté du travail. Mais les ouvriers les plus intelligents ont compris que ces procédés brutaux et d'ailleurs aléatoires ne pouvaient suffire à écarter la concurrence, et ils se sont appliqués à multiplier les unions et les syndicats ; à quoi ils ont ajouté aux Etats-Unis le boycott et le label pour obliger les industriels à n'employer que des ouvriers syndiqués [1]. Bref, leur objectif consiste aujourd'hui à conférer aux unions ou aux syndicats le monopole de l'offre du travail afin d'imposer à leur tour aux employeurs le taux et les conditions du salaire. La limitation du nombre des apprentis, la suppression des bureaux de placement, l'imposition en attendant la prohibition du travail étranger, concourent au même but et sont inspirées par le même esprit.

Cependant, à la différence des consommateurs des produits industriels et des denrées agricoles qui supportent avec une patience inaltérable l'enchérissement artificiel de ces nécessités de la vie, causé par la limitation de la concurrence étrangère, les industriels, consommateurs de travail, se défendent énergiquement contre les tentatives de monopolisation de cette marchandise ; aux grèves, ils opposent les *lockout*, au retrait partiel de l'offre, le retrait général de la demande. Le résultat le plus clair de cette guerre intestine des deux facteurs indispensables de la production, c'est une perte annuelle qui se chiffre par centaines de millions, sans parler d'une aggravation croissante des sentiments d'hostilité entre les producteurs et les consommateurs de travail.

---

[1] Voir les *Problèmes du XIXᵉ siècle. Le problème économique.*

Deuxième partie

V
Que cet état de guerre prendra fin

Evidemment, cet état d'anarchie et de guerre, dont l'industrie et finalement les consommateurs de ses produits paient les frais n'est point un état normal. Mais comment peut-on y mettre fin ? Est-ce en revenant au vieux régime de la servitude en replaçant le travail sous la domination du capital, ou, comme le rêvent les socialistes, en expropriant avec ou sans indemnité les capitalistes, et en attribuant au travail avec la direction de l'industrie, la totalité de ses produits ? Est-il nécessaire de dire que ces deux solutions du problème de la pacification des rapports du capital et du travail sont également chimériques ? Car l'une et l'autre sont en opposition avec la nature des hommes et des choses. En revanche, on peut, dès à présent, prévoir que ce problème se résoudra de lui-même, naturellement, à mesure que l'extension des marchés du travail déterminera, en dépit de tous les obstacles dressés par l'esprit de monopole, la création des agents de transmission et d'information que cette extension nécessite. Il en a été ainsi, comme nous l'avons vu, pour les capitaux et les produits. Les agents de transmission et d'information à leur service, banques, maisons et sociétés de commerce, bourses, etc., se sont multipliés et développés à mesure que le besoin s'en est fait sentir davantage et qu'ils ont été plus demandés. Si nous voulons nous rendre compte de l'importance de leur rôle, essayons de nous faire une idée de ce que serait la situation des producteurs et des consommateurs en l'absence de cette machinerie indispensable. Comment les uns pourraient-ils trouver le placement le plus avantageux de leurs capitaux ou de leurs produits, et, les autres, se les procurer dans le lieu et le moment où ils en ont besoin ? A quels marchandages et à quels conflits donnerait lieu chaque échange, en l'absence d'un prix régulateur, déterminé d'une manière impersonnelle par le rapport général des quantités offertes et demandées ? Ce serait la même anarchie, ce seraient les mêmes luttes stériles et coûteuses dont les marchés du travail nous donnent aujourd'hui le spectacle.

Cependant, ce serait une illusion de croire qu'on puisse mettre fin à cet état d'anarchie et de guerre aussi longtemps que subsisteront les obstacles, que l'esprit de monopole des industriels d'abord, des ouvriers ensuite, a élevés contre les mouvements libres de l'offre et de la demande. Lorsque nous avons essayé de fonder des bourses de travail en vue de renseigner les salariants et les salariés sur l'état du marché, nous nous sommes heurté à l'opposition des uns et des autres, les industriels redoutant un progrès qui aurait pour effet de dérober les ouvriers à leur domination dans les marchés locaux où ils faisaient la loi, les ouvriers des grands foyers d'industrie craignant au contraire que ce progrès n'y fît baisser les salaires en augmentant l'apport du travail[1]. Plus tard, les Bourses du travail ont pu s'établir grâce aux subventions municipales. Mais cette création artificielle est demeurée stérile. Entre les mains des syndicats socialistes, les Bourses du travail sont devenues des foyers d'agitation au lieu d'être des foyers d'information. C'est que les syndicats, imbus de l'esprit de monopole, loin de vouloir étendre le marché du travail, s'efforcent de le restreindre pour l'accaparer. Aussi longtemps donc que subsistera cet état des esprits, aussi longtemps que les industriels et les ouvriers se proposeront pour objectif la domination du marché, en vue de fixer à leur gré le taux et les conditions du salaire, le travail demeurera privé des agents de transmission et d'information qui régularisent les mouvements de l'offre et de la demande des capitaux et des produits, et impersonnalisent les prix, au double avantage des producteurs et des consommateurs. C'est qu'il ne suffit pas qu'un progrès soit offert pour s'établir, il faut encore qu'il soit demandé. Et, au moment où nous sommes, ce n'est pas la régularisation de la concurrence, c'est la suppression de cette bête noire du protectionnisme et du socialisme qui est l'objet de la demande.

Chapitre II

S'il n'existait ni maisons ni sociétés de commerce ou de banque, ni bourses, ni organes de publicité financière ou commerciale, l'approvisionnement régulier des marchés agrandis par les progrès de la sécurité et le développement des moyens de communication, rencontrerait évidemment des difficultés extraordinaires. On pourrait, justement cette fois, qualifier d'anarchique le régime de la concurrence. Telle est cependant la situation des marchés du travail. Les producteurs

---

[1] Voir les *Bourses du travail*, ch. XV. La première idée des Bourses du travail.

et les consommateurs de cette marchandise n'ont à leur service aucun des rouages de transmission et d'information qui déterminent et règlent, en les éclairant, les mouvements de l'offre et de la demande des capitaux et des produits.

Cette lacune de l'organisation naturelle de l'industrie tient-elle à la nature particulière du travail ? A la différence des autres marchandises, celle-ci ne serait-elle pas commerçable ? L'expérience démontre le contraire. Pendant toute l'antiquité, le commerce du travail a été, malgré l'insuffisance des moyens de communication, plus important qu'aucun autre, et, plus tard, qu'était la traite des nègres, sinon un commerce de travail ? A la vérité, c'était du travail esclave. Le producteur de travail, blanc ou noir, ne se possédait pas lui-même. Il était la propriété d'un maître. Mais, parce que l'ouvrier est devenu son propre maître, son travail n'a pas changé de nature. Il a seulement changé de propriétaire.

Qu'est-ce que le travail ? C'est la mise en oeuvre du capital de forces productives de l'homme. Comme les capitaux immobiliers et mobiliers qui constituent le matériel des entreprises de production, les agents naturels appropriés, les bâtiments, les outils, les machines, les matières premières, ce capital investi dans l'homme et que nous avons désigné sous le nom de « capital personnel », est un produit du travail et de l'épargne. Les peines, les soins, les avances de nourriture, d'entretien, d'éducation, qu'exige sa formation ; constituent ses frais de production. Il peut être possédé par l'individu dans lequel il est investi ou approprié à un autre. Mais, dans les deux cas, il doit être reconstitué et donner un profit équivalent à celui des autres capitaux, pour subsister intact et être mis d'une manière continue au service de la production.

I
Pourquoi les organes de transmission font défaut
aux producteurs et aux consommateurs de travail.

Il en était ainsi sous le régime de l'esclavage. L'organisation de la production, du commerce et de la consommation du travail esclave dans les Etats du Sud de l'Union américaine, avant la guerre de Sécession, nous fournit à cet égard une illustration saisissante. Les esclaves employés dans les plantations de coton et de sucre provenaient de deux sources différentes : l'importation africaine et 1'elevage, à l'intérieur. L'importation ayant fini par être interdite sous la double pression de la philanthropie abolitionniste et des intérêts protectionnistes des éleveurs, l'élevage devint la source principale de 1'approvisionnement du travail des plantations. Il se concentra dans les états dont le sol et le climat étaient le moins favorables à la culture des denrées tropicales, et prit une place importante dans la production agricole. De vastes fermes se fondèrent pour l'élevage des nègres. Les produits des états éleveurs (*Breeding States*) étaient vendus à des intermédiaires transportés et revendus aux planteurs de coton et de sucre des états consommateurs [1].

1   Il y a quelques années, disons-nous dans l'ancien *Dictionnaire de l'économie politique* (publié en 1855), la société anglaise et étrangère pour l'abolition de l'esclavage (*British and foreign anti-slavery society*), adressa à la Société américaine une série de questions relatives à la situation de l'esclavage dans l'Union. La Société américaine s'empressa de recueillir tous les documents nécessaires pour y répondre, et elle en composa un volume, auquel nous empruntons quelques renseignements caractéristiques sur l'organisation économique de l'esclavage et sur la condition des esclaves aux Etats-Unis (*Slavery and the internal slave trade in the United States of the North America, being replies to question transmited by the commitee of the British and foreign anti slavery society*. 1 vol. in-8°).

      Les Etats à esclaves se divisent en deux catégories : les pays de production et ceux de consommation. Dans les premiers, on élève les esclaves ; dans les seconds, on les applique à la culture du sol. On évalue à 80000 environ le nombre des esclaves qui sont annuellement transportés des Etats éleveurs (*Breeding States*) dans les Etats consommateurs.

      Les Etats éleveurs sont : le Delaware, le Maryland, la Virginie, 1a Caroline du Nord, le Kentucky, le Tennessee et le Missouri. Le sol de ces Etats n'étant point propre aux grandes cultures du sucre et du coton, et les denrées qu'on y cultive : le tabac, le chanvre et les céréales, n'exigeant en comparaison qu'un nombre peu considérable de travailleurs, les esclaves y sont nourris principalement en vue de l'exportation. L'élève de cette espèce particulière de bétail est devenue une branche importante de la productIon. Non seulement les éleveurs s'attachent à la développer de manière à proportionner leurs approvisionnement aux demandes croissantes des Etats du Sud, mais encore ils donnent une attention toute spéciale à l'amélioration de leur produits.

      L'élève des esclaves donne communément des profits élevés. Du témoignage des intéressés eux-mêmes, aucune propriété n'est d'un meilleur rapport que celle des jeunes négresses lorsqu'elles sont saines et fécondes... La valeur d'on esclave adulte est, en moyenne, de 600 dollars. Toutefois le prix des esclaves est sujet à des variations considérables : ces outils vivants de la production se vendent plus ou moins cher, selon l'état do marché du coton et du sucre ; lorsque ces articles sont très demandés, le prix des esclaves s'élève ; lorsqu'ils le sont peu, les esclaves se vendent

Cette production et ce commerce étaient régis par les mêmes lois qui gouvernent la généralité des branches d'industrie et de commerce. Pour que l'industrie des éleveurs d'esclaves pût subsister, il fallait que la vente de ce produit couvrît ses frais de production avec adjonction d'un profit équivalent à celui des autres industries. C'était un premier profit afférent à là production du travail, et ce profit était réglé comme celui de toute autre marchandise par la concurrence des vendeurs et des acheteurs. S'il tombait au-dessous du niveau général des profits industriels, l'esprit et les capitaux d'entreprise cessaient de se porter dans l'industrie de l'élevage des esclaves ou s'en retiraient, les prix se relevaient et les profits avec eux. S'il dépassait, au contraire, le niveau commun, l'esprit et les capitaux d'entreprise étaient attirés dans cette industrie, la production s'accroissait, les prix et les profits baissaient. Et, comme nous l'avons démontré ailleurs [1], ces mouvements s'opéraient avec une rapidité et une efficacité telles, - l'écart des quantités engendrant toujours un écart progressif des prix, - que le prix du marché tendait continuellement à se confondre avec les frais de production augmentés du profit nécessaire (le prix naturel d'Adam Smith). C'est à des intermédiaires marchands d'esclaves que les éleveurs vendaient communément leurs produits. Pour que ces intermédiaires qui pourvoyaient au transport et au placement de cette sorte de marchandise pussent subsister, il fallait

---

à vil prix. Comme tous les autres .producteurs, les éleveurs d'esclaves s'efforcent d'augmenter leurs débouchés et de se préserver de la concurrence étrangère. Ce sont les éleveurs de la Virginie et de la Caroline qui ont été les plus ardents à demander l'annexion du Texas, et qui se sont montrés, en toute occasion, les plus chauds adversaires de l'importation des nègres d'Afrique.

        Le commerce des esclaves n'est pas moins profitable que l'élève. Deux classes d'individus se trouvent engagées dans ce trafic : des capitalistes qui possèdent des établissements considérables à WashIngton, à Alexandrie, à Baltimore, à Norfolk, à Richmond, etc., et des agents ou courtiers qui vont acheter des esclaves dans les plantations. Le commerce en gros des esclaves est considéré comme aussi honorable qu'on autre. Les agents secondaires et les courtiers ont, en revanche, une assez mauvaise réputation. Après l'achat dans les plantations, les esclaves sont dirigés par détachements vers leur destination ; les prisons des Etats servent d'entrepôts... Les principaux trafiquants possèdent aussi des entrepôts particuliers ; de ces entrepôts, les esclaves sont dirigés vers le Sud. A leur arrivée, ils sont conduits au marché et exposés en vente. On les vend en détail ou par lots. Ordinairement aussi la vente a lieu à la criée.

        Dictionnaire de l'Economie politique. Article Esclavage.

[1] *Cours d'économie politique*, T.1er, troisième leçon. La valeur et le prix.

Gustave de Molinari

encore que la différence entre le prix auquel ils l'achetaient et celui auquel ils la vendaient couvrît leurs frais de production (transport, emmagasinage, risques) avec adjonction d'un profit, lequel était réglé, comme le précédent, par la concurrence. C'était un second profit, afférent, celui-ci, au commerce du travail. Enfin, le planteur de coton ou de sucre n'achetait l'esclave qu'à condition de tirer de l'emploi de ses forces productives un produit supérieur à leurs frais d'achat et de reconstitution. La différence constituait un troisième profit. Mais à la différence des deux premiers, ce profit de l'employeur n'était point afférent au travail, le marchand d'esclaves réalisant par le prix de vente ou bien encore par le prix de location, tout le montant du profit de son industrie et n'ayant, par conséquent, rien à prétendre sur le profit que le planteur pouvait tirer de l'emploi des esclaves aussi bien que des outils, des machines, du bétail et des autres instruments et matériaux qu'il se procurait de même, par voie d'achat ou de location.

Tout cet ensemble de frais de production et de profits - frais de production et profits de l'éleveur, du marchand et du planteur, - était ou devait être remboursé par le consommateur de coton ou de sucre. Il l'était ou devait l'être, disons-nous. Cela dépendait du prix auquel le planteur pouvait vendre sa marchandise, c'est-à-dire du prix du marché. Or, le prix du marché dépendant du rapport des quantités offertes par les producteurs de coton ou de sucre et demandées par les consommateurs, était essentiellement mobile et variable. S'il donnait le plus souvent un profit, il laissait parfois une perte. Et ces variations en hausse ou en baisse se répercutaient sur les prix et les profits des fournisseurs des instruments et matériaux employés à la production du coton ou du sucre, y compris ceux des éleveurs et des marchands d'esclaves. Si les quantités demandées dépassaient les quantités offertes, les prix s'élevaient et avec eux les profits des planteurs. L'esprit et les capitaux d'entreprise étaient alors attirés dans cette branche de la production agricole, la demande des esclaves s'augmentait, en déterminant la hausse des prix, partant celle des profits des éleveurs et des marchands, jusqu'à ce que l'apport d'un supplément d'esprit et de capitaux d'entreprise dans cette industrie et ce commerce y eussent fait baisser les prix. Si, au contraire, les quantités offertes de coton ou de sucre dépassaient les qua11tités demandées, les prix baissaient et une série de mouvements de répercussion en sens inverse des précédents

Deuxième partie

se succédaient au détriment des éleveurs et des marchands d'esclaves, jusqu'à ce que l'équilibre se fût de nouveau rétabli au niveau des frais de production et du profit nécessaire.

Mais quelle était, au milieu de ces mouvements incessants de hausse et de baisse des prix et des profits, la condition des travailleurs esclaves ? Cette condition ne variait point. Ils ne subissaient l'influence ni de la hausse, ni de la baisse. Ils ne participaient ni aux profits, ni aux pertes des planteurs, des marchands et des éleveurs. En quoi consistait leur rétribution ? Uniquement dans leurs frais de nourriture et d'entretien, réduits au minimum indispensable pour maintenir en bon état leurs forces productives. En revanche, ce minimum de subsistance était garanti à l'esclave par l'intérêt de son propriétaire, soit qu'il appartenait à un éleveur, à un marchand ou à un planteur, et telle était sa condition dans les phases successives de son existence ; il faisait partie du capital d'exploitation, et ce capital, les propriétaires étaient intéressés à le conserver intact. Assimilé aux bêtes de somme, l'esclave jouissait de cette assimilation s'il en supportait l'avilissement et les charges. Un propriétaire bon économe comme avait été le vieux Caton, tout en soumettant ses esclaves à une discipline rigoureuse, s'abstenait de les assujettir à un travail prématuré ou excessif, et veillait à ce qu'ils reçussent une nourriture et des soins suffisants pour empêcher la détérioration de leurs forces productives, et par conséquent la valeur de cette portion importante de son capital d'exploitation. Les esclaves subissaient toutefois, jusqu'à un certain point, l'influence de la rareté ou de l'abondance des denrées alimentaires. Leur pitance était plus étroitement mesurée en cas de rareté, plus copieuse en cas d'abondance ; mais l'intérêt du propriétaire n'en demeurait pas moins, en tous cas, pour eux comme pour les autres bêtes de somme, la plus sûre garantie de conservation. Ce même intérêt agissait chez les propriétaires les plus intelligents pour procurer aux esclaves quelque chose de plus que le minimum de subsistance indispensable. En vue de stimuler leur activité, on leur accordait une sorte de prime avec laquelle ils pouvaient se constituer un pécule, que les plus capables, ceux qui aspiraient à s'élever au-dessus de leur condition, employaient à se racheter.

Cependant, si l'esclavage constituait une assurance de la vie, il la faisait payer cher, car il ne donnait à l'esclave aucune part dans les profits de l'exploitation de son travail. Ces profits se partageaient entre l'éleveur et le marchand d'esclaves. Ils étaient plus ou moins considérables, selon l'état de l'offre et de la demande du travail. En conséquence, l'éleveur et le marchand étaient intéressés à porter toujours cette sorte de marchandise sur le marché où elle était le moins offerte et le plus demandée. De là tout un organisme commercial analogue à celui qui met les autres produits et services à la disposition des consommateurs à travers l'espace et le temps, organisme qui s'était créé sous l'impulsion du besoin auquel il répondait, en attirant par l'appât d'un profit l'esprit et les capitaux d'entreprise.

II
*Que l'ouvrier en devenant propriétaire de son travail
a été rendu responsable de son existence.*

L'appropriation de l'homme par l'homme a cessé d'exister dans le monde civilisé, l'esclavage a été aboli en Europe, après la période de transition du servage, et, plus tard, sans transition, en Amérique ; l'esclave ou le serf a passé à l'état d'homme libre, ce qui signifie qu'il est devenu propriétaire de sa personne et maître de disposer de son travail, de l'employer pour son propre compte ou de l'échanger contre une rétribution en nature ou en argent, soit sous la forme d'un salaire fixe ou d'une part éventuelle dans les produits de l'industrie à laquelle il coopère. Quelle a été la portée de ce changement dans la condition de l'ouvrier producteur de travail, et quels en ont été les résultats ? Voilà ce qu'il s'agit de chercher.

En acquérant les avantages de la liberté, l'ouvrier a dû en supporter les charges. Il a dû pourvoir lui-même aux frais de sa subsistance, de son entretien et de sa reproduction, jusqu'à ce que les êtres qu'il appelait à la vie fussent en état d'y pourvoir eux-mêmes, supporter les frais de ses maladies et de ses chômages, subvenir à l'entretien de sa vieillesse. Cet ensemble de frais qui étaient auparavant à la charge de ses propriétaires sont tombés à la sienne. Les propriétaires d'esclaves les couvraient avec adjonction d'un profit. Ce profit, l'esclave devenu libre pouvait le réaliser à son tour. Mais c'était à là condition d'obtenir de la mise en oeuvre de son capital de facultés productives, une rétribution comprenant les frais avec le profit.

Cette rétribution, il pouvait se la procurer de deux manières : 1° en employant son travail pour son propre compte, c'est-à-dire en entreprenant une industrie ou un commerce, 2° en louant à un entrepreneur l'usage de ses facultés productives.

Mais pour entreprendre une industrie ou un commerce quelconque, il fallait que le producteur de travail devenu libre possédât avec le capital de ses forces productives, un autre capital consistant en matériaux de production et en avances de subsistances. Ce capital faisait défaut à l'immense majorité des émancipés, et, de plus il leur manquait la capacité et les connaissances nécessaires à la gestion d'une entreprise. D'un autre côté, le nombre des entreprises est naturellement limité, et, à mesure que l'industrie se perfectionne, ce nombre va diminuant. Au moment où nous sommes, c'est tout au plus si, dans les pays les plus avancés en industrie, on compte une entreprise sur cent ouvriers. Et même dans les pays les plus arriérés, la grande majorité des travailleurs n'a d'autre débouché que la location de son capital de forces productives à une entreprise de production agricole, industrielle ou autre, en échange d'un salaire.

Que représente le salaire, de quels éléments se compose-t-il ? En premier lieu, il se compose des frais de conservation et de reconstitution des forces productives du travailleur, - nourriture, entretien, reproduction, assurance contre la maladie, le chômage, la vieillesse. Le montant de ces frais est plus ou moins élevé selon la nature des forces productives et de leur emploi. Et nous avons constaté qu'à mesure que l'industrie se perfectionne, qu'elle substitue à la force physique de l'homme des forces mécaniques ou chimiques, en mettant ainsi davantage en oeuvre les facultés intellectuelles et morales de l'ouvrier, les frais de conservation et de reconstitution de son capital de forces productives s'augmentent. Ces frais qui étaient à la charge du propriétaire d'esclaves sont maintenant à celle de l'ouvrier libre, et ils constituent le premier élément du salaire. En second lieu, sous le régime de l'esclavage, l'éleveur tirait de son industrie un profit équivalent à celui de la généralité des branches de la production. Ce profit afférent au travail revient maintenant à l'ouvrier libre et il constitue le second élément constitutif du salaire.

C'était par la vente des esclaves que l'éleveur couvrait ses frais et réalisait un profit. Il les vendait à des intermédiaires qui les revendaient aux planteurs, consommateurs de travail. Les intermédiaires se chargeaient du placement de cette marchandise, et créaient un marché où le prix était fixé par la concurrence des vendeurs et des acheteurs. Et ce prix du marché tendait continuellement, comme nous l'ayons vu plus haut, à se mettre au niveau des frais de production du travail esclave, augmentés des profits de l'éleveur et de l'intermédiaire.

Lorsque l'esclavage a disparu, l'organisme commercial qui le desservait a, du même coup, cessé d'exister. En l'absence de cet organisme nécessaire de l'échange, quelle était la situation des ouvriers, obligés de se charger eux-mêmes du placement de leur travail ? Ne possédant ni les ressources, ni les informations indispensables pour remplir cette fonction commerciale, n'ayant même, pour le plus grand nombre, d'autre capital que celui de leurs forces productives, ils se trouvaient dans la nécessité d'offrir leur travail sur place et de précipiter leur offre. Ils étaient libres d'en débattre le prix, soit ! Mais, ce débat s'engageait dans des conditions inégales. Car le besoin qu'ils avaient du salaire était plus intense et plus pressant que celui que les employeurs avaient de leur travail. Dans ces conditions le débat était le plus souvent illusoire. L'employeur commandait le prix. Et de même qu'il s'efforçait d'obtenir au plus bas prix possible les outils, les machines et les matières premières nécessaires à son industrie, il s'appliquait aussi à extraire de l'ouvrier la plus grande quantité possible de travail en échange du moindre salaire. Jusqu'à quelle limite celui-ci pouvait-il descendre ? A la rigueur, jusqu'au minimum indispensable à l'ouvrier pour mettre en oeuvre ses forces productives, en laissant ainsi sans couverture les risques de maladies, d'accidents, de chômage, les frais de reproduction, etc., à plus forte raison, sans l'adjonction du profit que l'exploitation du travail procurait auparavant au propriétaire d'esclaves. Dans cet état de choses, la classe ouvrière eût été vouée à une destruction inévitable si, d'une part, le travail des femmes et des enfants ne s'était point ajouté à celui du père de famille, si, d'autre part, les secours fournis par la charité publique et privée, la fondation des hospices et des hôpitaux gratuits, l'instruction gratuite, etc., n'avaient pas suppléé à l'insuffisance des salaires pour la couverture des risques de maladies, des frais d'éducation et autres. Les frais de production du travail étaient donc couverts en partie seulement par le salaire, le déficit était comblé par la charité volontaire ou obligatoire, ce qui excluait tout profit.

Cependant des progrès de différentes sortes ont contribué à modifier successivement, quoique inégalement, cette situation. D'abord, les ouvriers ont eu recours à l'association pour corriger l'intensité inégale de l'offre et de la demande du travail, dans les marchés étroits et isolés où ils étaient confinés, faute de moyens de se déplacer. L'expérience leur ayant démontré que le refus du travail d'un seul ouvrier ne causait à l'employeur qu'un dommage insignifiant, ils se coalisèrent pour le refuser collectivement. En vain les employeurs usèrent-ils de leur influence pour faire interdire les coalitions, elles continuèrent de se produire, et elles ne manquèrent point de se multiplier dans les pays où elles cessèrent d'être interdites. Seulement, l'expérience enseigna encore aux ouvriers, que le refus collectif du travail ne pouvait être efficace qu'autant qu'il se prolongeait assez longtemps pour causer aux employeurs un dommage supérieur au sacrifice que leur imposait l'acceptation des prix et conditions des grévistes. En conséquence, les ouvriers transformèrent les coalitions temporaires en unions ou syndicats permanents dont les ressources étaient alimentées par des cotisations régulières. En Angleterre et aux Etats-Unis, ces unions ont pris les proportions de véritables armées, et elles ont accumulé des « trésors de guerre » qui leur permettent de prolonger pendant plusieurs mois le refus collectif du travail. Les employeurs se sont associés de leur côté, ils ont opposé les lockouts aux grèves, et la lutte se poursuit avec un égal acharnement des deux parts, en donnant comme d'habitude la victoire aux plus forts, mais non sans causer des pertes et des dommages qui sont directement ou indirectement supportés par tous les producteurs et se répercutent sur les consommateurs.

D'autres progrès, ceux de la machinerie de l'industrie et en particulier des moyens de transport, en abaissant les prix et en augmentant la consommation, partant la production générale et avec elle la demande du travail, en facilitant en même temps la mobilisation des travailleurs, ont contribué plus sûrement au relèvement des salaires, qui s'est opéré dans la seconde moitié du XIXᵉ siècle. Ce relèvement, déterminé encore par le changement dans la nature du travail et l'augmentation des frais de réparation et d'entretien des forces productives de l'ouvrier qui en a été la conséquence, ce relèvement, disons-nous, a été général, en présentant néanmoins encore de nombreuses et profondes inégalités.

En effet, si l'on considère la multitude des marchés du travail, on demeurera frappé des différences extraordinaires du niveau des prix d'une même quantité et qualité de travail. Ces différences proviennent sans doute, pour une part, de celles des prix des matériaux de la vie, mais elles proviennent aussi, et, pour une part non moins forte, soit de l'inégalité du pouvoir d'échange des ouvriers soit des employeurs, soit de l'insuffisance ou de la surabondance du travail, en l'absence d'un agent de mobilisation qui ajuste l'offre avec la demande. De là, l'état d'anarchie et de guerre qui règne entre les deux agents indispensables de la production : le capital et le travail, et la nécessité de plus en plus urgente d'y apporter un remède.

III
Les remèdes socialistes.

Ce remède, les socialistes n'ont pas été lents à le découvrir. Ils l'ont simplement emprunté au régime de l'esclavage. Seulement, à l'asservissement du travail par le capital, ils ont substitué celui du capital par le travail. Telle est la conception fondamentale de tous leurs systèmes de réorganisation sociale, du communisme et du collectivisme aussi bien que de l'anarchisme.

C'est par la conquête que s'était établi dans la plupart des Etats de l'antiquité le régime de l'esclavage. Une société guerrière s'emparait d'un pays, confisquait les richesses immobilières et mobilières, sol, bâtiments, outils, approvisionnements de matières premières et de subsistances appartenant à la population vaincue et s'appropriait cette population elle-même qu'elle réduisait en esclavage. Les hommes et les choses étaient partagés entre les conquérants, en proportion de leur participation à l'entreprise de la conquête : chaque lot constituait un domaine plus ou moins étendu, une seigneurie. Le propriétaire de ce domaine appliquait à la production des subsistances et des autres articles dont il avait besoin, la population qui lui était échue en partage avec le sol, et il se procurait par l'échange les articles d'ailleurs peu nombreux qui ne pouvaient être produits dans le domaine. Sous ce régime, la rétribution du travail consistait uniquement dans la somme strictement nécessaire pour couvrir les frais d'entretien et de reproduction des travailleurs. A ces frais d'entretien et de renouvellement du personnel des fermes et ateliers des domaines s'ajoutaient ceux du matériel. Restait un produit net ou profit, qui allait tout entier au propriétaire, et qui lui fournissait, d'une part, ses moyens de subsistance, et de l'autre, la contribution en services, en nature ou en argent, en échange de laquelle le gouvernement de la société conquérante assurait sa sécurité contre les risques des invasions des autres sociétés guerrières et des révoltes de la population assujettie. Le trait caractéristique de ce régime, c'était donc l'attribution de la totalité du produit net ou du profit au propriétaire du capital.

Les socialistes se sont bornés à mettre au dessus, ce que les sociétés esclavagistes avaient mis au-dessous, tout en empruntant de même leurs procédés de conquête et d'exploitation. A l'exemple des conquérants des premiers âges de l'humanité, ils veulent employer la force pour s'emparer du domaine de la société capitaliste ; ils confisqueront le sol, les bâtiments, les outils, les matières premières des entreprises, en d'autres termes, les capitaux mobiliers et immobiliers. Selon les communistes étatistes, les fruits de la conquête doivent demeurer indivis, le gouvernement institué par le peuple et géré par ses délégués doit se charger d'organiser la production dans la multitude de ses branches et d'en distribuer les fruits. Il dirige les exploitations agricoles ; industrielles et autres, construit les bâtiments, fabrique les outils et les machines, se procure les matières premières et, après à voir déduit du produit brut les frais d'entretien et de renouvellement de ce matériel de là production, sans oublier apparemment ses frais de gouvernement, il distribue en parts égales le produit net ou le profit du travail, sans accorder aucune part au capital. Et cela se conçoit : il n'y a plus de capitalistes ! Selon une autre école, celle des collectivistes, le sol et les capitaux conquis sur la société capitaliste seraient appropriés à des sociétés ouvrières se gouvernant elles-mêmes et distribuant entre leurs membres, en raison de la quantité de leur travail, et toujours à l'exclusion du capital, la totalité du produit net ou profit. Il en est de même dans le concept anarchiste de la réorganisation sociale, avec cette différence que les compagnons, après s'être librement réunis sans aucun chef et aucune hiérarchie pour conquérir le domaine de la société capitaliste, se réunissent non moins librement pour produire et consommer, sans se soumettre à aucune autorité, fût-elle instituée par le peuple lui-même. Mais quelles que soient les différences qui les séparent, tous, socialistes, communistes, collectivistes, anarchistes et autres poursuivent le même but : la conquête et l'asservissement du capital par le travail, et sa mise à la portion congrue de ses frais de reconstitution, sans adjonction d'aucun profit.

Seulement, ces systèmes de réorganisation sociale ont laissé sans solution la plupart des questions d'application qu'ils soulèvent. Désormais le travail sera le maître et le capital, l'esclave, soit ! Mais qui remplira le rôle des propriétaires du capital, responsables de l'entreprise, et investis en raison de cette responsabilité de l'autorité nécessaire pour la diriger ? Comment se recrutera le personnel de chaque industrie et se fixera sa rétribution ? Cette rétribution sera-t-elle égalitaire ou non ? Comment s'établira le prix des produits destinés à l'échange, etc. ? La solution pourtant urgente de toutes ces questions, les socialistes sont d'accord pour la renvoyer au lendemain de la révolution. Mais en attendant qu'elles soient résolues, de quoi vivra le peuple vainqueur ?

Il se partagera les fruits de la victoire et consommera ceux qui sont immédiatement consommables. Ce sera un mardi gras révolutionnaire, suivant l'expression pittoresque de

Proudhon. Mais après ? Après, ce sera le carême et le jeûne, jusqu'à ce que l'instinct de la conservation provoque une réaction qui rétablisse l'ordre naturel des choses non sans un recul de la richesse et de la civilisation.

Une école moins radicale, celle des participationnistes et des coopérateurs, vise simplement la suppression du salariat qu'elle remplace par la participation aux bénéfices des entreprises de production. Mais pour être moins désastreuse et chimérique que la solution socialiste, celle-ci n'en aggraverait pas moins la condition des travailleurs au lieu de l'améliorer.

L'application du système participationniste n'est possible, en effet, dans quelque étendue qu'à deux conditions : 1° que les travailleurs possèdent les ressources nécessaires pour subvenir à leur entretien, en attendant la réalisation des produits de l'entreprise à laquelle ils coopèrent ; 2° qu'ils puissent et veulent en supporter les risques. S'ils sont dépourvus d'avances, ils seront obligés de recourir au crédit, et, à cause précisément de cette absence d'avances, ils ne pourront obtenir le crédit qu'à un taux qui atteindra, s'il ne le dépasse point, le bénéfice de la substitution de la participation au salariat. A plus forte raison ne pourront-ils supporter et couvrir les risques inhérents à toutes les entreprises de production.

Remarquons à ce propos que si le système de la participation aux bénéfices était plus avantageux que le salariat, il serait préféré non seulement par les ouvriers fournisseurs de travail, mais encore par les fournisseurs de la machinerie et des matières premières : au lieu d'échanger le coton nécessaire au filateur contre une somme fixe, dont le montant est déterminé par l'état du marché, le producteur ou le marchand de cette matière première l'échangerait de préférence contre une part aléatoire des produits de la filature. Il en serait de même pour le capital avec lequel s'achètent la machinerie et les matières premières. Ce capital est divisé dans les entreprises constituées sous la forme de sociétés anonymes : 1° en actions qui, supportant les risques afférents à l'entreprise, reçoivent, leur rétribution sous la forme d'un dividende, c'est-à-dire d'une part aléatoire dont le montant est proportionné aux risques ; 2° en obligations qui reçoivent leur rétribution sous la forme d'un intérêt fixe, indépendant de l'entreprise et correspondant au salaire. Le capital-obligations est assuré par le capital-actions, et les différences dans les taux d'intérêt qu'il perçoit selon les entreprises dans lesquelles il est engagé proviennent du degré plus ou moins élevé de sécurité que lui procure cette assurance. A part les différences du taux de la prime d'assurance, l'intérêt des obligations est déterminé par le taux général de l'intérêt des capitaux, lequel dépend immédiatement du rapport des quantités offertes et demandées sur le marché. Et le prix du marché fixé par ce rapport gravite par l'opération combinée des lois de la concurrence et de la valeur vers le montant des frais (dommages et risques) qui doivent être couverts avec adjonction d'un profit pour déterminer l'apport du capital à la production.

Or, les capitalistes eux-mêmes, au moins pour le plus grand nombre, préfèrent un intérêt fixe dont le taux dépend de l'état général du marché des capitaux à une part aléatoire des profits de l'entreprise particulière à laquelle ils coopèrent. A plus forte raison, les ouvriers beaucoup moins capables que les capitalistes de supporter les risques de la production doivent-ils le préférer. Est-il nécessaire d'ajouter qu'il y a équivalence entre le taux général de l'intérêt du capital-obligation et le taux général des dividendes du capital-action. En effet, dès que cette équivalence vient à se rompre dans un sens ou dans un autre, elle ne manque pas de se rétablir aussitôt par l'affluence des capitaux dans le mode dé placement le plus avantageux. Il en serait de même pour le salaire et la part de bénéfice. En admettant qu'un certain nombre d'ouvriers, suffisamment pourvus d'avances, préférassent ce dernier mode de rétribution, ils n'obtiendraient qu'une part aléatoire de bénéfice supérieure au salaire du montant de la prime d'assurance. Que conclure de là, sinon que la rétribution du travail dépend non de la forme sous laquelle elle est perçue, mais comme toutes les marchandises, de l'état du marché où le travail est échangé.

IV
L'organisation du commerce du travail sous le régime de l'esclavage.

Sous le régime de l'esclavage, le commerce du travail possédait un marché plus vaste que celui d'aucune autre marchandise. Les marchands d'esclaves étendaient leurs opérations jusque dans les parties les plus reculées de l'Empire romain. Ils achetaient du travail-esclave en Afrique, en Syrie, en Pannonie où il était à bon marché pour le revendre en Grèce, et en Italie où il était cher, et malgré la difficulté et la cherté des transports, la différence des deux prix couvrait leurs frais et leur permettait de réaliser un profit au moins équivalent à celui des autres branches de commerce. Il en a été de même lorsque le commerce des esclaves s'est de nouveau organisé et développé pour subvenir au besoin de travail des planteurs de sucre, de coton et des autres denrées tropicales du nouveau monde. Les négriers allaient chercher des esclaves à la côte d'Afrique où ils se les procuraient à vil prix, et dans les Etats éleveurs où cette branche de la production agricole ne tarda pas à croître et à fleurir sous l'influence de la prohibition de la traite. Ils les portaient sur les marchés des Etats consommateurs, principalement à la Nouvelle-Orléans, où on les vendait à la criée. Les prix de ce grand marché, publiés après chaque vente, étaient connus sinon des roitelets nègres, au moins des éleveurs et des planteurs, et ils servaient de régulateurs dans toutes les transactions particulières comme la cote de la Bourse des valeurs ou des marchandises.

Cet organisme commercial a disparu avec l'esclavage, et sa disparition a entraîné le morcellement et, pour ainsi dire, l'émiettement des marchés du travail. De là, la constitution en faveur des employeurs d'un monopole de fait, dont la classe ouvrière a subi les conséquences désastreuses. Mais pourquoi l'organisme commercial qui était au service des producteurs et des consommateurs du travail esclave ne s'est-il pas adapté au nouveau régime ? Ce n'était pas qu'il fût devenu inutile, car l'ouvrier devenu propriétaire de son travail était non moins intéressé que l'éleveur d'esclaves à le porter sur le marché où il pouvait en obtenir le prix le plus élevé, et moins encore que l'éleveur, il avait les moyens de l'y porter lui-même ; mais quelle garantie un ouvrier libre pouvait-il donner à un intermédiaire pour l'avance des frais de transport dans l'espace et le temps qu'impliquait le commerce du travail comme tout autre ? Cette garantie, l'intermédiaire la trouvait auparavant dans la propriété du capital de forces productives investi dans l'esclave ; il ne la trouvait point dans l'ouvrier libre. Il aurait fallu qu'à défaut du capital investi dans sa personne, que le nouveau régime lui interdisait de vendre et même d'engager autrement qu'à court terme, l'ouvrier possédât un capital investi dans les choses, un capital mobilier ou immobilier, qui servît à garantir les avances de l'intermédiaire. Or l'immense majorité des travailleurs émancipés de l'esclavage et du servage, ne possédaient que leur capital de forces productives. Cette garantie indispensable à l'intermédiaire, ils auraient pu, à la vérité, la lui fournir en s'associant, mais il leur était interdit de s'associer, et cette interdiction n'a été levée que longtemps après l'époque de leur émancipation. Dans cet état d'isolement, l'ouvrier libre, incapable de garantir la rétribution du service de l'intermédiaire, était obligé de chercher lui-même le placement de son travail, et l'insuffisance de ses ressources le réduisait à l'offrir dans les limites les plus étroites de l'espace et du temps.

Comment les choses se passaient-elles ? Dans le plus grand nombre des industries, les ouvriers en quête de salaire allaient d'atelier en atelier offrir leur travail ; dans d'autres, ils se rassemblaient à certaines heures sur une place où les employeurs venaient embaucher ceux dont ils avaient besoin ; enfin, dans les grands foyers de population où l'offre et la demande directe du travail occasionnaient des pertes de temps et présentaient des difficultés particulières, on vit reparaître les intermédiaires sous forme de bureaux de placement. Mais ces entreprises, d'abord en petit nombre, ne se faisaient qu'une concurrence insuffisante pour améliorer leurs services et en abaisser le prix. On jugea en conséquence nécessaire de les assujettir à une surveillance étroite et arbitraire, qui eut pour résultat naturel d'aggraver les abus auxquels elle avait pour objet de porter remède.

Cependant, malgré l'absence ou l'insuffisance d'un rouage commercial aussi nécessaire au travail libre qu'il l'avait été au travail esclave, les marchés du travail se sont agrandis à la fois dans l'espace et dans le temps. L'augmentation extraordinaire de la puissance productive, dans la seconde moitié du siècle dernier, en abaissant les frais de la production et en mettant ainsi les produits à la portée d'un nombre croissant de consommateurs a déterminé la multiplication et l'agrandissement des entreprises industrielles. Ces entreprises rapprochées et concentrées économiquement dans d'énormes foyers de production, ont attiré des localités de plus en plus éloignées les ouvriers, dont les progrès des moyens de communication facilitaient, en même temps, le déplacement.

Ces mêmes progrès, en abrégeant la distance entre l'Europe et les régions du Nouveau-

Monde, abondantes en ressources naturelles, ont provoqué un mouvement d'émigration du travail libre qui a dépassé en importance celui de la période la plus active de la traite du travail esclave. Tandis que les marchés du travail s'agrandissaient ainsi dans l'espace, malgré

Deuxième partie

l'insuffisance des ressources et l'incertitude des informations des travailleurs abandonnés à eux-mêmes, d'autres progrès les étendaient aussi dans le temps. L'expérience des maux de l'imprévoyance commençait à faire comprendre aux ouvriers devenus responsables de leur destinée la nécessité de l'épargne : ceux qui étaient en possession d'une avance cessaient d'être obligés d'accepter quand même, sous l'aiguillon de la nécessité, le salaire et les conditions que leur offraient les employeurs. Ils pouvaient « attendre. » L'abrogation des lois sur les coalitions, en leur permettant de s'associer et de constituer des caisses de chômage, a contribué encore à étendre leur marché dans le temps. Entre les unions ouvrières, anglaises et américaines, amplement pourvues de capitaux et les employeurs l'inégalité du pouvoir de disposer du temps s'est effacée. Et a mesure que cette inégalité a disparu et que, d'une autre part, la circulation du travail a pu s'étendre davantage dans l'espace, les employeurs ont perdu le monopole de fait qui leur permettait trop souvent d'imposer aux ouvriers le taux et les conditions du salaire dans les marchés étroitement limités de la petite industrie.

Mais qu'est-il arrivé alors ? C'est que les ouvriers devenus plus capables d'attendre ont entrepris à leur tour d'imposer leurs conditions aux employeurs. Seulement, il ne leur suffisait pas de pouvoir se priver du salaire plus longtemps que les employeurs ne pouvaient se priver du travail pour remporter la victoire, il fallait encore qu'ils empêchassent les employeurs de se procurer au dehors un agent productif indispensable, autrement dit qu'ils s'en assurassent le monopole. A défaut des barrières douanières que les gouvernements mettaient au service des industriels pour les préserver de la concurrence étrangère et leur permettre d'élever artificiellement leurs prix, les ouvriers recoururent à l'intimidation et à la violence pour écarter la concurrence des dissidents ou des étrangers. Mais quand même cette pratique protectionniste aurait toute l'efficacité d'une douane, quand même les unions ou les syndicats ouvriers réussiraient à s'assurer le monopole du travail, quel serait le résultat ? S'il y a un taux au-dessous duquel le salaire ne peut descendre sans entraîner la destruction des forces productives de l'ouvrier, il y a aussi un taux au-dessus duquel il ne peut s'élever, sans entraîner la destruction du capital de l'employeur. Dans ce cas, la demande du travail diminue et le salaire baisse en dépit du monopole. Quoi que fassent les monopoleurs, il est hors de leur pourvoir de maintenir le

Gustave de Molinari

taux du salaire au point où il entame la rétribution nécessaire des autres agents productifs, où les frais de la production cessent d'être couverts. Car il ne dépend pas de l'employeur d'élever le prix de vente de ses produits, de manière à compenser l'excès d'élévation du salaire. La hausse du prix : provoque la diminution de la demande des produits et, par une répercussion inévitable, celle du travail et la baisse du salaire.

V
Comment leurs syndicats peuvent
rendre le travail commerçable.

Mais si les unions et les syndicats ouvriers ne peuvent, en accaparant le travail, élever d'une manière quelque peu durable le taux du salaire au-dessus du taux naturel de la concurrence, - et ils ont fait à cet égard, ils font tous les jours des expériences désastreuses pour les ouvriers aussi bien que pour l'industrie, - ils peuvent leur fournir la garantie nécessaire pour rendre le travail « commerçable », et susciter ainsi la création d'un rouage intermédiaire aussi utile, sinon davantage, aux ouvriers libres qu'il l'était aux propriétaires d'esclaves.

Sous le régime de l'esclavage, le travail était un produit commerçable, en ce que le commerçant, l'intermédiaire pouvait couvrir ses frais d'information, de transport, etc., par la vente et la location. Ces frais avec adjonction du profit lui étaient remboursés par l'acheteur de l'esclave. La situation changea du tout au tout sous le régime du travail libre. Dans ce nouvel état des choses, l'intermédiaire ne pouvait plus, comme auparavant, se rembourser de ses frais et obtenir sa rétribution par la vente du travailleur. Le travailleur ne pouvait plus être vendu. Ce n'était plus au consommateur du travail, à l'employeur, que l'intermédiaire devait demander la rétribution de son service, c'était au producteur, à l'ouvrier même. Or, celui-ci ne lui offrait aucune garantie de solvabilité. Cette garantie aurait-elle consisté dans une retenue sur le salaire ? Mais une retenue supposait un engagement, un contrat entre l'ouvrier et l'employeur, et cet engagement, ce contrat n'offrait aucune garantie de durée ou autre. A la différence du propriétaire d'esclaves, l'employeur ne disposait d'aucun moyen coercitif pour retenir l'ouvrier libre à l'atelier et le contraindre à remplir exactement les clauses de son engagement. Dans ces conditions, l'industrie de l'intermédiaire devenait impossible, le travail cessait d'être commerçable, ou, du moins, l'ouvrier était obligé de remplir lui-même la fonction commerciale. Or, ne possédant ni les ressources, ni les informations nécessaires pour mobiliser son travail, il se trouvait réduit à l'offrir sur un marché étroit où il était, le plus souvent, à la merci de l'employeur. Ajoutons que, quand même la situation des deux parties eût été égale dans l'échange, le salaire aurait dû être abaissé du montant de la prime des risques que l'absence de garantie dans l'exécution du contrat du travail, la désertion de l'atelier, les malfaçons, etc., faisaient courir à l'employeur et contre lesquels il n'avait qu'un recours illusoire.

Cette garantie que l'ouvrier isolé ne pouvait offrir ni à l'employeur, ni à l'intermédiaire, les associations ouvrières, en possession d'un capital, sont maintenant en mesure de la fournir à leurs membres. Elles peuvent remplir l'office de sociétés d'assurance, soit pour le placement, soit pour l'exécution du travail. Un arrêt de la Chambre des Lords tend même à les engager dans cette voie, en les rendant responsables des sévices individuels commis dans les grèves organisées avec leur concours.

Est-ce à dire cependant que l'union ou le syndicat ouvrier puisse utilement se substituer à ses membres, et remplacer le contrat individuel du travail par un contrat collectif ? Nous ne le croyons pas.

Il faut remarquer d'abord qu'un contrat collectif conclu par une association ouvrière impliquerait une diminution de la liberté individuelle de ses membres. Votés par la majorité, les prix et conditions du contrat feraient loi pour la minorité, laquelle serait obligée de les accepter, à moins de se retirer de l'association. L'ouvrier associé perdrait ainsi la liberté d'échanger son travail aux prix et conditions qui lui conviennent, et il se trouverait, à cet égard, dans une situation inférieure à celle de l'ouvrier isolé. Au lieu d'un progrès, ce serait un recul.

Il faut remarquer ensuite qu'une association d'ouvriers, producteurs de travail, est encore moins que ne l'était un éleveur d'esclaves, capable de remplir la fonction commerciale du placement de cette marchandise.

Gustave de Molinari

Toute entreprise de production ou de commerce est exposée à des risques, lesquels doivent être couverts par un capital responsable et par conséquent investi de la direction de l'entreprise. Il en était ainsi dans une entreprise d'élevage des esclaves. Dans une association ouvrière, au contraire, la direction appartient au travail, ce qui rend impossible sinon l'accumulation d'un capital, du moins son application à une entreprise industrielle ou commerciale.

Enfin, en admettant même qu'une association ouvrière se conformât sur ce point aux lois naturelles qui régissent les entreprises, la séparation des fonctions s'imposerait à cette collectivité de travailleurs libres comme elle s'imposait aux éleveurs d'esclaves. La fonction commerciale exige avec un capital plus ou moins considérable des aptitudes et des connaissances spéciales que les éleveurs d'esclaves ne possédaient point, que les collectivités de travailleurs libres possèdent encore moins.

Mais, du moment où les associations ouvrières, après avoir entrepris vainement de monopoliser le travail, se borneront à garantir l'exécution des engagements de leurs associés et à assurer ainsi la rétribution du service des intermédiaires, le travail libre deviendra commerçable, comme l'était le travail esclave, et des maisons ou des sociétés pourront se fonder pour remplir ce service[1]. Et, de même que toutes les autres entreprises, elles s'efforceront d'étendre leurs débouchés afin d'augmenter leurs profits. Comme il est arrivé pour tous les articles de grande consommation, le développement naturel du commerce de travail suscitera la création d'un marché général dont le prix s'imposera à toutes les transactions particulières. Ce prix régulateur, soit qu'il s'agisse des capitaux, des produits ou des services, tend incessamment, sous l'impulsion des lois naturelles de la concurrence et de la valeur, à se mettre à niveau des frais et du profit nécessaire pour en déterminer la production et l'apport à la consommation dans l'espace et le temps. Il en était ainsi pour le travail esclave. Il en serait ainsi pour le travail libre, avec cette différence essentielle que l'esclave ne recevait du produit de son travail que la part strictement nécessaire à la conservation de ses forces productives sans aucune part de profit, tandis que l'ouvrier libre,

---

1 Nous avons publié dans notre livre sur les *Bourses du travail*, le projet et les statuts d'une société commerciale du travail. Appendice, p. 305.

Deuxième partie

propriétaire de son travail, peut recevoir ce profit tout entier.

Seulement l'éleveur à qui allait le profit du travail, sous le régime de l'esclavage, ne l'obtenait qu'à la condition de régler la reproduction de ses esclaves conformément aux besoins de la consommation et de conserver intactes leurs forces productives. C'était une double tâche qu'il devait remplir, mais dont l'accomplissement était relativement facile, car elle ne lui imposait aucune privation : il lui suffisait de comprendre son intérêt et de s'y conformer dans le gouvernement de ses esclaves. C'est une tâche autrement difficile pour l'ouvrier libre, car elle l'oblige à de constants efforts pour maîtriser ses instincts et régler ses appétits. Mais c'est une tâche nécessaire, dont il doit s'acquitter sous peine de s'exposer à la sanction inévitable de la dégradation et de la misère. Il faut, en un mot, qu'il sache se gouverner lui-même.

Chapitre III

I
Que l'esclave et l'homme libre,
malgré la différence de leur condition,
sont soumis aux mêmes lois économiques.

Les forces productives de l'homme constituent un capital *sui generis*, un capital personnel. C'est par la mise en oeuvre de ce capital investi dans les personnes, auquel se joignent les capitaux investis dans les choses, capitaux fixes ou circulants, immobiliers ou mobiliers, que se produit la richesse[1]. Sous le régime de l'esclavage, les capitaux

---

1   Quelque étendu que puisse paraître, au premier coup d'oeil, le sens que nous avons attaché au mot capital, nous sommes portés à croire qu'il pourrait encore s'interpréter d'une manière bien plus large. Au lieu d'entendre par le mot capital toute cette portion du produit de l'industrie qui peut s'appliquer à l'entretien de l'homme, ou aux moyens de faciliter la production, il semble qu'il n'y ait aucune raison pour ne pas admettre (et il y en a au contraire un bon nombre pour admettre) que l'homme doit être considéré comme formant une portion du capital national. L'homme est le produit des avances de richesses faites pour son existence, pour son éducation, etc., au même titre qu'un instrument quelconque créé par son action ; et il semble qu'en se livrant aux investigations qui concernent seulement ses opérations mécaniques et qui ne s'occupent pas de ses facultés plus élevées et plus nobles, on doit l'envisager exactement sous ce point de vue.

personnels existant dans une nation se partagent en deux catégories : ceux qui appartiennent à la personne même dans laquelle ils sont investis, ceux qui sont appropriés à un maître, individuel ou collectif. Dans la première sont compris les chefs et la plus grande partie sinon la totalité de la hiérarchie dirigeante des entreprises de production, dans la seconde, de beaucoup la plus nombreuse, les ouvriers employés aux travaux d'exécution. Ceux-ci sont considérés comme des choses et particulièrement assimilés aux bêtes de somme dont ils constituent une variété supérieure. Dans les sociétés de l'antiquité et plus tard dans celles du Nouveau-Monde, le capital incorporé dans les troupeaux d'esclaves dépassait en importance celui de la généralité des autres capitaux fixes ou circulants, terres, bâtiments, outils, machines, etc.

Depuis que l'esclavage a cessé d'exister, au moins sous ses formes primitives, dans les sociétés en voie de civilisation, les capitaux personnels de la seconde catégorie ont passé dans la première. Les travailleurs libérés de l'esclavage et du servage sont devenus propriétaires de leur capital de forces productives. Ils sont libres de l'employer suivant les convenances, et ils peuvent jouir eux-mêmes des profits que l'emploi de ce capital procurait aux propriétaires d'esclaves. Quelles ont été les conséquences de ce progrès, envisagé au point de vue économique ? En quoi la situation du travailleur libre diffère-t-elle, à ce point de vue, de celle de l'esclave ? Telles sont les questions que nous avons examinées, mais sur lesquelles nous devons insister encore pour donner une idée claire du régime adapté à cette situation et à ses exigences.

Tout individu arrivé à l'âge de maturité, bien qu'il n'ait pas été formé pour un art ou pour une profession particulière, peut cependant être considéré avec une parfaite exactitude, sous le rapport de ses facultés naturelles, comme une machine qui a coûté, pour sa construction, vingt années de soins assidus et la dépense d'un capital considérable. Et si une somme plus considérable a été dépensée pour le rendre propre à l'exercice d'une industrie ou d'une profession qui exige une habileté extraordinaire, la valeur de cet homme s'en accroîtra proportionnellement, et il aura droit il une rémunération plus large pour ses talents ; de même qu'une machine acquiert une plus grande valeur lorsqu'elle acquiert une puissance nouvelle par la dépense d'un nouveau capital ou d'un nouveau travail appliqué à sa construction... On a constamment, et avec raison, attaché la plus grande importance il la puissance des machines que l'homme a construites pour l'aider dans ses opérations ; mais l'homme lui-même est la machine qui a le plus d'importance.

Mac Culloch. *Principes d'économie politique*. Traduit par Augustin Planche, t. 1er, p. 130, Edition Guillaumin.

Deuxième partie

Le propriétaire d'esclaves s'attribuait le profit de l'emploi de leur capital de forces productives, mais pour recueillir ce profit il était obligé de pourvoir à la conservation de ce capital. Sous peine de le voir s'amoindrir et se détruire, il devait prendre le soin et supporter les frais de la nourriture, de l'entretien, de la reproduction et du gouvernement de son troupeau d'esclaves, Sans doute, il réduisait autant que possible cette dépense. Mais, qu'il s'agît de ses esclaves ou de ses autres bêtes de somme, il était intéressé à les maintenir en bon état. Si un propriétaire avide et imprévoyant mesurait trop étroitement leur pitance et les assujettissait à un travail excessif, s'il ne veillait point à leur santé, s'il les accablait de mauvais traitements, il en était puni par l'affaiblissement de leurs forces productives et la dépréciation du capital qu'elles représentaient. Aussi la généralité des propriétaires, tout en soumettant les esclaves à une discipline rigoureuse, s'appliquaient-ils à rendre leur existence supportable. Ils se piquaient même d'émulation à cet égard, et se montraient fiers de la belle apparence de leurs esclaves comme de celle de leur bétail. Bien traités, les esclaves s'attachaient à leurs maîtres. Ils en donnèrent la preuve pendant la guerre de sécession américaine. Quoique les plantations ne fussent plus habitées que par des femmes, des enfants et des vieillards, nulle part les nègres ne saisirent cette occasion opportune pour se révolter et aller se placer sous la protection de leurs libérateurs. En fait, l'esclavage était une assurance, mais la plus chère des formes de l'assurance, car elle enlevait à l'esclave la totalité du profit de l'emploi de son capital de forces productives. Ce profit était la rétribution du propriétaire-assureur.

De même que les autres branches d'industrie, l'exploitation des esclaves s'était organisée conformément au principe de la division du travail : le commerce s'était séparé de la production proprement dite. Dans tous les Etats de l'antiquité et plus tard dans les Etats à esclaves du Nouveau-Monde, l'approvisionnement des esclaves était l'objet de deux sortes d'industrie : le vol pratiqué par des conquêtes ou des razzias et l'élevage. Et l'une et l'autre n'étaient entreprises qu'autant qu'elles couvraient leurs frais et promettaient un profit. En quoi consistaient leurs frais ? D'abord dans ceux des expéditions de chasse aux esclaves ou de l'établissement et de la mise en œuvre des entreprises d'élevage, ensuite dans le coût de l'entretien et de la conservation de ces bêtes de somme à face humaine jusqu'à ce qu'elles pussent être vendues. Ces frais avec adjonction du profit étaient couverts par le prix de vente.

Les marchands d'esclaves y ajoutaient les leurs et s'en remboursaient par la revente à l'employeur : en Amérique, au planteur de coton ou de sucre. Au prix d'achat se joignaient pour celui-ci les frais d'entretien et de gouvernement des esclaves. A son tour, il s'en remboursait par la réalisation des produits dont le travail esclave était l'un des facteurs. C'était donc, en dernière analyse, le consommateur de coton ou de sucre qui remboursait les frais et profits du voleur ou de l'éleveur, du marchand et de l'employeur. Or cette opération finale, - la vente du produit, - était naturellement aléatoire. Comme toute autre production, celle du coton et du sucre est sujette à des aléas, provenant des fluctuations de l'offre et de la demande, qui font varier les prix et avec eux les profits. Et ces variations se répercutaient en hausse ou en baisse sur l'industrie des négriers ou des éleveurs et sur le commerce des marchands d'esclaves. Mais, comme nous l'avons remarqué, elles n'atteignaient point ou n'atteignaient que faiblement les esclaves eux-mêmes. Leur existence était assurée par l'intérêt de leurs propriétaires, comme l'est celle des bêtes de somme, quels que soient les résultats de l'industrie dans laquelle leur travail est employé.

Il en a été autrement lorsque le travailleur a passé de la condition de bête de somme à celle d'homme libre ; lorsque son capital de forces productives, après avoir été là propriété d'un voleur ou d'un éleveur, d'un marchand ou d'un employeur, est devenue la sienne. Au lieu d'être réduit au minimum de subsistante indispensable à la conservation de ses forces, il a pu recevoir pour l'emploi de son « capital personnel » une part équivalente à celle des autres capitaux dans les profits de l'industrie, soit qu'il employât ce capital pour son propre compte, soit qu'il en louât l'usage en échange d'un salaire fixé, correspondant à l'intérêt des obligations des sociétés par actions, ou d'une part de bénéfice correspondant au dividende. Seulement, si la liberté lui permettait de participer aux profits de la production, elle ne les lui assurait point, - pas plus qu'elle ne les assurait aux propriétaires des capitaux investis dans les choses : le capital investi dans sa personne allait être soumis désormais aux mêmes aléas que les capitaux mobiliers et immobiliers. Il fallait en conséquence qu'il cherchât lui-même l'emploi le plus profitable de ce capital et qu'il pourvût, lui-même aussi, à sa conservation et à sa reproduction. Or cette double tâche qui incombait auparavant aux propriétaires d'esclaves était autrement difficile à remplir pour l'ouvrier libre.

Le propriétaire n'était pas seulement intéressé à employer ses esclaves de la manière la plus profitable, il l'était encore à veiller à la conservation et au développement de leurs forces productives. L'observation et l'expérience lui ayant fait reconnaître les actes qui les affaiblissaient, il avait établi dans son domaine un code de lois destinées d'une part à empêcher la production de ces actes nuisibles, à réprimer et autant que possible à extirper les propensions vicieuses qui en étaient la source : penchants au vol et au meurtre, à l'ivrognerie, à la débauche ; d'une autre part, à encourager les actes utiles et à développer les inclinations qui les produisaient, l'obéissance, la sobriété, la continence. Ce code était sanctionné par des pénalités graduées suivant le degré de nocivité des actes et des penchants, et par des récompenses proportionnées à leur utilité. Le propriétaire qui l'édictait et le faisait observer devait mettre en oeuvre des qualités particulières de caractère et d'intelligence ; mais il lui était, à tout prendre, plus facile d'imposer l'observation de la discipline nécessaire à la conservation des forces productives de ses esclaves que de se l'imposer à lui-même.

Lorsque le travailleur est devenu libre et propriétaire de ses farces productives, il a dû veiller lui-même à leur conservation, réprimer ses penchants à l'ivrognerie, à la débauche, à la paresse, au vol, et, de plus, déployer une vertu dont il ne sentait pas auparavant la nécessité : la prévoyance. A la vérité, les lois et la police du maître ou du seigneur avaient été remplacées par celles de l'Etat, mais celles-ci ne réprimaient plus que le plus petit nombre des manifestations nuisibles de l'activité individuelle, encore était-ce bien imparfaitement, car l'intérêt que l'Etat avait à les réprimer était moins immédiat et moins apparent que celui du maître ou du seigneur. Il fallait donc que le travailleur puisât en lui-même la force nécessaire pour maîtriser ses penchants nuisibles et développer une vertu qui lui était maintenant indispensable après lui avoir été à peu près inutile. Et n'oublions pas qu'il avait à remplir une série d'obligations dont le gouvernement du maître exonérait l'esclave, obligation de pourvoir aux frais de sa reproduction, obligation de subvenir aux frais de ses maladies et à l'entretien de sa vieillesse. Il

Gustave de Molinari

lui fallait, pour s'en acquitter, à la fois plus de forces morales et plus de ressources matérielles que n'en possédait l'esclave. Or, lorsqu'il avait été libéré de la servitude, son état mental était celui de l'esclave et cet état mental ne pouvait se modifier que lentement par l'exercice des facultés morales qu'exigeait l'accomplissement de ces obligations nouvelles. Quant à ses ressources matérielles, elles pouvaient sans doute s'élever au-dessus du minimum de subsistance de l'esclave, mais ce minimum même cessait de lui être assuré.

S'il pouvait acquérir sa part dans les profits de l'industrie à laquelle il apportait la coopération du capital investi dans sa personne, il devait chercher lui-même l'emploi de ce capital et l'exploiter à ses risques et périls. Il avait le choix entre deux modes d'exploitation. Il pouvait entreprendre une industrie, individuellement ou par association, ou louer l'usage de son capital à un entrepreneur. Mais, d'une part, le nombre des entreprises était naturellement limité, et à mesure que l'industrie s'est perfectionnée et que sa machinerie est devenue plus puissante, ce nombre a diminué relativement à celui des ouvriers, d'une autre part, il faut pour entreprendre une industrie, non seulement un capital investi dans les personnes, un capital personnel, mais encore un capital investi dans les choses, et celui-ci faisait défaut à l'immense majorité des travailleurs émancipés de la servitude. Un petit nombre d'entre eux seulement purent employer leurs forces productives pour leur propre compte. Le plus grand nombre dut en louer l'usage en échange d'un salaire. Mais si le marché des capitaux personnels était aussi vaste que celui des autres capitaux, il se trouvait infiniment plus morcelé par l'obstacle des distances et surtout par l'absence du rouage de transport et de placement qui avait été au service des propriétaires d'esclaves. Au début de leur affranchissement, les travailleurs libres se trouvaient immobilisés dans des marchés étroits où ils étaient à la merci d'employeurs, en possession d'un monopole de fait : le monopole de la demande du travail. Ce monopole, renforcé par les lois inégales que dénonçait Adam Smith, est aujourd'hui en voie de disparaître ; mais il n'en a pas moins pesé longtemps sur la situation matérielle des ouvriers. A quoi il faut ajouter le poids inégal des impôts et du régime qualifié de « protecteur du travail national », qui abaisse les revenus des travailleurs pour augmenter ceux des propriétaires fonciers, des chefs d'industrie et de leurs commanditaires, enfin les incessantes perturbations causées par les guerres, les changements des lois fiscales et protectionnistes, les vices du gouvernement des Etats, et ceux du gouvernement des entreprises particulières, sans oublier les accidents naturels de diverses sortes, le tout constituant autant de risques qui atteignent la généralité des coopérateurs de la production. En considérant le nombre et l'importance de ces risques on pourra se rendre compte des énormes difficultés que la multitude affranchie de la servitude mais privée de l'assurance qui y était contenue a dû surmonter pour résoudre le problème du gouvernement de soi-même,

II
Que la multitude émancipée de la servitude
n'a qu'imparfaitement résolu le problème
du gouvernement de soi-même.

Faut-il s'étonner si ce problème, la multitude émancipée de la servitude ne l'a qu'imparfaitement résolu ? Cependant, malgré les maux qui l'ont accompagnée et suivie, son émancipation n'a pas moins été un bienfait pour la société dont elle a accéléré les progrès et pour elle-même. C'est de ses rangs que sont sortis le plus grand nombre des inventeurs qui ont renouvelé le matériel de l'industrie et des hommes d'action qui, en appliquant les inventions, ont augmenté en un siècle la puissance productive des peuples civilisés plus qu'elle ne l'avait été auparavant en des milliers d'années. Ces artisans du progrès ont pu recruter, pour exécuter les travaux de la production, une armée de volontaires bien autrement actifs et énergiques que ne l'étaient les esclaves, auxquels manquait le stimulant des responsabilités attachées à la liberté, sans oublier la perspective de s'élever dans une hiérarchie dont tous les rangs leur étaient maintenant devenus accessibles. Ces obscurs soldats de l'industrie ont largement contribué à l'oeuvre du progrès et l'hommage que l'on doit à leur vaillante coopération est d'autant plus mérité qu'ils n'ont pas eu toujours leur juste part dans les fruits de leur travail.

Mais si les travailleurs libres ont apporté à la production un concours plus actif et efficace que ne l'était celui des esclaves, ils se sont généralement montrés moins capables de gouverner leur vie.

Gustave de Molinari

Cette inégalité de leur capacité gouvernante trouve son explication dans la situation qui leur était faite sous le régime de l'esclavage. Que demandait-on à l'esclave ? Du travail. Sous peine de s'exposer à des châtiments rigoureux, il était obligé d'accomplir la tâche régulière qui lui était imposée. Cette tâche, il avait pris l'habitude de la remplir, et elle avait développé les forces qu'il mettait en oeuvre en la remplissant. C'étaient, au moins pour la plus grande part, des forces physiques, l'industrie encore dans l'enfance n'exigeant que dans une faible mesure l'intervention des forces intellectuelles et morales. Mais les obligations imposées à l'esclave s'arrêtaient là. Remplir exactement sa tâche et obéir passivement aux ordres de ses chefs, voilà tout ce qu'on exigeait de lui. Il n'avait pas à s'occuper du gouvernement de sa vie ; elle était gouvernée et assurée par son maître. N'ayant à pourvoir ni à l'entretien d'une famille ni aux frais de ses maladies, de ses chômages et de son invalidité sénile, il n'avait pu développer, par l'exercice, des facultés qui allaient être indispensables à l'homme libre. L'esclavage avait formé des ouvriers ; il n'avait pas formé des hommes capables de se gouverner eux-mêmes. En Europe, toutefois, le servage a été, à cet égard, une transition utile entre l'esclavage et la liberté. Sans cesser d'être gouverné par le propriétaire du domaine auquel il était attaché, le serf avait à pourvoir à son entretien et à celui de sa famille. L'occupation d'un lot de terre, proportionné au nombre de bras disponibles pour la corvée, lui était assurée, et le seigneur, intéressé à la conservation de ses corvéables, leur prêtait au besoin son assistance. Cette assurance et cette assistance disparurent avec le servage.

Le serf, passé à l'état d'homme libre, dut assurer sa subsistance et s'assister lui-même. Il avait pris l'habitude du travail, mais il n'avait pas acquis au même degré celle de se gouverner. Si l'immense majorité des travailleurs émancipés de la servitude a fourni à l'industrie une armée de volontaires qui ont attesté la supériorité productive du travail libre sur le travail forcé, l'expérience a montré l'insuffisance de la capacité gouvernante du travailleur libre dans le règlement de sa consommation et de sa reproduction. Le besoin d'assistance s'est accru et il a nécessité un développement correspondant de la charité publique et privée. Remarquons, à ce propos, que la charité a subi l'influence des changements du régime économique plutôt que celle du régime religieux. Si elle s'est développée surtout après que le christianisme eut remplacé le paganisme, c'est parce que, dans l'antiquité païenne, l'esclavage assurait l'existence de la grande majorité de la classe inférieure, et que cette, assurance rétrécissait naturellement le débouché de la charité. Ce débouché s'est étendu à mesure que les travailleurs ont cessé d'être appropriés à un maître ou à un seigneur intéressé à la conservation de cette sorte de cheptel, en raison de sa valeur en usage ou en échange.

III
Utilité de la charité.

Au point de vue de l'intérêt général et permanent de l'espèce, - intérêt qui est le critérium de la morale aussi bien que de l'économie politique - convient-il cependant d'assister les individus incapables de résoudre eux-mêmes le problème de l'existence ou faut-il les laisser périr ? Il suffit pour résoudre ce problème d'observer la nature humaine. Il y a un sentiment inné dans l'homme qui le fait souffrir de la souffrance de ses semblables et qui l'excite à leur venir en aide. Comme toutes ses autres facultés, elle répond à un besoin de son espèce, elle a sa raison d'être, elle est utile. On peut s'en assurer, en se reportant à la notion que nous avons donnée du capital. Tout homme possède un capital de forces productives, un capital personnel. Ce capital est inégalement distribué, mais si peu favorisé qu'il soit par la nature, aucun individu n'en est complètement dénué. L'ensemble des forces productives individuelles constitue la masse des « capitaux personnels » d'une nation, et ces capitaux investis dans les hommes sont, avec les capitaux investis dans les choses, les facteurs de la production de la richesse. Au simple point de vue économique, la société est donc intéressée à la conservation des uns aussi bien que des autres, et il en est ainsi pour les plus petites parcelles comme pour les plus grandes. Si un individu ne parvient pas à couvrir ses frais d'existence, s'il ne réussit point à conserver et à renouveler son « capital personnel », c'est une perte pour la société. Cette perte, elle peut l'éviter en assistant l'individu en déficit, en lui donnant les moyens de combler ce déficit et de se tirer d'affaire lui-même. A la vérité, il y a des cas où l'assistance est impuissante à mettre l'individu en état de s'en passer, où il reste à la charge de la société. Mais en ce cas même, la

Gustave de Molinari

charité n'est pas inutile. Si elle ne relève pas celui qui la reçoit, si elle constitue pour la société une dépense sans compensation matérielle, elle développe chez ceux qui la font une faculté morale qui contribue autant et même plus qu'aucune force physique ou intellectuelle à la production de la richesse.

La charité est donc utile, mais il reste à savoir si elle doit être abandonnée à l'initiative libre des individus ou si la société a le droit de la rendre obligatoire, en établissant sur ceux de ses membres qui couvrent eux-mêmes leurs frais d'existence avec un surplus, les impôts nécessaires pour pourvoir au déficit de ceux qui ne parviennent pas à les couvrir. Le droit de la société à remédier aux nuisances de toute sorte qui l'affaiblissent nous paraît incontestable mais l'exercice de ce droit n'est utile qu'autant que l'initiative privée se montre insuffisante à y porter remède. Si l'assistance des faibles et des incapables est conforme à l'intérêt général et permanent de la société, celle-ci est fondée, en ce cas, mais en ce cas seulement, à en imposer l'obligation et à contraindre ceux de ses membres qui ont un surplus à lui en remettre une part proportionnelle pour l'affecter à cette destination. Mais il ne s'ensuit pas que les individus qui ont besoin d'être assistés aient le droit d'exiger l'assistance de la société. La société ne leur doit rien. Toute dette a pour cause une créance. Qu'est-ce que la société a reçu de ceux qu'elle assiste, qu'elle doive leur rembourser ? S'ils ont travaillé, s'ils ont créé des produits, c'est pour satisfaire leurs besoins, et non ceux de la société. Ce travail, ces produits, ils en ont reçu la contre-valeur en échange. Ils ont été payés. Ce que la société leur fournit en sus du paiement qu'elle a fait de leurs produits ou de leurs services est un simple don. Elle peut juger utile à elle-même de leur faire ce don, mais ils ne peuvent invoquer cette utilité comme un titre de créance. Car une créance ne peut avoir d'autre cause qu'une valeur fournie. L'assistance est une obligation de la société envers elle-même, en ce qu'elle peut empêcher une déperdition des forces nécessaires à sa conservation, mais cette obligation, elle n'est tenue à la remplir qu'autant qu'elle lui est utile, et c'est à elle, et non à ceux qu'elle assiste, qu'il appartient de juger de son utilité, d'apprécier si elle doit accorder l'assistance et dans quelle mesure ou si elle doit la refuser, - ceci toujours au point de vue de son intérêt général et permanent. Si la charité libre subvient suffisamment au besoin d'assistance, la société n'a aucune raison d'imposer la sienne. La charité cesse même, en ce cas, d'être utile pour devenir nuisible. En effet, ou elle dépasse le besoin d'assistance, ou elle se substitue à la charité privée qu'elle décourage, et remplace ainsi une forme d'assistance supérieure par une forme inférieure.

Dans tous les pays civilisés, la charité volontaire et la charité imposée subsistent côte à côte. La charité imposée dite publique, exercée au nom de la Société par le gouvernement de la commune ou de l'Etat, est alimentée, soit par une taxe des pauvres comme en Angleterre, c'est-à-dire par un impôt direct perçu sur une catégorie d'individus qui couvrent eux-mêmes ou sont supposés couvrir leurs frais d'existence avec un surplus, soit, comme dans la plupart des autres pays, par un prélèvement sur la masse des impôts directs et indirects qui frappent aussi la classe assistée. Cette charité étatiste ou communaliste, subventionnée d'ailleurs, en partie, par des dons et legs volontaires, est distribuée par des bureaux ou par une administration spéciale, dite de l'assistance publique. Or la tâche qui incombe à ces bureaux ou à cette administration, et en général à tous les corps aussi bien qu'à tous les individus qui distribuent la charité, cette tâche est particulièrement difficile. Car la charité, selon qu'elle est bien ou mal faite, peut être utile ou nuisible. Mais si bien qu'elle soit faite, si intéressantes que soient les misères qu'elle soulage, quand elle secourt les malades, les enfants et les vieillards, elle a un défaut qui tient à sa nature même, c'est de décourager la prévoyance en la remplaçant, et par là même en dispensant de l'effort que la prévoyance exige. Sans doute, il y a des maux qu'aucun déploiement de la prévoyance ne peut prévenir, mais dans les cas les plus nombreux, la misère est causée bien moins par l'insuffisance des moyens de subsistance que par leur répartition imprévoyante entre les besoins actuels et les besoins futurs, et l'absence des efforts nécessaires au bon gouvernement des appétits de la bête humaine. La charité a pour effet presque inévitable de provoquer un relâchement du gouvernement de soi-même. On assiste moins quand on compte sur l'assistance d'autrui.

Ce vice inhérent à la charité ne peut être atténué que par la distribution soigneuse et intelligente des secours. A cet égard la charité publique, administrée par une bureaucratie, est visiblement inférieure à la charité privée, et on a pu l'accuser de créer plus de misère qu'elle n'en soulage.

Gustave de Molinari

Mais la charité privée elle-même, quand elle n'est pas inspirée par un sentiment actif d'amour et de pitié, quand elle n'est qu'une affaire de vanité, d'ostentation, de respect humain ou de mode, ne vaut guère mieux que la charité publique. Sans affirmer que l'une et l'autre se soldent en perte, on peut douter qu'elles aient efficacement contribué à remédier à l'insuffisance du gouvernement de soi-même. Elles ont été un palliatif plutôt qu'un remède.

Si l'on songe que la vie humaine se partage en trois périodes, l'enfance, la maturité et la vieillesse, dont une seule est pleinement productive, tandis que dans les deux autres l'individu est incapable de subvenir entièrement à sa subsistance, si l'on songe que dans sa période de productivité même, il est exposé à des maladies, à des accidents et à des chômages qui interrompent son activité, on apercevra dans toute leur étendue les difficultés d'un problème qu'il doit résoudre cependant sous peine de périr ou de tomber à la charge d'autrui. Si l'on songe encore que les progrès de l'industrie, en mettant à sa portée un nombre croissant de produits dont il est maintenant libre d'user et même d'abuser, ont multiplié ses tentations de dépense, alors que sa situation inégale vis-à-vis de l'employeur, les risques et les charges qui grevaient les revenus de son travail diminuaient ses moyens d'y pourvoir, on s'expliquera que sa situation ne se soit pas améliorée en raison du développement général de la production, et qu'une portion plus ou moins nombreuse de la classe ouvrière ait été incapable de remplir les obligations que lui imposait la liberté. On s'expliquera enfin que la charité ait été impuissante à combler le déficit creusé par l'inégalité de ces obligations, en comparaison de la capacité morale et des moyens matériels d'y subvenir. En présence de l'insuffisance de ce palliatif, on a cherché d'autres remèdes et on a cru les trouver dans les lois dites ouvrières.

IV
Les lois ouvrières.

Les premières lois ouvrières ont eu pour objet la protection des enfants et la limitation de l'exploitation prématurée de leur travail. Sous le régime de l'esclavage, la reproduction des esclaves était réglée par l'éleveur, comme celle des autres bêtes de somme, conformément aux besoins du marché. Il supportait les frais de l'élève et s'appliquait à en améliorer les produits. Il se gardait, de même, de soumettre les enfants à des travaux dont le produit n'eût point compensé la dépréciation que ces travaux prématurés, en enrayant le développement de leurs forces productives, eussent fait subir aux adultes. Cet état des choses a changé lorsque le travailleur devenu libre a dû supporter lui-même les frais de sa reproduction. Incapable de la régler sur le montant des ressources qu'il pouvait lui appliquer, obligé de restreindre sa consommation personnelle pour subvenir à celle de sa progéniture, il s'est hâté de demander à l'exploitation du travail de l'enfant un supplément de revenu. D'ailleurs, il n'était point intéressé, comme l'avait été l'éleveur, à ménager les forces de l'enfant pour accroître celles de l'adulte. Dès que celui-ci avait atteint sa majorité, il cessait d'être obligé de livrer au père de famille le produit de son travail. Il se l'attribuait à lui-même. A la différence de l'éleveur, le père de famille devait, à moins de renoncer à ses frais d'élève, s'en rembourser avant que l'enfant fût devenu un homme. Le sentiment de la paternité parlant chez lui moins haut que l'intérêt (ce sentiment avait-il pu se développer sous le régime de l'élevage ?) il se hâtait de livrer l'enfant à l'industrie aussitôt que son travail avait acquis une valeur si faible qu'elle fût, et ce travail à bon marché trouvait un ample débouché dans les emplois nombreux où il pouvait remplacer celui des hommes faits. On sait à quels abus monstrueux cette exploitation du travail des enfants a donné naissance, particulièrement dans les pays où la charité publique et privée pourvoyait, pour une large part, parfois même en totalité, aux frais d'élève des familles nombreuses.

Il se créa ainsi un intérêt anormal à multiplier des enfants dont l'élève ne coûtait rien ou peu de chose, et dont le travail ne tardait pas à rapporter un profit. On vit alors des pères dépourvus de scrupules vivre, dans l'oisiveté, du produit du travail de leur misérable progéniture. Cependant, cette pratique ne manqua pas de provoquer un accroissement extraordinaire la mortalité infantile, en même temps que l'abâtardissement visible de la race. Des philanthropes s'émurent et réclamèrent l'intervention du gouvernement pour remédier à un mal qui prenait des proportions de plus en plus menaçantes. On interdit le travail des enfants avant un certain âge et on en limita la durée, mais cette réglementation n'était applicable qu'à la grande industrie. La petite industrie y échappait par les difficultés insurmontables de la surveillance. Quel a été le résultat ? Si la réglementation a empêché l'abus du travail des enfants dans les manufactures, si elle y a élevé, dans quelque mesure, le taux des salaires par la diminution de l'offre, elle a fait refluer la population infantile dans les petits ateliers, et, en y augmentant l'offre, abaissé les salaires. Il est donc difficile de dire si le bien que la réglementation a pu produire d'un côté a compensé le mal qu'elle a causé d'un autre.

Mais l'intervention du gouvernement, pour remédier à l'insuffisance de la capacité gouvernante de la classe ouvrière, ne s'est pas arrêtée là ; elle a été appliquée au travail des adultes, et, en particulier, au travail des femmes. Cette réglementation a pu se justifier, peut-être, à l'époque où, dans les marchés étroits de la petite industrie, l'employeur possédait un monopole de fait qui lui permettait de commander le salaire mais, comme nous l'avons vu, cette situation s'est successivement modifiée, le pouvoir d'échange des deux parties a tendu de plus en plus à s'égaliser. Or, en limitant arbitrairement et en tous temps la durée du travail sans tenir compte de l'état variable de l'industrie, en empêchant le travailleur de répondre aux exigences des moments de presse sans lui offrir aucune compensation lorsque l'insuffisance des commandes le réduit à chômer, la réglementation ne nuit-elle pas précisément à ceux-là même qu'elle a pour objet de protéger ?

Enfin, on s'est efforcé de compléter l'édifice de la réglementation du travail par l'assurance obligatoire des accidents, des maladies et de la vieillesse, avec la participation des employeurs et de l'Etat.

Toutes les industries exposent le personnel qui y est employé à des risques divers et inégaux d'accidents et de maladies, desquels résultent encore des différences de longévité. Sous le régime de l'esclavage, ces risques étaient supportés par le propriétaire d'esclaves, aussi bien que ceux qui atteignaient les autres bêtes de somme. Lorsque le travailleur devint son propre maître, ils tombèrent naturellement à sa charge, et comme ils variaient d'une industrie à une autre, les salaires se fixèrent, naturellement aussi, à des taux correspondant à leurs différents degrés d'élévation. L'inégalité des risques déterminait celle de la prime nécessaire pour les couvrir, et celle-ci déterminait, à son tour, l'inégalité des salaires. Qu ont fait les réglementateurs, dans l'intérêt prétendu de la classe ouvrière ? Ils ont mis, dans un certain nombre d'industries, à la charge des employeurs la responsabilité des risques, et par conséquent la prime nécessaire pour les couvrir. Le salaire de l'ouvrier se trouve ainsi augmenté du montant de cette prime : mais quel est l'effet de cette hausse artificielle ? C'est d'attirer un surcroît de concurrence dans les industries où elle se produit et d'y faire baisser les salaires jusqu'à ce qu'ils aient cessé de comprendre la prime d'un risque qui n'est plus à la charge des ouvriers. Cette prime, la loi a beau la mettre à la charge des employeurs, ils en sont remboursés par l'abaissement du salaire, avec adjonction des frais d'intermédiaire. N'était-il pas plus avantageux pour les ouvriers de percevoir eux-mêmes une prime proportionnée naturellement aux risques ou aux inconvénients particuliers de chaque industrie, sauf à employer, eux-mêmes aussi, cette prime a couvrir les risques ?

L'assurance obligatoire de la vieillesse soulève des objections encore plus graves. Cette assurance doit être augmentée à la fois par une retenue sur le salaire, par une subvention des employeurs et par l'impôt. Ces deux dernières parts constituent donc, ou plutôt sont censées constituer un don, une charité faite à la classe ouvrière par la classe des employeurs et par l'ensemble de la société. Mais la subvention des employeurs est une charge qu'ils peuvent rejeter sur les ouvriers, comme dans le cas de l'assurance contre les accidents, et la subvention de la société retombe au moins pour une part sur la classe ouvrière. La contribution effective de la charité de la classe des employeurs et de la société à la caisse des pensions ouvrières est donc minime. Et quand elle ne serait point, pour la plus grande part, plus apparente que réelle, elle ne compenserait pas les nuisances inhérentes à un système d'assurance obligatoire. Ce système, imposé en bloc à la multitude des salariés, ne peut tenir compte des différences qui existent entre les situations individuelles. Or, dans la classe des salariés, aussi bien que dans celle qui vit de profits et de rentes, se rencontrent des individus assez prévoyants pour s'assurer eux-mêmes contre les risques de la vieillesse, sans y être contraints. Il en est encore qui pourraient employer librement, d'une manière plus avantageuse, le montant de la retenue qui leur est imposée. D'un autre côté, les chances de longévité sont essentiellement inégales : elles varient selon que la constitution des individus est plus ou moins solide et saine, et selon la nature plus ou moins dangereuse des industries auxquelles ils demandent leurs moyens d'existence. Un système d'assurance imposé à une classe entière ne pouvant tenir compte de ces inégalités individuelles, les chances de longévité, le résultat de ce communisme de l'assurance, c'est de taxer les individualités les plus faibles au profit des plus fortes. Un autre vice de ce système, c'est de nationaliser l'assurance, en la limitant aux frontières de l'Etat assureur, et de faire ainsi obstacle à la mobilisation du travail, en infligeant aux émigrants la perte des retenues faites auparavant sur leurs salaires. Tel était l'effet des vieilles lois sur le domicile de secours qui retenaient les ouvriers dans le marché étroit de leur commune, où ils étaient à la merci d'un petit nombre d'employeurs. Pour être plus étendu, le marché national n'en continue pas moins à être limité, et le dommage que cette limitation de son marché infligerait à la classe productrice de travail dépasserait, à elle seule, le montant de la contribution charitable des employeurs et de la société à l'assurance ouvrière.

Chose curieuse ! Les mêmes hommes qui préconisent les lois ouvrières s'élèvent avec une louable énergie contre toute distinction1égale entre les membres de la société. Quel est, cependant, l'effet naturel de ces lois ? C'est de partager la société en deux classes distinctes, celle qui y est assujettie, et celle qui en est exemptée, celle dont la durée du travail est limitée, et celle qui peut prolonger cette durée à sa volonté, celle qui est obligée de s'assurer contre les accidents, les maladies et la vieillesse, suivant un système qui lui est imposé d'autorité, et celle, qui est libre de s'assurer à sa manière ou de ne pas s'assurer.

De ces deux classes entre lesquelles les lois ouvrières partagent la société, l'une est composée de propriétaires des capitaux mobiliers et immobiliers, et des membres de la hiérarchie dirigeante des entreprises de production, l'autre, de la multitude des soldats de l'industrie qui demandent leurs moyens d'existence à la location de leur capital personnel en échange d'un salaire. Les individus qui constituent la première sont considérés comme capables de remplir librement, sans y être contraints, toutes les obligations de la vie et d'en supporter tous les risques, capables de s'acquitter *bona fide* de leurs devoirs de famille, sans exploiter le travail de leurs enfants, capables de s'assurer contre les risques des accidents, des maladies et de la vieillesse, capables, en un mot, de se gouverner eux-mêmes. Les individus qui appartiennent à la seconde classe, au contraire, sont non seulement réputés incapables de se gouverner, mais encore de subsister sans l'assistance d'autrui. Car au revenu qu'ils tirent de leur travail, les lois ouvrières ajoutent une subvention imposée à la classe réputée capable de se gouverner elle-même, au profit de la multitude réputée incapable.

Telle est la solution que la philanthropie et le socialisme d'Etat combinés apportent au problème de l'élévation morale et matérielle de la classe ouvrière. Nous croyons qu'on peut trouver mieux.

Chapitre IV
Résumé et conclusion

I
Que l'esclave et l'homme libre, malgré la différence
de leur condition, sont soumis
aux mêmes lois économiques.

Au point de vue moral, il y a certainement une distance énorme entre l'esclave et l'homme libre. L'esclave ne s'appartient pas à lui-même. Il ne se gouverne pas, il est gouverné. Il est un animal domestique, nourri et entretenu par son maître. On ne lui reconnaît aucun droit tout en lui imposant le devoir d'obéir aux ordres qu'on lui donne, ces ordres fussent-ils immoraux ou même criminels. L'homme libre, au contraire, est propriétaire de sa personne. Il a des droits en même temps que des devoirs. Mais si, au point de vue moral, il se différencie essentiellement de l'esclave, au point de vue économique, il est soumis aux mêmes conditions d'existence et son activité est régie par les mêmes lois. Qu'il soit esclave ou libre, l'homme est un producteur et un consommateur, et c'est sous ce double aspect qu'il faut le considérer. Dans les anciennes sociétés et jusqu'à une époque récente, dans les sociétés esclavagistes du Nouveau-Monde, toutes les entreprises de production étaient entre les mains d'une classe à laquelle appartenaient le sol, les matériaux et les agents productifs, en comprenant parmi ceux-ci la multitude des travailleurs esclaves. C'était cette multitude qui exécutait sous la direction des propriétaires des entreprises ou de leurs intendants les travaux de l'agriculture et de la plupart des autres industries.

La société se trouvait ainsi partagée en deux classes complètement distinctes, dont l'une était la propriété de l'autre. Entre elles, il y avait toute la distance qui sépare l'homme de ses animaux domestiques. L'esclave était une bête de somme d'une espèce supérieure, et avant que sa force physique eût été remplacée par des forces mécaniques plus puissantes et moins coûteuses, il était le principal, sinon l'unique moteur de la production. Il constituait alors la portion de beaucoup la plus considérable de la richesse de ses propriétaires. Dans l'inventaire des plantations du Nouveau-Monde, la valeur des esclaves à elle seule dépassait celle du sol, des bâtiments et de l'outillage.

Comme les autres bêtes de somme auxquelles ils étaient assimilés, les esclaves étaient l'objet d'une industrie spéciale, celle de l'élevage, et d'une branche de commerce que l'on a désignée sous le nom de « traite ».

Dans les sociétés de l'antiquité, l'élevage demeurait généralement confondu avec les autres branches de l'agriculture, autant du moins que nous en pouvons juger par les renseignements sommaires des agronomes latins. En revanche, nous avons vu qu'il s'était concentré et spécialisé dans les Etats esclavagistes de l'Union américaine les moins propres à la culture des denrées tropicales. L'élevage des esclaves y était pratiqué dans de vastes fermes et il ne différait point de celui des autres sortes de bétail. Quoique les éleveurs eussent à supporter la concurrence de l'importation des nègres d'Afrique jusqu'à l'époque où, de concert avec les abolitionnistes des Etats du Nord, ils réussirent à faire prohiber la Traite, ils réalisaient des profits considérables. Le nègre était « un produit », et comme tous les produits, il était créé en vue d'un profit. Et de même encore que tous les profits, celui de l'élevage dépendait, d'une part, des frais de production, d'une autre part, du prix de vente. Les frais d'élève consistaient dans le coût de la nourriture et de l'entretien des négrillons jusqu'au moment où leurs forces productives ayant acquis un développement suffi saut, ils étaient mûrs pour la vente. Mais il fallait, pour les amener à bon terme, ne point lésiner sur la nourriture et veiller soigneusement à leur santé. Si la maladie les emportait avant qu'ils pussent être mis au marché, c'était pour l'éleveur' la perte sèche des frais qu'ils lui avaient coûtés. S'ils étaient affaiblis faute de l'alimentation et des soins nécessaires, s'ils étaient victimes d'accidents occasionnant la perte ou la déformation d'un membre, leur valeur marchande se trouvait diminuée d'autant. L'intérêt bien entendu de l'éleveur consistait donc à mettre au marché des produits irréprochables et même, autant que possible, d'en améliorer la qualité. S'il faut ajouter foi aux renseignements recueillis par la Société pour l'abolition de l'esclavage, le meilleur sang de la Virginie coulait dans les veines des esclaves, et ceux qui étaient vendus le plus cher étaient presque entièrement blancs [1]. Enfin, les éleveurs intelligents ne se bornaient pas à pourvoir au développement des forces physiques de leurs élèves, ils s'attachaient à mettre en valeur leurs facultés mentales et les dressaient à la pratique d'un métier, parfois même d'une profession libérale. Il y avait dans l'antiquité, des esclaves grammairiens dont l'instruction particulièrement soignée et complète avait coûté cher, mais qui se vendaient à un prix amplement rémunérateur. En Russie, à l'époque du servage, les propriétaires faisaient de même, aux sujets les plus intelligents, l'avance des frais d'un apprentissage professionnel adapté à leurs aptitudes ; après quoi ils les autorisaient à exercer librement leur métier ou leur art, moyennant une redevance annuelle dans laquelle étaient compris l'intérêt et l'amortissement de l'avance, et cette application du crédit hypothécaire était avantageuse au serf aussi bien qu'au seigneur.

Mais l'éleveur n'était pas seulement intéressé à donner à ses élèves tous les soins et à leur faire les avances nécessaires pour les mettre en pleine valeur et éviter les pertes d'une mortalité prématurée, il l'était encore, et même davantage, à en proportionner le nombre aux besoins de la consommation. Si, comme le constatait l'enquête de la Société pour l'abolition de l'esclavage, « aucune propriété n'était plus profitable que celle d'une négresse saine et féconde, il fallait cependant éviter d'encombrer le marché des produits de cette fécondité, en d'autres termes, il fallait, comme pour tous les autres produits proportionner la production à l'étendue du débouché.

Ainsi réglée par l'intérêt des éleveurs, la population esclave ne dépassait

---

1 Voir l'ancien dictionnaire de l'Economie politique, art. Esclavage.

Gustave de Molinari

point les besoins du marché. Il n'y avait point surproduction. Il n'y avait pas non plus insuffisance ou dépopulation, car l'esprit d'entreprise et les capitaux se portaient naturellement dans l'industrie des éleveurs plutôt que dans les autres lorsqu'un ralentissement de la production, en faisant hausser le prix des produits de cette industrie, élevait le taux de ses profits au-dessus du niveau commun.

Des fermes d'élevage, les esclaves passaient entre les mains des intermédiaires. On sait l'importance extraordinaire qu'avait pris dans l'antiquité le commerce des esclaves. Malgré l'insuffisance et la cherté des moyens de communication, ils étaient amenés des régions les plus éloignées aux marchés de consommation. On vendait sur les marchés de l'Italie et de la Grèce des esclaves de la Syrie, de la Sarmatie et de la Libye. Dans les temps modernes, le commerce des nègres avait acquis de même une importance hors ligne. Il approvisionnait des produits de la traite africaine ou de l'élevage les différents marchés du Nouveau Monde. Les intéressés se renseignaient sur les cours de ces marchés, et portaient, comme dans tous les autres commerces encore, leur marchandise où elle était le plus demandée. Dans les entreprises d'élevage, l'esclave était un produit ; dans celles des intermédiaires, il était une marchandise. Dans les unes et les autres, il était aussi un capital, et figurait, comme tel, dans leurs inventaires.

L'élevage et le commerce d'importation alimentaient la consommation du travail esclave. Le prix auquel le planteur américain achetait les travailleurs nécessaires à son exploitation, devait couvrir les frais de l'éleveur et du commerçant, avec adjonction du profit de leur industrie. A son tour, le planteur les achetait en vue du profit qu'il pouvait tirer de leur travail, et ce profit, il s'efforçait, naturellement de le porter au taux le plus élevé possible.

Comment un propriétaire, bon économe, devait~il se comporter à l'égard de ses esclaves, pour atteindre ce but ? Ayant à couvrir l'intérêt et l'amortissement du capital employé à leur acquisition, il était intéressé au plus haut point à prolonger la période de leur activité productive, par conséquent à ne point leur imposer une tâche journalière d'une durée excessive, et à leur fournir toute la quantité nécessaire à la réparation et au bon entretien de leurs forces. Il était intéressé encore à veiller à la conservation de leur santé, à les préserver de tout excès et de toute consommation nuisible, notamment de l'abus sinon de l'usage des boissons alcooliques. Enfin, il était intéressé à modérer les châtiments nécessaires au maintien de la discipline de son atelier d'esclaves, de manière à ne point affaiblir leurs forces productives et diminuer leur valeur d'usage ou d'échange. Sans doute, tous les propriétaires n'observaient point ces règle, d'une bonne économie ; il y avait des maîtres avides et brutaux, mais si dépourvus qu'ils fussent de sentiments d'humanité, les moins intelligents eux-mêmes écoutaient leur intérêt et s'appliquaient à conserver intact leur capital vivant et à en tirer tout le profit qu'il pouvait rendre. C'est en vue d'augmenter ce profit, en stimulant l'activité de leurs esclaves, que les propriétaires les plus intelligents et les meilleurs économes, leur permettaient de se constituer un pécule au moyen de primes en nature ou en argent. Le pécule était la propriété de l'esclave et l'instrument ordinaire de sa libération.

En résumé, si l'esclave ne participait point aux profits, d'ailleurs toujours aléatoires de la production, si sa rétribution ne dépassait guère un minimum de subsistances, au moins ce minimum lui était assuré. Car il conservait, même quand l'âge avait diminué ses forces, une valeur d'usage sinon une valeur marchande, si petite qu'elle fût. Il faisait partie du capital de l'éleveur, du marchand ou du planteur, et son propriétaire avait à sa conservation le même intérêt que s'il s'était agi de toute autre forme du capital.

II
Que sous le régime de liberté
comme sous le régime de l'esclavage,

Que la disparition de ce régime d'appropriation de l'homme par l'homme ait été un progrès économique aussi bien qu'un progrès moral, cela n'a pas besoin d'être démontré. On peut même ajouter que c'est une cause économique qui a agi, beaucoup plus efficacement qu'aucune autre, pour y mettre fin. Mais sous le régime de l'appropriation de l'homme par lui-même, comme sous le régime de l'esclavage, la production des matériaux de la vie est soumise aux mêmes lois et emploie les mêmes agents : elle exige la coopération de deux sortes de capitaux : ceux qui sont investis dans l'homme lui-même et que nous avons désignés après Mac Culloch sous le nom de capitaux personnels, et ceux qui sont investis dans les choses et que l'on partage selon leur nature en capitaux fixes et en capitaux circulants. Capitaux personnels, capitaux fixes et capitaux circulants sont les produits des mêmes facteurs : le travail et l'épargne, et ils coopèrent à toutes les entreprises de production, dans des proportions déterminées par la nature de ces entreprises.

Que le capital investi dans les choses sous forme de terre, de bâtiments, de machines, d'outils, de matières premières, de monnaie, soit le produit du travail et de l'épargne, c'est une vérité passée maintenant à l'état de truisme. Tout homme vit d'un revenu provenant d'une ou de plusieurs industries. S'il est prévoyant et se préoccupe de la nécessité de pourvoir à ses besoins éventuels, ou simplement s'il veut augmenter son bien-être par l'accroissement de son revenu, il en épargne une partie, et la transforme ainsi en capital. S'il est riche, si son revenu est plus que suffisant pour subvenir à ses besoins actuels, il n'éprouve de ce chef aucune privation, l'épargne ne lui coûte aucune peine. Il en est autrement s'il est pauvre ; en ce cas l'épargne exige un effort plus ou moins pénible, mais cette inégalité des efforts pour arriver au même résultat n'apparaît pas seulement dans la production des capitaux, et il n'y a pas lieu d'en tenir compte si ce n'est peut-être au point de vue moral. Cette portion de revenu épargnée et transformée en capital, l'épargneur peut la conserver inactive, l'employer lui-même à la production, la louer ou la prêter, en l'investissant dans des agents ou des matériaux appropriés à la, destination à laquelle il veut l'appliquer. Mais il n'emploie son capital, ne le loue ou ne le prête qu'à la condition de le recouvrer entièrement reconstitué avec adjonction d'un profit, d'un loyer ou d'un intérêt.

Comme le capital investi dans les choses, le capital investi dans l'homme, le capital personnel est le produit du travail et de l'épargne ; il est constitué de même en vue d'un profit impliquant une reconstitution intégrale.

Deuxième partie

Ceci est de toute évidence lorsque l'homme est réduit à la condition d'esclave. La production des esclaves ne diffère pas de celle des autres agents productifs, et particulièrement de celle des bêtes de somme. Comme la bête de somme, l'esclave représente un capital dépensé sous forme de subsistances, d'entretien, de soins pendant l'espace de temps nécessaire pour l'élever et le mettre en pleine valeur. On peut le vendre ou le louer. Et, comme le prix de vente ou le loyer de la bête de somme, celui de l'esclave comprend les frais de reconstitution du capital qui s'y trouve investi avec adjonction d'un profit.

La production d'un homme libre ne diffère point, économiquement, de celle d'un esclave.

Elle exige de même une avance de capital. De même aussi, elle a pour mobile un profit. Seulement, ce profit n'est point, comme dans le cas de l'esclave, uniquement matériel ; à un certain degré de civilisation, il se résout même en une satisfaction morale. Dans les régions moyenne et supérieure des sociétés civilisées, cette satisfaction est généralement l'unique mobile qui détermine les parents à pourvoir aux frais d'élève et d'éducation des enfants. Ces frais qui constituent le capital dépensé pour former un homme sont essentiellement inégaux : ils varient selon la situation des parents, la profession à laquelle ils destinent leurs enfants, le rang qu'ils occupent eux-mêmes dans la société et auquel ils veulent les maintenir ou au dessus duquel ils veulent les faire monter. C'est une avance de capital que fait chaque génération à celle qui doit la remplacer, et qui constitue un lien à la fois économique et moral entre les générations successive. Chacune contracte ainsi une dette à l'égard de celle qui la précède et s'en acquitte auprès de celle qui lui succède.

A la différence des sociétés à esclaves, tous les membres de nos sociétés libres, y compris la multitude jadis asservie qui en forme la couche inférieure, peuvent fonder une famille, et de toutes les libertés que l'esclave a acquises, celle-là est certainement la plus précieuse, car d'un animal domestique qu'il était, elle a fait un homme. Seulement, la fondation d'une famille est une entreprise qui a pour objet la production à la fois la plus difficile et la plus nécessaire, celle d'une génération vigoureuse et saine, pourvue des aptitudes et des connaissances indispensables à la conservation et au progrès de l'espèce. Et comme toute autre entreprise, elle a ses conditions économiques.

Dans les classes supérieures et moyennes, l'une de ces conditions nécessaires est généralement remplie, nous voulons parler de la possession du capital, dont l'élève et l'éducation des enfants exigent l'avance. Trop souvent même, cette condition est l'objet d'une préoccupation exclusive. S'il y a des unions imprévoyantes dans lesquelles elle est oubliée, il y en a, en revanche, dans lesquelles elle prédomine au point d'en faire négliger une autre plus importante encore, celle des affinités et de la santé, physiques et mentales, quoique l'observation et l'expérience attestent que l'homme n'est pas moins que le végétal et l'animal soumis à la loi des transmissions héréditaires. Cependant, malgré cette défectuosité et les tares qu'elle engendre, la production de l'homme s'opère d'une manière relativement satisfaisante, dans les couches supérieures des sociétés. Chaque génération applique, sans marchander, à l'élève et à l'éducation de celle qui lui succède, le capital nécessaire au plein développement de ses forces productives. Les parents n'épargnent ni les soins ni les sacrifices qu'exige la formation de l'homme, dans le milieu social où ils sont placés. Ils prolongent la durée de leurs avances jusqu'au moment où l'enfant, passé à l'état d'homme fait, peut couvrir lui-même ses frais d'existence et ne songent point à se rembourser de l'argent qu'il leur a coûté. Ils lui rendent même trop souvent le mauvais service de lui fournir les moyens de vivre oisif en attendant leur héritage. C'est ainsi, grâce à la sollicitude dont, elle est l'objet, et malgré la disconvenance des unions, les défectuosités des méthodes d'élève et des systèmes d'éducation, que la nouvelle génération continue l'ancienne sans un amoindrissement de valeur, et sans un trop lourd déchet de mortalité et d'invalidité.

Il en est autrement dans les régions inférieures, occupées par la multitude autrefois asservie. Devenus les maîtres d'eux-mêmes et libres de fonder une famille, les émancipés ont usé de cette liberté sans se préoccuper des moyens de subvenir aux frais d'élève de leur progéniture. Le plus grand nombre d'entre eux ne possèdent guère que leur capital personnel de forces productives et ne peuvent compter que sur le revenu presque toujours aléatoire de ce capital. Le foyer conjugal, - au point de vue économique, l'atelier de reproduction, - est étroit et le plus souvent dans de mauvaises conditions hygiéniques ; les ressources du ménage ne croissent point avec le nombre des enfants, et, quand elles pourraient suffire à la rigueur, elles sont gaspillées par une mauvaise économie domestique. Obligés de gagner le pain de chaque jour, les parents ne peuvent consacrer à l'élève de leurs enfants le temps et les soins nécessaires. Tandis que les autres branches de la production sont alimentées au moins en partie par le crédit, celle-ci doit se suffire à elle-même, sauf à recourir à l'assistance toujours étroitement mesurée de la charité privée ou publique. Alors qu'arrive-t-il ? C'est que l'insuffisance de leurs ressources oblige les parents à assujettir les enfants à un travail prématuré qui, en empêchant le développement normal de leurs forces productives, diminue la valeur du capital personnel de la nouvelle génération. Cette exploitation du travail des enfants a même encouragé des parents dénaturés à les multiplier en vue du profit qu'ils en peuvent tirer. Et il faut remarquer que la condition de cette progéniture d'hommes libres est pire que celle des produits des éleveurs d'esclaves, car des parents qui exploitent les forces productives de leurs enfants n'ont aucun intérêt à les ménager, cette exploitation n'ayant qu'une durée limitée, tandis que l'éleveur était intéressé à ce que ses produits pussent acquérir par le plein développement de leurs forces, la plus grande valeur d'usage, ou d'échange.

Telles sont les causes qui affaiblissent la population et en vicient la qualité, particulièrement dans la multitude, maintenant livrée au gouvernement d'elle-même. Reste la question du nombre. Comme toute autre production, celle de l'homme est déterminée par son débouché et tend toujours à s'y proportionner. Sous le régime de l'esclavage, les éleveurs et les marchands d'hommes étaient intéressés au plus haut point à mesurer leur offre à la demande, c'est-à-dire au nombre des emplois disponibles pour le travail esclave. Car, dans le cas où l'offre venait à dépasser la demande, les prix de cette sorte de produits baissaient et avec eux les profits. Eleveurs et marchands réduisaient alors la production et offre. Lorsque, au contraire, l'offre ne suffisait pas à la demande, la hausse des prix et des profits encourageait l'apport des capitaux dans l'industrie de l'élève jusqu'à ce que l'équilibre se fût rétabli.

Depuis que l'homme s'appartient à lui-même et est devenu libre de fonder une famille, c'est à lui qu'incombe l'obligation de proportionner sa population à son débouché. Dans les classes supérieure et moyenne, le règlement de la population s'opère généralement sous la double influencer des frais d'élève et d'éducation, autrement dit des frais de production, et de l'appréciation de l'étendue du débouché, celui-ci consistant seulement dans la catégorie des fonctions ouvertes à l'aristocratie et à la bourgeoisie, les emplois inférieurs ne comptant pas, comme impliquant une déchéance. Mais à mesure que ce débouché qui leur était autrefois réservé est devenu plus accessible à la multitude, qu'il est par conséquent moins assuré, on a vu se développer dans les régions supérieure et moyenne des sociétés civilisées la tendance à restreindre leur population. Dans les régions inférieures, au contraire, les classes émancipées de la servitude ont obéi aveuglément à l'instinct physique de la reproduction, désormais affranchi de toute contrainte, et pullulé sans se préoccuper ni des ressources qu'elles pouvaient appliquer à la fondation d'une famille ni de l'étendue du marché qui leur était ouvert. Tandis que dans les régions supérieures des sociétés se manifestait la tendance à restreindre la population au-dessous du débouché, dans la région inférieure, on voyait se produire la tendance signalée par Malthus, à dépasser ce débouché, et par conséquent, à déterminer l'abaissement du prix du travail par la surabondance de l'offre. Les « obstacles répressifs » de la misère et de la mortalité ramenaient inexorablement l'équilibre mais non sans que l'insuffisance des frais d'élève et l'abus du travail infantile, en abaissant et viciant la qualité de la population, eussent fait tomber dans les bas-fonds de la société un *caput mortuum* d'incapables réduits à vivre aux dépens d'autrui.

Que conclure de là, sinon que le problème de la population était plus utilement résolu sous le régime de l'esclavage qu'il ne l'a été depuis sous le régime de la liberté ? L'intérêt combiné de l'éleveur et du marchand agissait alors pour proportionner aussi exactement que possible aux besoins du marché la production de la multitude esclave qui en constituait la classe de beaucoup la plus nombreuse. Si la population maintenant libre tout entière, finit toujours par se proportionner à son débouché, ce n'est pas sans subir des écarts d'insuffisance dans les régions supérieures et de surabondance dans les régions inférieures, qui déterminent, comme dans toute autre production, des pertes de forces et de richesses.

III
Maux causés par la disparition de l'organisme de la mobilisation du travail sous le régime de la liberté.

Le morcellement du marché du travail, conséquence de la disparition de l'intermédiaire entre le producteur et le consommateur de cette marchandise, a été, sous le nouveau régime, une autre cause de régression économique. A l'immense marché du travail esclave qui s'étendait dans l'antiquité jusqu'aux limites du monde connu a succédé, pour le travail libre, privé d'intermédiaires de transport dans l'espace et le temps, une multitude de marchés locaux, aux limites étroites et presque infranchissables. Que le commerce des intermédiaires n'ait pu subsister, cela s'explique par le changement que la liberté apportait dans la condition du travailleur et qui enlevait à son travail le caractère de commerçabilité. L'esclave était la propriété du marchand après avoir été celle de l'éleveur. Cette propriété qu'il avait acquise aux lieux où elle était plus offerte que demandée, il la revendait dans ceux où elle était plus demandée qu'offerte, et le prix auquel il la revendait couvrait ses frais de transport, d'informations et d'emmagasinage avec un profit. S'il pouvait en obtenir un prix rémunérateur, c'était parce qu'elle consistait en un capital de forces productives exploitables pendant la durée de la vie de l'esclave. Or ce capital appartenait maintenant à l'ouvrier lui-même ; il en conservait en tous temps la libre disposition, et la crainte, d'ailleurs légitime, d'être traité comme un esclave, lui interdisait de l'engager autrement qu'à court terme. Cela étant, à moins de payer d'avance le service de l'intermédiaire, - et il lui eût fallu pour cela des ressources qu'il ne possédait point, - quelle garantie pouvait-il lui offrir pour le remboursement de ses frais et la rétribution de sa peine ? En l'absence de cette garantie, l'industrie de l'intermédiaire cessa d'être praticable, et l'ouvrier libre dut chercher lui-même le paiement de son capital de forces productives, autrement dit joindre à sa fonction de producteur de travail celle de marchand. Mais ne possédant ni les aptitudes, ni les ressources et les moyens d'information nécessaires à la pratique de ce commerce, il se trouva réduit à offrir son travail dans les limites étroites du marché local, où il était en présence d'un petit nombre d'employeurs qui se faisaient une concurrence moins vive pour demander le travail que les ouvriers pour l'offrir, ou même qui s'entendaient pour monopoliser la demande et fixer ainsi à leur gré le taux du salaire. Sans doute, l'ouvrier était libre de refuser son travail. Mais il ne pouvait user de cette liberté qu'à la condition de porter sur un autre marché son capital de forces productives ou de le conserver inactif.

Les ressources et les informations lui faisant défaut pour employer le premier moyen, c'était seulement au second qu'il pouvait recourir. Or l'observation et l'expérience ne tardèrent pas à enseigner aux ouvriers qu'un refus de travail isolé ne pouvait causer qu'un dommage presque insensible à l'employeur, et que ce dommage diminuait encore à mesure que les progrès de l'industrie agrandissaient les entreprises. Alors, ils eurent recours au refus de travail collectif, et on vit apparaître, puis se multiplier, après l'abrogation des lois qui les interdisaient, les coalitions, les unions et les syndicats ouvriers. En obligeant l'employeur à laisser son capital inactif, surtout aux époques où les commandes affluaient, le refus du travail collectif, lui infligeait un dommage sérieux, et il avait à choisir entre deux pertes ou, si l'on veut, entre deux diminutions de profit : celle qu'il éprouverait en cédant aux exigences de ses ouvriers, et celle que lui ferait subir le chômage de son industrie. Selon que l'une emportait sur l'autre, son intérêt devait le porter à céder où à résister à la grève. Cela étant, les chances de succès des grévistes dépendaient, d'une part, de la durée de la suspension du travail, c'est-à-dire du montant des ressources qui leur permettaient de vivre sans travailler, de l'autre, du vide plus ou moins complet de l'atelier et de la difficulté, plus ou moins complète aussi, qu'éprouvait l'employeur à remplir ce vide par le travail des non grévistes ou des ouvriers du dehors, car le dommage que la grève pouvait causer à l'employeur, s'augmentait avec la durée de la suspension du travail et la difficulté de remplacer les grévistes. Or plus considérable était ce dommage, plus grandes étaient les chances de succès de la grève. Nous avons analysé ailleurs la tactique et les procédés adaptés à cette guerre intestine du capital et du travail [1]. Tantôt elle se termine par la victoire des ouvriers, tantôt par celle des employeurs, mais quelle qu'en soit l'issue, elle cause aux deux belligérants et à l'industrie une perte et des dommages qui vont croissant à mesure que la lutte s'étend sur une aire plus vaste et se prolonge davantage. Les choses en

1 Voir Le Mouvement socialiste et la pacification des rapports du capital et du travail. 2e partie, Les grèves et les sociétés de résistance. Les Bourses du travail, chap. I. Les coalitions et la grève.

Deuxième partie

sont venues au point qu'on peut se demander même si la déperdition de richesses qu'elle occasionne ne dépasse pas en une année celle que causerait une guerre entre deux grandes puissances. Cependant, si les coalitions, les unions ou les syndicats peuvent opposer un frein à l'abus du monopole des employeurs, leur pouvoir n'est pas sans limite. De même que le prix du travail ne peut descendre au moins d'une manière durable, au point où il cesserait de suffire à la conservation du capital de forces productives de l'ouvrier, il ne peut monter à un point où il entamerait le capital de l'employeur. C'est entre ces deux points que, dans un marché où la concurrence est naturellement ou artificiellement restreinte, l'inégalité des besoins de vendre ou d'acheter le travail peut faire hausser ou baisser le salaire. C'est le plus fort des deux échangistes, celui dont le besoin est le moins pressant et le moins intense qui fait la loi au plus faible. Mais est-il nécessaire de dire que cette intervention, d'ailleurs toujours incertaine et éphémère de la force, ne résout point le problème de la répartition utile des produits entre les coopérateurs de la production ?

Ce problème, la concurrence le résout en faisant graviter incessamment, par une impulsion naturelle et irrésistible, le prix de toutes choses y compris le travail, vers le montant des frais de la production et du profit, nécessaire à la mise en oeuvre des agents productifs, capitaux investis dans les personnes et capitaux investis dans les choses. Seulement la concurrence a besoin, pour remplir cet office régulateur, d'un organe qui étende sa sphère d'action à travers l'espace et le temps, en éclairant et dirigeant ses mouvements. Cet organe, c'est le commerce. Il existait pour le travail esclave, il fait défaut au travail libre. Si l'on veut se faire une idée de l'importance de son rôle dans l'économie de nos sociétés, que l'on se demande dans quel état serait aujourd'hui l'industrie s'il n'existait ni maisons de commerce, ni banques, ni bourses des valeurs et des marchandises, si les agriculteurs et les industriels étaient obligés de chercher eux-mêmes, avec leurs seules ressources et leurs seuls moyens d'information, le placement de leurs produits et les capitalistes le placement de leurs capitaux. Les marchés demeureraient localisés et isolés faute du rouage de transmission nécessaire pour les agrandir et les mettre en communication. Dans ces marchés étroits et fermés, l'inégalité des récoltes produirait tantôt une surabondance ruineuse pour les agriculteurs, tantôt une disette mortelle pour les consommateurs. Les

Gustave de Molinari

progrès de l'industrie seraient enrayés par l'impossibilité d'employer une machinerie puissante et d'étendre économiquement la division du travail. Quant aux capitaux, dans les pays où l'esprit d'économie les produit en abondance ils demeuraient inactifs faute d'un débouché suffisant ; dans ceux au contraire, où ils sont rares, les consommateurs ne pourraient les obtenir qu'à un taux excessif. Il n'y aurait, dans cette hypothèse, pour les produits comme pour capitaux, que des prix locaux. Et, en l'absence d'une concurrence assez développée pour remplir son office de régulateur, ces prix seraient tantôt fixés d'autorité par l'entente d'un petit nombre de producteurs, tantôt établis par un débat libre mais dont l'issue dépendrait de l'intensité plus ou moins inégale des besoins personnels du producteur et du consommateur, en donnant ainsi au plus fort la plus grosse part du bénéfice de l'échange.

Tel serait l'état de la production et de l'échange si le rouage de transmission des produits et des capitaux à travers l'espace et le temps n'existait point. C'est grâce au développement et au perfectionnement de ce rouage nécessaire que les marchés se sont successivement agrandis et tendent aujourd'hui à s'unifier malgré l'obstacle naturel des distances et l'obstacle artificiel des barrières douanières. Le marché des capitaux s'est universalisé, et il en est de même de celui des articles de grande consommation, denrées alimentaires, matières premières, telles que le coton, la laine, les métaux, etc. Sur ce marché « mondial », la concurrence seule détermine le prix, sans subir l'influence perturbatrice de l'intensité inégale des besoins de vendre ou d'acheter, et elle le fait graviter incessamment vers le montant des frais de la production augmenté de la juste et nécessaire rétribution des agents productifs. Tel avait été, dans toute l'antiquité, le marché de cet article de grande consommation qu'était le travail esclave, - de grande consommation, disons-nous, car il remplissait l'office de la machinerie de l'industrie moderne. Seulement, le prix de ce travail se divisait en deux parties : l'une, représentant le minimum de subsistance indispensable à la conservation du capital de forces productives qu'il mettait en oeuvre, allait à l'esclave ; l'autre, représentant le profit de l'emploi de ce capital, allait au propriétaire de l'esclave. On peut juger par là du dommage que cause l'absence du rouage commercial au travailleur devenu libre et propriétaire de son capital de forces productives.

Cependant il ne suffit .pas au travailleur de posséder un marché assez étendu pour que la concurrence y puisse remplir son office de régulateur, il faut encore qu'il sache y proportionner son offre à la demande, et gouverner sa consommation de manière à conserver intact son capital personnel et en espacer autant que possible le renouvellement. Ceci dans l'intérêt de la Société comme dans le sien. En effet, la valeur du capital investi dans l'homme dépend, en premier lieu, de sa puissance productive, en second lieu, de la durée de la productivité. Si les individus dans lesquels il est investi sont physiquement, intellectuellement et moralement vigoureux et sains, si leur période d'activité est longue, non seulement le capital de la société se conservera intact, mais il s'augmentera tant par son application de plus en plus féconde à la production des matériaux de la vie, que par la diminution des frais de sa reconstitution. C'est ainsi que tout accroissement de la durée de vie, ou, pour mieux dire, de la période productive de la vie contribue à augmenter la richesse d'une nation, partant celle de ses membres.

Sous le double rapport du règlement utile de sa reproduction et de sa consommation, le travailleur, devenu propriétaire de ses forces productives et libre de fonder une famille, rencontre, il faut le dire, des difficultés qui n'existaient point pour les propriétaires d'esclaves, éleveurs et employeurs. D'après l'enquête de la *British and foreign anti-slavery society*, les éleveurs américains possédaient généralement des capitaux et disposaient du crédit nécessaire à l'exercice de leur industrie : en conséquence, ils conservaient les produits de l'élevage jusqu'à l'entier développement de leurs forces et s'abstenaient de les assujettir à des travaux qui en auraient entravé la croissance ; ils s'efforçaient d'éviter les pertes causées par le manque de soins, l'insalubrité des habitations, etc. Ces conditions économiques de l'élève, le travailleur émancipé de la servitude ne s'est point trouvé en situation de les remplir, et il n'a pu, davantage, faute des ressources et des renseignements que possédaient l'éleveur et le marchand d'esclaves, proportionner son offre aux besoins du marché. D'un autre côté, il suffisait au propriétaire d'esclaves d'avoir les qualités d'un bon économe pour établir et faire observer la discipline nécessaire à la conservation du capital de forces productives investi dans son personnel assujetti. Ces qualités ne suffiront pas à l'ouvrier libre, obligé de s'imposer à lui-même l'observation des dures règles de cette discipline, car elle nécessite une lutte constante contre les appétits les plus forts de la nature humaine, ceci à une époque où des progrès de toute sorte ont multiplié les matériaux propres à les satisfaire. Et tandis que, chez l'esclave, la répression des appétits vicieux ; ou désordonnés était sanctionnée par des pénalités rigoureuses, elle ne l'est point chez l'homme libre ; il peut s'abandonner à la paresse, à l'ivrognerie, à la débauche ; quoique ses vices aient une sanction répressive inévitable, cette sanction est lointaine, et elle n'a point l'efficacité de l'infliction immédiate d'une souffrance supérieure à la satisfaction d'un appétit. Or, si l'on songe que l'homme libre n'est pas seulement responsable de son existence, mais encore de celle de sa famille, on pourra se rendre compte de l'étendue du mal que cause l'insuffisance de sa capacité gouvernante au seul point de vue de la conservation de son capital de forces productives.

En revanche, l'homme libre n'est pas réduit comme l'esclave à la portion congrue d'un minimum de subsistances. Il peut avoir sa part dans les profits de la production, alors que cette part allait toute entière au propriétaire d'esclaves. Seulement, ce minimum des subsistances que l'intérêt de son propriétaire assurait à l'esclave n'est point garanti à l'ouvrier libre. S'il peut participer aux profits de la production, il en subit aussi les aléas. A la vérité le salaire contient une assurance, et en cela il est mieux adapté à la situation de l'ouvrier que la participation aux bénéfices. Le salariat place, comme nous l'avons vu, le salarié dans une situation analogue à celle de l'obligataire d'une société par actions. Mais l'assurance qu'il contient n'est pas complète. Elle se borne à garantir le salarié contre les risques particuliers de l'entreprise à laquelle il coopère ; elle ne l'assure point contre les risques généraux qui pèsent sur l'industrie, risques naturels et artificiels. Elle ne l'exonère pas davantage des charges du gouvernement de la société, dont il est membre. Tandis que l'esclave n'avait à payer aucun impôt, l'homme libre est obligé de fournir sa part des frais de ce gouvernement, et ces frais lui enlèvent une portion plus ou moins considérable du revenu de l'emploi de son capital personnel. Si, dans les pays qualifiés de libres, la multitude autrefois asservie a acquis le droit de participer au gouvernement de la société, et même de le constituer et de le gérer, sa capacité gouvernante ne s'est pas montrée moins insuffisante dans la pratique de ce gouvernement collectif que dans celle du gouvernement individuel.

Deuxième partie

IV
*L'insuffisance de la capacité gouvernante
de la multitude et les remèdes socialistes.*

Cette insuffisance de la capacité gouvernante de la multitude affranchie de la servitude, s'ajoutant à celle de la classe supérieure à laquelle elle était auparavant assujettie, est la source principale, sinon unique, des maux dont souffrent nos sociétés et, en particulier, la classe qui vit presque exclusivement de l'exploitation de son capital de forces productives. Ces désordres et ces maux ont provoqué une réaction d'autant plus vive, que le nouveau régime avait éveillé plus d'espérances. Le socialisme est apparu alors et il a découvert sans peine que, le moyen le plus sûr de remédier aux maux de la liberté, c'est de la supprimer. Tous les systèmes socialistes ont un fondement commun, c'est la reconstitution, sous une forme *modern style*, du régime de la servitude. Au gouvernement du propriétaire d'esclaves, ils substituent simplement celui de l'Etat ou de la commune, en le chargeant des mêmes fonctions et en l'investissant de la même autorité souveraine. C'est l'Etat ou la commune qui possède le sol et les capitaux immobiliers et mobiliers qui appartenaient jadis aux propriétaires d'esclaves et ont passé ensuite entre les mains de leurs héritiers, aristocrates et bourgeois capitalistes. C'est lui qui organise la production et en distribue les fruits soit égalitairement, soit en proportion de la quantité de travail fournie par chacun, sans égard aux différences de qualité, et en cela les théoriciens du collectivisme sont en retard sur les anciens propriétaires de serfs à l'*obroc*. Mais toute production exigeant la coopération, dans une proportion déterminée par sa nature, d'un capital investi dans les choses et d'un capital investi dans les personnes, le nombre des emplois disponibles pour celui-ci dépend du montant de celui-là. Il faut donc « régler » en conséquence, Comme faisait le propriétaire d'esclaves, la population du domaine de l'Etat ou de la commune. Il faut encore répartir les travailleurs entre les différentes branches de l'industrie, assigner à chacun sa tâche et l'obliger à la remplir, sous peine d'arrêter, au détriment de tous, l'opération du mécanisme de la production. Il faut enfin « régler » la consommation individuelle, de manière à assurer la conservation et la plus grande durée du capital investi dans les personnes aussi bien que du capital investi dans les choses, en sanctionnant ces règles économiquement indispensables par des pénalités sinon analogues du moins aussi efficaces que celle du fouet ou du bâton esclavagiste. Car c'est à cette condition seulement que l'Etat ou la commune socialiste pourrait procurer à ses membres la même existence, exempte de responsabilité et de soucis, que le propriétaire d'esclaves assurait à son troupeau de bêtes de somme à face humaine.

En supposant même que cette existence ne laissât matériellement rien à désirer, on peut douter que l'ouvrier moderne, si peu capable qu'il soit de supporter la responsabilité attachée à la liberté, se résigne à l'accepter. Il serait plutôt de l'avis du loup de la fable.

> ...Chemin faisant, il vit le cou du chien pelé :
> Qu'est-ce là ? lui dit-il. - Rien.- Quoi rien ? - Peu de chose.
> - Mais encor ? - Le collier dont je suis attaché,
> De ce que vous voyez est peut-être la cause.
> - Attaché ! dit le loup : vous ne courez donc pas
> Où vous voulez ? - Pas toujours ; mais qu'importe ?
> - Il importe si bien que de tous vos repas
> Je ne veux en aucune sorte,
> Et ne voudrais pas même à ce prix un trésor.
> Cela dit, maître loup s'enfuit et court encor.

Encore reste-il à savoir si une société de « cous pelés » collectivistes ou communistes pourrait subsister dans l'état actuel de l'industrie et du monde, si elle ne tarderait pas à succomber sous la concurrence des sociétés libres. Les socialistes ont eu beau proclamer la faillite de la liberté, ce sont les sociétés dans lesquelles l'homme peut employer, avec moins d'entraves, ses forces productives, produire et échanger ses produits, qui tiennent aujourd'hui le record du progrès et de la richesse.

Ce n'est donc pas de supprimer la liberté qu'il faut s'aviser, c'est d'augmenter la capacité d'en user. A cet égard le progrès industriel apporte à la liberté un concours dont on n'a pas apprécié toute la valeur, d'abord en abaissant les frais de la production et en mettant ainsi les produits à la portée d'un grand nombre de consommateurs, ensuite et surtout, en élevant et, pour ainsi dire, en spiritualisant le travail de l'ouvrier, par la substitution de la force mécanique à la force musculaire. Une force mécanique ne peut se gouverner elle-même. Elle doit être dirigée et surveillée. A un personnel qui ne déployait guère que la force de ses muscles, le progrès industriel en fait succéder un autre qui met principalement en oeuvre des facultés intellectuelles et morales [1]. Ces facultés se développent par l'exercice et c'est ainsi qu'en gouvernant une machine l'ouvrier devient plus capable de se gouverner lui-même.

Si on examine, en effet, l'état mental de la classe ouvrière, on constate à quel point il subit l'influence de la nature du travail industriel. Ce sont les ouvriers de la grande industrie, dans laquelle l'emploi des moteurs mécaniques s'est généralisé, qui constituent aujourd'hui incontestablement l'élite de leur classe. Si, au point de vue du gouvernement de la vie, ils ne sont pas encore au niveau de la classe moyenne, ils s'élèvent au-dessus de la multitude à laquelle une industrie arriérée demande le travail des bras plutôt que celui de la tête. Les habitudes d'intempérance, le défaut de prévoyance, sont particulièrement répandues dans les pays tels que la Russie et l'Irlande où l'agriculture qui occupe la masse de la population n'emploie qu'une machinerie primitive, et dans les pays plus avancés, ce sont les industries et les métiers dans lesquels le travail musculaire est demeuré prédominant, ceux des mineurs, des terrassiers, des portefaix, etc., qui fournissent le plus fort contingent à l'ivrognerie et le plus faible à l'épargne. En revanche, ce sont les ouvriers de la grande industrie qui ont organisé en Angleterre les *Friendly Societies* et qui constituent aux Etats-Unis la clientèle la plus nombreuse des Sociétés d'assurance sur la vie. Et pour revenir à la question qui est l'objet de cette étude, ce sont les mêmes ouvriers qui ont amélioré la pratique des grèves, en abandonnant aux *unskilled laborers* l'emploi de la violence et en concluant avec les employeurs des contrats collectifs de travail. Il leur suffira, comme nous l'avons vu, de transformer leurs unions en sociétés de garantie et de crédit pour rendre possible la mise au service du travail libre du rouage commercial qui desservait le travail esclave, mais cette fois au profit du travailleur devenu propriétaire de son capital personnel.

Cependant, il ne faut pas se le dissimuler, l'apprentissage de la liberté

---

1 Voir notre *Cours d'économie politique*, 8e leçon. La part du travail, et les *Notions fondamentales*, chap. IX. La part du capital personnel.

Gustave de Molinari

continuera d'être pénible et lent, - d'autant plus qu'en imposant à l'individu la responsabilité entière de son existence et de celle de sa famille, on ne lui a pas accordé la plénitude de la liberté. Les gouvernements n'ont pas cessé de soumettre le travail et l'échange à des entraves et à des charges fiscales et protectionnistes qui entament le revenu que l'ouvrier tire de son capital de forces productives et le rendent précaire. Ce capital, l'ouvrier ne peut le conserver inactif, tandis que le propriétaire d'un capital investi dans les choses peut ne l'engager dans la production qu'autant qu'elle le couvre de ses charges et lui donne un profit. Et il n'y a malheureusement aucune apparence que le gouvernement des Etats se perfectionne plus vite que le gouvernement des individus par eux-mêmes.

On voit par là tout le désavantage des économistes dans leur lutte contre le socialisme. Alors que les socialistes promettent à la multitude ouvrière un progrès « intégral » et un bonheur sans mélange, nous ne pouvons lui promettre que des améliorations partielles, échelonnées dans le long cours du temps, et pour la plus grande part dépendant d'elle-même. C'est pourquoi l'économie politique a peu de chance de devenir populaire. Mais ne lui suffit-il pas d'être utile ?

Deuxième partie

Troisième partie
Le fondement et la raison d'être
de l'intérêt du capital

Les socialistes de l'école de Karl Marx prétendent que la rétribution du capital sous forme de profit ou d'intérêt est acquise aux dépens du travail, qu'elle provient d'un surcroît de travail que les capitalistes imposent aux ouvriers en abusant de la supériorité de leur pouvoir. « Selon Rodbertus et Karl Marx, dit M. de Boehm Bawerk, dans son *Histoire critique des théories de l'intérêt du capital*, ils y arrivent par le contrat de travail. Grâce à celui-ci, ils achètent la force de travail des vrais producteurs, - que la faim fait consentir à ce marché, - pour une partie de ce que ce travail produira. Il est donc possible aux capitalistes de mettre dans leur poche, à titre de facile profit, le reste du produit. *L'intérêt du capital consiste donc en une partie du produit du travail d'autrui acquise en abusant de la situation précaire des ouvriers.* »

À cette fausse et dangereuse théorie du socialisme prétendu scientifique, il est plus que jamais opportun d'opposer une analyse exacte du fondement du profit ou de l'intérêt. Cette analyse nous montrera que la rétribution du capital a la même cause nécessaire que celle du travail, - lequel n'est d'ailleurs que la mise en oeuvre d'une autre forme du capital, - et que l'une et l'autre sont régies par les mêmes lois d'utilité et de justice.

I

Si nous voulons connaître la cause de l'intérêt du capital, il nous faut d'abord savoir en quoi consiste le capital. Le capital se compose de valeurs. Les valeurs sont les molécules du capital. Il nous faut donc remonter à la source de la valeur et chercher en quoi elle consiste.

Cette recherche nous apprend, en premier lieu, que la valeur n'existe point dans la nature, qu'elle est une création de l'homme ; en second lieu, qu'elle est un pouvoir d'une espèce particulière. Pourquoi l'homme crée-t-il ce pouvoir ? Il le crée pour satisfaire à une nécessité primordiale et inéluctable de son existence. L'homme est un composé de matières et de forces vivantes, mais dans lesquelles la vie ne peut subsister, si elles ne sont point continuellement entretenues et renouvelées par l'assimilation ou, pour nous servir de l'expression économique, par la consommation de matières et de forces adaptées à leur nature. L'homme est averti de cette nécessité par une sensation de peine, une souffrance, à laquelle succède, lorsqu'il y pourvoit, une sensation de plaisir, une jouissance. Tel est le mobile de la peine et du plaisir qui détermine son activité, comme celle de toutes les autres créatures. Que fait-il sous l'impulsion de ce mobile ? Il s'approprie les matières et les forces nécessaires à la conservation de sa vie et il les consomme. Parmi ces matières et ces forces vitales, il en est qu'il peut s'approprier sans faire aucun effort, sans se donner aucune peine, car elles existent en abondance, et la nature les lui fournit gratis, telle est la lumière du soleil, mais il en est d'autres qu'il est obligé de rechercher et de transformer, - recherche et transformation que l'on désigne sous le nom générique de production, - pour y investir le pouvoir d'alimenter sa vie. Les pouvoirs vitaux contenus dans les choses que la nature fournit gratuitement à l'homme sont des utilités, ceux qu'il est obligé de créer au prix d'un effort, partant d'une peine, sont des valeurs. Comment les crée-t-il ? Il les crée en exécutant les différentes opérations qui constituent la production, recherche, appropriation, transformation, transport dans l'espace et le temps, des matériaux et des forces que la nature met à sa disposition. La valeur se compose ainsi de deux éléments : un pouvoir vital dépensé, impliquant une peine, et un pouvoir acquis impliquant une jouissance.

L'homme crée donc de la valeur en exécutant les opérations qui constituent la production.

Comment produit-il ? En mettant en oeuvre des agents et des instruments de différentes sortes : ce sont d'abord les forces morales et physiques dont la nature l'a plus ou moins libéralement pourvu. Il se les approprie par un effort de sa volonté et les transforme en agents productifs. En mettant ces agents en oeuvre, il s'empare des forces du milieu où il vit, il s'assujettit les animaux, invente des outils et des machines, et augmente ainsi sa puissance productive. C'est avec ces agents et ces instruments, dont il trouve les éléments en lui-même et en dehors de lui, qu'il produit.

Troisième partie

II

La production ne peut subsister qu'à la condition de reconstituer les agents qui y sont engagés, agents investis dans l'homme et agents investis dans les choses, personnel et matériel. C'est la destruction immédiate ou successive de ces agents, dans les opérations que nécessite la création des produits, qui constitue les frais de production. L'usure du personnel aussi bien que celle du matériel est comprise dans ces frais. S'ils ne sont pas couverts, les agents productifs ne peuvent être rétablis, ils se détruisent et la production cesse. Mais elle couvre généralement ses frais et donne un surplus ou produit net. Ce surplus ou produit net constitue le profit en vue duquel la production a été entreprise. Il se partage - nous verrons plus loin en vertu de quelles lois - entre les propriétaires des agents productifs, et ceux-ci peuvent lui donner trois destinations différentes :

1° Ils peuvent l'employer à accroître leur consommation actuelle.

2° Le réserver pour subvenir à leur consommation future, soit lorsque l'emploi qui leur fournit des moyens d'existence vient à faire défaut soit lorsque les accidents, les maladies et notamment l'inévitable maladie de la vieillesse, interrompent ou suppriment leur coopération à la production.

3° S'abstenir de le consommer et l'engager dans la production, en vue d'obtenir un supplément de produits, partant de profit.

Dans le premier cas, la consommation du produit net procure une jouissance actuelle. Dans le second cas, le jour où le produit net accumulé est employé à satisfaire des besoins futurs, sa consommation procure de même une jouissance ou une épargne de peine.

Pour qu'on se décide à lui donner de préférence la troisième destination, il faut donc que l'on en puisse tirer une somme de jouissance ou d'épargne de peine supérieure ou tout au moins égale à celle que procurerait la consommation actuelle ou future. Cette somme de jouissance ou d'épargne de peine, à défaut de laquelle on n'aurait aucun motif de soustraire le produit net à la consommation et de le capitaliser

Gustave de Molinari

pour l'employer à la production, est la raison d'être de la rétribution du capital. Supprimez cette rétribution, aussitôt, la privation qu'impose l'abstention de la consommation demeurant sans compensation, on ne se privera point et, par conséquent, on ne constituera point de capital.

Dira-t-on que la constitution d'un capital n'implique pas nécessairement une privation, que l'on peut tirer d'une entreprise de production un produit net assez grand pour dépasser la demande des appétits de luxe de la consommation actuelle et des besoins de la consommation future ? Soit ! Mais si le produit net est surabondant, on peut le réduire en restreignant la production, partant la somme de forces et de peine qu'elle coûte. En sorte que la constitution d'un capital représente, en ce cas, la peine d'un travail supplémentaire, sinon celle d'une privation, mais toujours une peine.

Le capital constitué, celui qui le possède est excité, - sous l'empire du même mobile qui l'a déterminé à le former - à lui donner la destination la plus avantageuse, celle qu'il croit devoir lui procurer le profit, le loyer ou l'intérêt le plus élevé, le profit s'il l'emploie lui-même, le loyer ou l'intérêt, s'il le loue ou le prête. Le taux du profit, du loyer ou de l'intérêt se réalise et s'exprime par un pourcentage qui s'ajoute au bout d'un certain espace de temps, une semaine, un mois, un an, au montant du capital.

Cependant ne se peut-il point que l'emploi d'un capital n'exige l'adjonction d'aucun profit, loyer ou intérêt ? Parmi les motifs qui déterminent la constitution d'un capital se trouve la nécessité de satisfaire des besoins éventuels plus ou moins éloignés. Jusqu'à ce que cette nécessité vienne à échoir, le capital doit demeurer disponible. Mais s'ensuit-il qu'il doive demeurer inactif ? Même en supposant qu'il soit enfoui sous forme de monnaie dans le bas de laine de la ménagère, ou dans la cassette de l'avare, sa conservation ne comporte-t-elle pas des risques ? On peut donc concevoir qu'il soit employé dans l'intervalle à la production non pas gratuitement mais à un taux de profit, d'intérêt ou de loyer qui ne dépasse que d'une quantité infinitésimale le montant des risques de sa conservation inactive. Ceci toutefois à la condition : 1° que le capital employé à la production puisse être réalisé sans délai et sans perte au moment où échoient les éventualités, en vue desquelles il a été constitué ; 2° que les capitaux constitués en vue de ces éventualités suffisent à pourvoir à tous les besoins, partant à toutes les demandes de la production.

III

Ainsi qu'on vient de le voir, le capital se crée par la soustraction à la consommation actuelle d'une portion plus ou moins grande du produit net. Cette portion du produit net soustraite à la consommation par l'opération de l'épargne, se réalise communément sous forme de monnaie, c'est-à-dire d'une marchandise échangeable contre toute sorte de produits et services. On peut lui donner sous cette forme ou sous une autre deux destinations générales. On peut l'investir dans des personnes ou dans des choses. Comment se forme le premier de ces agents nécessaires de la production, l'homme ?

Considéré au point de vue économique, l'homme est d'abord un produit, et la valeur de ce produit a pour premier facteur le montant de ses frais de production. Ces frais sont déterminés par la quantité, l'espèce et la qualité des matériaux employés à sa formation, et ceux-ci le sont à leur tour par la fonction qu'il est destiné à remplir dans sa coopération à l'oeuvre de la production. Les frais d'élève et d'éducation d'un homme destiné à une profession libérale sont plus élevés que ceux d'un manoeuvre, et ces frais croissent à mesure que l'industrie, en se perfectionnant, exige davantage, dans toutes ses opérations, l'emploi des facultés intellectuelles et morales. A qui appartient ce produit ? Dans l'ancien droit, il était la propriété de ses auteurs, lesquels appartenaient eux-mêmes à leur clan, à leur tribu et plus tard à l'Etat dont ils étaient les sujets. Ils pouvaient en disposer suivant leur convenance, exploiter à leur profit ses forces productives, le louer, le vendre ou même le détruire. Dans le droit moderne, il s'appartient à lui-même, et ses auteurs n'ont sur lui que des droits et des devoirs de tutelle. Mais ce produit est un être vivant, et il ne peut subsister qu'à la condition d'alimenter sa vie par la consommation des matériaux que cette alimentation exige. Ces matériaux, il doit les produire à moins que d'autres ne les aient produits pour lui. Il doit donc être un agent productif, et, comme tel, coopérer à l'oeuvre de la production. Il cesse alors d'être un simple produit pour devenir un capital.

Gustave de Molinari

Que l'homme, considéré comme agent productif, soit un capital cela est de toute évidence lorsqu'il est réduit à la condition d'esclave. Avant l'abolition de l'esclavage dans les Etats du Sud de l'Union américaine, aux Antilles et au Brésil, les esclaves constituaient, comme nous l'avons remarqué précédemment, la plus forte part du capital des plantations. Ce capital humain ne différait point, quant à son origine, de celui qui était investi dans le bétail, les machines, les outils et les autres agents et matériaux de la production. Il provenait, comme celui-là, de la soustraction à la consommation actuelle d'une portion du produit net. Au lieu de consommer cette portion, sous forme d'articles de confort ou de luxe, les planteurs économes et industrieux l'employaient à élever ou à acheter des esclaves, afin de développer leur exploitation et, par conséquent, d'augmenter leur profit. Mais de quels éléments se composait ce capital humain ? Des mêmes éléments que ceux des capitaux investis dans le bétail et les autres agents productifs ; savoir, d'une part, des frais d'élève ou d'acquisition, d'entretien et d'amortissement de cet agent particulier de la production ; d'une autre part, du produit net qu'il pouvait rapporter pendant la durée de sa productivité. La valeur de l'esclave était d'autant plus considérable que la somme de ce produit net était plus grande, autrement dit, qu'il coûtait moins et rapportait davantage. Il en était ainsi pour les esclaves les mieux doués physiquement et moralement, les plus forts, les plus intelligents, les plus obéissants et les plus laborieux. Ceux-ci étaient cotés le plus haut dans l'inventaire d'une plantation et se vendaient au prix le plus élevé. Comment un propriétaire d'esclaves exploitait-il ce capital humain ? Il pouvait l'employer lui-même à son industrie, et, dans ce cas, il en tirait un profit, ou bien il pouvait le prêter ou le louer et, dans ce cas, il en tirait un intérêt ou un loyer. Entre le profit et l'intérêt ou le loyer, il y avait cette différence que le premier était aléatoire, tandis que le second était fixe et plus ou moins assuré. Mais ils tendaient naturellement à s'équivaloir, car, lorsqu'un de ces deux modes d'emploi était plus avantageux que l'autre, les propriétaires y portaient de préférence leur capital-esclaves, jusqu'à ce que l'augmentation de l'apport, en faisant baisser soit le profit, soit l'intérêt ou le loyer eût rétabli l'équivalence. Enfin, entre le profit, l'intérêt ou le loyer du capital investi en esclaves et ceux du capital investi en bétail ou en tous autres agents productifs, il y avait, pour le même motif, la même tendance à l'équivalence.

Troisième partie

IV

Entre l'esclave et l'homme libre, quelle est la différence ? Au point de vue du droit, cette différence est radicale. L'esclave est la propriété d'un maître, l'homme libre se possède lui-même. Mais cette propriété ne change pas de nature en changeant de propriétaire. Elle consiste, dans l'un et l'autre cas, en un capital de forces productives, et la valeur de ce capital comme de tout autre se compose de deux éléments : ses frais de production et le produit net, partant le profit, que l'on peut tirer de son emploi.

Comme la création d'un capital investi dans les choses, celle d'un capital investi dans l'homme s'opère par la soustraction à la consommation d'une portion plus ou moins grande du produit net. Cette soustraction peut être déterminée par l'appât d'un profit matériel ou d'un profit moral, et il l'est, le plus souvent, par la combinaison de l'un et de l'autre. Le profit matériel consiste dans l'excédent du rendement de l'exploitation des facultés productives de l'homme sur la somme qu'il a coûté en frais d'élève et d'éducation professionnelle et qu'il coûte en frais d'entretien. C'est exclusivement en vue de ce profit matériel que se créait le capital humain sous forme d'esclaves. Mais on ne peut se dissimuler que l'appât du même profit exerce sa part d'influence sous un régime où l'homme s'appartient à lui-même, au moins dans les couches inférieures de la population, et, dans quelque mesure aussi, dans les couches supérieures. Dans les pays et les emplois où l'élève et l'apprentissage sont peu coûteux et où le travail des enfants peut être utilisé de bonne heure, où, en d'autres termes, ils ne tardent pas à rapporter plus qu'ils n'ont coûté, le capital investi sous cette forme donne un profit rémunérateur, et d'autant plus que l'emploi du travail des enfants est plus hâtif. La production de l'homme se trouve ainsi encouragée et elle finit par devenir surabondante. Alors, cet embryon du capital humain cesserait non seulement de donner un profit, mais encore de couvrir ses frais, si l'insuffisance de nourriture et de soins, l'excès d'un travail prématuré, les maladies, en détruisant le surcroît, ne faisaient disparaître le profit Au surplus, comme toute autre, la production de l'homme tend à se proportionner à son débouché. Dans les pays où l'élève du bétail est la branche principale de l'industrie agricole, cette branche d'exploitation demandant moins de bras que la culture du blé, on observe une tendance moindre aussi à investir sous la forme d'un capital humain, le produit net soustrait à la consommation par l'opération de l'épargne.

Il en est de même dans les classes moyenne et supérieure, où la formation du capital humain exige des frais considérables d'élève et d'éducation, tandis que le débouché de ce capital se trouve artificiellement restreint par l'exclusion d'un grand nombre de métiers réputés inférieurs, dont l'exercice implique une déchéance. Dans ces classes, l'investissement du produit net sous la forme de capitaux humains se solde matériellement en perte. La production de cette sorte de capitaux y est déterminée seulement par la satisfaction d'un instinct physique et d'un sentiment moral. Mais cette satisfaction n'agit pour multiplier les capitaux humains qu'autant que la jouissance qu'elle procure, non seulement compense les sacrifices que coûte leur formation, mais encore dépasse celle de tout autre emploi du produit net. De là, la lenteur du mouvement de la reproduction des classes supérieures en comparaison des classes inférieures, qui s'est observée de tous temps, mais qui s'est encore accentuée depuis un siècle. Ce ralentissement devenu général chez tous les peuples appartenant à notre civilisation peut être attribué à plusieurs causes : 1° à l'accroissement des matériaux, partant des moyens de jouissance, que les progrès de l'industrie ont mis à la disposition de la consommation et qui ont fait, à mesure qu'ils se multipliaient, une concurrence plus active à l'épargne ; 2° à l'agrandissement extraordinaire que les mêmes progrès ont valu au débouché du capital investi dans les choses ; 3° à l'augmentation des frais qu'exige la formation du capital humain adapté à une industrie progressive.

C'est uniquement, avons-nous dit, l'appât d'un profit matériel qui déterminait le planteur, sous le régime de l'esclavage, à investir un capital sous la forme de cette machine vivante qu'était l'esclave. Ce profit consistait dans le produit net qu'il en tirait, car ce produit net lui appartenait comme celui du travail du boeuf, du cheval et de tout autre instrument de production, animé ou inanimé. Mais, de même qu'il pourvoyait à l'entretien et à la reproduction de son troupeau de boeufs ou de chevaux, il devait pourvoir aussi à ceux de son troupeau d'esclaves et reconstituer ainsi le capital investi sous cette forme. Si les résultats de la production à laquelle ce capital était appliqué demeuraient insuffisants, soit que la récolte du coton ou du sucre eût manqué ou se fût vendue à vil prix, il lui fallait combler le déficit et supporter la perte ; en revanche, - et c'était le cas ordinaire, - il recueillait la totalité du produit net et du profit de l'emploi de ce capital, moins le montant du pécule que les propriétaires intelligents accordaient à leurs esclaves pour les exciter à déployer pleinement leur activité productive.

La condition de l'homme libre diffère de celle de l'esclave en ce qu'il est propriétaire de son capital de forces productives. Ce capital lui a été légué gratuitement par ses auteurs, sauf le profit qu'ils ont pu tirer indûment de son emploi prématuré. Il est le maître d'en disposer et c'est à lui qu'en appartient le produit. Seulement, c'est à lui désormais qu'incombe la charge de la reconstitution de ce capital, c'est lui qui doit supporter les frais de son entretien et de sa reproduction, et chercher l'emploi de ses forces productives. Telles sont les charges que lui impose la liberté. Ces charges sont lourdes, et elles exigent la mise en oeuvre des facultés intellectuelles et morales qui constituent la capacité du gouvernement de soi-même. En revanche, l'homme libre peut, en remplissant les obligations que ce gouvernement lui impose, acquérir, par l'emploi de ce capital de forces productives, le profit qui allait auparavant aux propriétaires d'esclaves.

Mais sous le régime de la liberté comme sous celui de l'esclavage, la production exige la coopération du capital investi dans les choses avec le capital investi dans l'homme, et ses résultats se partagent entre eux. Avant d'examiner comment s'opère ce partage, voyons de quoi se compose le capital investi dans les choses.

V

C'est seulement lorsque les agents productifs, personnel et matériel, engagés dans une entreprise ont été reconstitués par la consommation directe ou par l'échange des produits, lorsque les frais de la production sont couverts et qu'en sus de ses frais elle donne un produit net, que la création du capital devient possible. Elle s'opère, comme nous l'avons vu, par la soustraction d'une portion du produit net à la consommation actuelle. Cette portion ainsi épargnée se réalise communément sous forme de monnaie. C'est pourquoi on a attribué d'abord à la seule monnaie la qualité de capital, et l'on s'est imaginé qu'il suffisait d'en augmenter la quantité pour multiplier la richesse. Mais on a fini par s'apercevoir que la monnaie n'est qu'une des formes nombreuses sous lesquelles se présente le capital, et que la quantité en est naturellement limitée comme celle de tous les autres agents productifs ; qu'elle doit être proportionnée à la demande de la fonction particulière que remplit la monnaie. Suivant l'expression pittoresque d'Adam Smith, celle-ci n'est, en effet, autre chose qu'une machine à transporter les valeurs, une voiture. Or, si l'insuffisance de cette sorte de véhicule cause une gêne, un dommage à ceux qui ont des valeurs à transporter, la surabondance n'en est pas moins dommageable à l'industrie des voituriers, et l'une aussi bien que l'autre engendrent des crises qui retardent, en la troublant, la marche régulière de la production. On a donc reconnu que la monnaie n'est pas l'unique générateur de la richesse, et l'on a étendu la qualification de capital à l'ensemble des instruments et des matériaux engagés dans la production ou disponibles, en les distinguant, suivant leur nature, en capitaux immobiliers et mobiliers. On a toutefois établi une catégorie spéciale pour la terre, que l'on a désignée sous le nom d'agent naturel approprié, quoique rien ne la distingue des capitaux immobiliers, et qu'elle doive, comme eux, toute sa valeur aux opérations diverses, découverte, assurance de la sécurité, défrichement, etc., qui l'ont transformée en agent productif.

À ces capitaux investis dans les choses, les socialistes ont dénié le caractère de productivité. L'homme seul, disent-ils, travaille et produit. C'est, par conséquent, au travailleur seul que doit revenir la totalité des fruits de la production. Le capitaliste n'y a aucun droit. A quoi on peut répondre d'abord que l'emploi du capital exige la mise en oeuvre, sinon de la force physique, au moins des facultés intellectuelles et morales, c'est-à-dire un travail, une série d'efforts, qui exigent aussi bien que le travail physique une réparation appropriée à leur nature. On peut répondre encore que toute force en mouvement, qu'elle provienne d'êtres animés, de machines ou de matériaux quelconques, exécute un travail impliquant une dépense, une usure et exigeant une restitution ; que ce travail de l'espèce la plus haute à la plus basse, soit productif, il suffit, pour s'en convaincre, de comparer les résultats du travail de l'homme réduit à ses seules forces à ceux qu'il obtient avec l'auxiliaire des bêtes de somme, et des autres agents et instruments qu'il met en oeuvre pour produire. Les matériaux mêmes sur lesquels il agit accomplissent un travail productif en changeant de forme ou en traversant sous son impulsion l'espace et le temps. Bref, la production est le résultat d'un immense travail auquel coopèrent les forces que l'homme s'est assujetti en lui-même et en dehors de lui-même. Et il y a lieu d'étendre la qualification de capitaux aux uns et aux autres, car le capital a la même origine, qu'il soit investi dans l'homme ou dans les choses. Il provient, dans les deux cas, de la soustraction à la consommation, actuelle d'une portion du produit net pour être réservée à la consommation future ou employée à l'acquisition des agents, instruments et matériaux de la production.

C'est l'aptitude à créer des capitaux, qui distingue l'homme civilisé du sauvage. Tandis que le sauvage ne ressent ni le besoin de pourvoir à sa consommation future, ni le besoin d'augmenter sa production pour satisfaire des besoins supérieurs qu'il n'éprouve pas, l'homme civilisé prévoit ses besoins futurs et désire augmenter son bien-être, en satisfaisant, d'une manière de plus en plus complète, les besoins nombreux et variés qui le sollicitent. Mais l'aptitude à créer des capitaux en vue de ces deux fins, présente des inégalités considérables, tant entre les nations qu'entre les différentes catégories d'individus dont elles se composent. Il y a des nations dans lesquelles l'esprit de prévoyance et le désir d'améliorer ses conditions d'existence sont développés à un haut degré, où, en conséquence, la production du capital est abondante. Aux premiers rangs de ces nations productrices de capitaux, il faut citer l'Angleterre, la France, la Suisse, la Hollande, la Belgique, les Etats de l'Est de l'Union américaine. L'abondance de la production des capitaux comme de toutes choses, ayant pour effet d'en abaisser le prix, ils s'exportent dans les pays où ils sont rares et chers, où la production en est plus restreinte, tant parce que la plus grande part, sinon la totalité de leur produit net, est absorbée par les besoins d'ostentation et les autres appétits vicieux de la classe dirigeante, à laquelle une législation de privilège permet de monopoliser le produit net, autant du moins qu'il peut l'être. D'un autre côté, même dans les pays où la production des capitaux est la plus abondante, la multitude y contribue moins que les classes supérieure et moyenne. Et comment en serait-il autrement ? Dans les couches inférieures de cette multitude la coopération de l'individu à la production ne lui rapporte, trop souvent, que juste de quoi pourvoir à ses frais d'existence et de reproduction, parfois même le laisse en déficit. Et lorsqu'il obtient une part de produit net, cette part est entamée plus profondément par les vices de l'intempérance, de l'incontinence, et autres, qu'elle ne l'est par les mêmes vices dans les classes supérieure et moyenne. Enfin, la pratique de l'épargne ne lui est-elle pas d'autant plus difficile et pénible, que sa part de produit net est plus faible ? Cependant la multitude a réalisé, malgré tout, en matière de prévoyance et d'économie un progrès manifeste, progrès attesté par l'accroissement général des dépôts aux caisses d'épargne et le développement des assurances sur la vie.

Nous ne connaissons que d'une manière approximative le montant de la production annuelle des capitaux, investis soit dans les hommes, soit dans les choses, mais l'accroissement extraordinaire de la population et de la richesse, dans les pays appartenant à notre civilisation peut en donner une idée.

VI

Une entreprise de production quelconque, agricole, industrielle ou autre, ne peut se constituer et subsister qu'à la condition de rétablir dans leur intégrité les agents productifs qui y sont engagés et de donner, en sus, un produit net, lequel est la matière du profit.

Ce produit net, ce profit, répond, comme nous l'avons constaté plus haut, au mobile même de l'activité de l'homme, aussi bien que de tous les autres êtres vivants. Tout travail impliquant une dépense de force vitale, partant une sensation de peine, l'homme n'est excité à travailler que par l'espoir d'acquérir une jouissance ou une épargne de peine supérieure. S'il produisait pour lui-même, s'il était à la fois le producteur et le consommateur de ses produits, il recueillerait lui-même aussi la totalité de produit net ou du profit, - celui-ci d'autant plus grand que son travail aurait été plus productif. Il en jouirait comme consommateur, après avoir pourvu au rétablissement des forces qu'il aurait dépensées, des instruments et des matériaux qu'il aurait employés et usés comme producteur, mais l'homme civilisé ne produit qu'une faible partie, et le plus souvent même ne produit aucune des choses qu'il consomme.

Chacun produit, ou, pour mieux dire, coopère à la production d'un article destiné à satisfaire l'un ou l'autre des besoins d'autrui et se procure, par l'échange, les articles propres à satisfaire les siens. En lui, le producteur est séparé du consommateur. Cependant, grâce à un merveilleux mécanisme que l'homme n'a point fait et qu'il lui suffit de laisser agir librement, les choses se passent comme si le producteur et le consommateur étaient demeurés réunis. Le consommateur rembourse au producteur le montant des frais de la production avec adjonction de la rétribution nécessaire pour le déterminer à produire.

Rappelons comment s'opère ce remboursement. Les producteurs ou les intermédiaires offrent leurs produits et demandent en échange aux consommateurs un produit qui leur sert à acquérir tous les autres, la monnaie. C'est en raison de la valeur qui y est contenue que les produits s'échangent. Or, la valeur se compose de deux éléments : un pouvoir dépensé, représentant une somme d'efforts et de peine, un pouvoir acquis, représentant une somme de réparations et de jouissance ou d'épargne de peine. C'est le premier de ces deux éléments seul qui intéresse le producteur. Il ne se préoccupe nullement de la satisfaction que son produit peut procurer au consommateur ; son unique but, c'est d'obtenir en échange de son produit une valeur qui couvre les frais que ce produit lui a coûtés et lui donne le profit le plus élevé possible. En revanche, c'est le second élément seul, l'utilité contenue dans la valeur du produit, qui intéresse le consommateur. De même que les producteurs ne se préoccupent point de la satisfaction que leurs produits procurent aux consommateurs, ceux-ci ne s'inquiètent pas davantage de savoir si ces produits couvrent ou non leurs frais et ne se font aucun scrupule de les payer moins qu'ils n'ont coûté. Car ni les uns ni les autres ne sont des philanthropes. Comment l'accord peut-il se faire entre ces deux intérêts opposés, sinon hostiles ? Il se fait par l'opération de deux lois naturelles, la loi de la concurrence et la loi de la valeur. Ces deux lois combinées agissent pour résoudre, - et cela de la manière la plus utile et la plus juste, - le problème de l'échange. Les producteurs apportent leurs produits où le besoin s'en fait le plus sentir, où ils sont le plus demandés par les consommateurs. Si les quantités apportées ne suffisent pas aux besoins la valeur des produits s'élève à un taux qui dépasse les frais de production et le profit nécessaire. Alors l'appât de ce profit surabondant attire de nouvelles quantités. A mesure que les besoins sont satisfaits, l'utilité diminue et la valeur baisse. Si elle descend au-dessous des frais de production et du profit nécessaire, l'apport se ralentit jusqu'à ce que le niveau soit rétabli. Et ce mouvement qui ramène incessamment la valeur de tous les produits et services au niveau des frais de production augmentés du profit nécessaire, s'opère dans une progression que nous avons ainsi formulée :

A mesure que la quantité d'un produit offert à l'échange augmente ou diminue en raison arithmétique, la valeur de ce produit s'abaisse ou s'élève en raison géométrique [1].

Sous l'impulsion de ces deux lois combinées, la valeur des produits tend donc continuellement à se fixer au taux nécessaire pour rembourser au producteur ses frais de production avec adjonction du profit non moins nécessaire pour le déterminer à produire, ni plus ni moins. C'est toutefois à la condition que le milieu soit libre, qu'aucun obstacle naturel ou artificiel n'entrave l'opération régulatrice des lois de la concurrence et de la valeur. Enfin, sous l'impulsion des mêmes lois, les producteurs sont incessamment excités à perfectionner leur industrie et à diminuer leurs frais de production, afin d'augmenter leurs profits. Ils recueillent eux-mêmes le bénéfice de ce progrès jusqu'à ce que des progrès nouveaux supprimant le monopole temporaire des anciens, ce bénéfice aille au consommateur. C'est ainsi que tous les progrès qui ont augmenté et augmentent chaque jour la productivité de l'industrie humaine, sont recueillis par la généralité des consommateurs, c'est-à-dire par l'humanité tout entière.

Les mêmes lois naturelles qui agissent pour établir la valeur des produits au niveau des frais de production et du profit nécessaire déterminent le partage des résultats de la production entre les agents productifs.

VII

Toute entreprise de production exige la coopération, dans une proportion déterminée par sa nature, d'un capital investi dans les choses. De tout temps, c'est aux propriétaires de celui-ci qu'a appartenu

---

1 Cours d'économie politique, 3e leçon. La valeur et le prix.

la direction des entreprises, et c'est à ce régime de production dite capitaliste que les socialistes attribuent l'asservissement et l'exploitation des travailleurs. C'est pourquoi ils veulent remettre aux ouvriers le gouvernement de la production, en subordonnant ainsi le capital au travail. En cela ils ne tiennent aucun compte des conditions naturelles d'existence des entreprises.

Sous n'importe quel régime, la production est exposée à des risques. Soit par l'incapacité de ceux qui les dirigent soit par toute autre cause, un contingent plus ou moins nombreux d'entreprises ne réussissent point à reconstituer leurs capitaux, elles les entament et se trouvent hors d'état de satisfaire à leurs engagements. La responsabilité de ces engagements incombe à leurs propriétaires et cette responsabilité ne peut être effective qu'à la condition de reposer sur une garantie réelle. Cette garantie, un capital investi dans les choses seul peut l'offrir, car il est seul réalisable. A moins de réduire en esclavage les propriétaires d'une entreprise en faillite, et de conférer aux créanciers de l'entreprise le pouvoir de les exploiter, de les louer ou de les vendre, leur responsabilité demeurerait purement illusoire. Mais de ce que la direction des entreprises appartient naturellement aux propriétaires du capital investi dans les choses, il ne s'ensuit nullement qu'ils puissent en monopoliser les profits.

La responsabilité des entreprises n'incombe toutefois qu'à une portion de ce capital, à celle qui en assume les risques et reçoit sa rétribution sous forme de profit, quand il s'agit d'une maison, de dividende quand il s'agit d'une société par actions. A ce capital dit d'entreprise s'en joint communément un second, un capital-obligations rétribué par un intérêt. Mais les rétributions de ces deux sortes de capitaux tendent continuellement à s'équilibrer, car si la différence entre le profit du capital-actions et .l'intérêt du capital-obligations dépassait la prime des risques ou demeurait en dessous, les capitaux disponibles se porteraient vers la destination la plus avantageuse jusqu'à ce que l'équilibre se trouvât rétabli. De même, dans un milieu libre où l'opération régulatrice des lois naturelles ne rencontre aucun obstacle, le profit ou le dividende de l'un de ces capitaux, l'intérêt de l'autre tendent toujours à s'abaisser au niveau des éléments constitutifs de la rétribution i nécessaire : compensation de la soustraction des produits à la consommation actuelle ou future, couverture des risques de leur emploi, et finalement rémunération de l'effort, travail intellectuel et moral, qu'exige l'emploi productif de tout capital.

Un économiste américain, M. Carver, a remarqué, et nous avons remarqué nous-même, qu'on ne constitue pas seulement un capital pour l'employer à la production mais encore pour le réserver à la consommation future. Dans ce cas, il doit demeurer toujours disponible. Si donc on l'engage dans une entreprise de production au lieu de le laisser inactif, il faut qu'il soit, toujours aussi, immédiatement réalisable ou qu'il fournisse une compensation pour le dommage que peut causer son indisponibilité. Or, en supposant qu'un progrès du mécanisme des entreprises rende le capital immédiatement réalisable et disponible, ne pourra-t-il pas être mis gratuitement au service de la production ? On fait observer à l'appui que la conservation d'un capital inactif comporte toujours des frais et des risques, qui peuvent égaler et même dépasser ceux de l'emploi d'un capital sous de sûres garanties. Et, conclut-on, la gratuité de ce capital n'emporterait-elle pas celle des autres ? Il en serait ainsi peut-être si les capitaux réservés pour la consommation future suffisaient seuls à tous les emplois de la production, sinon ils recevraient simplement une rétribution égale à celle des autres.

Il n'en est pas moins vrai qu'un progrès réalisé dans le mécanisme des entreprises a rendu, dès à présent, possible l'élimination de cette portion de la rétribution du capital qui constitue la compensation de la privation afférente à son indisponibilité. Et cette élimination procure aux entreprises collectives à capital mobilisable un tel avantage sur les entreprises individuelles à capital immobilisé qu'elle assure leur prépondérance à venir, en abaissant, en même temps, le niveau naturel vers lequel gravite le taux courant du profit et de l'intérêt du capital investi dans les choses.

VIII

Le capital investi dans l'homme a la même origine que le capital investi dans les choses.

L'un et l'autre proviennent de la soustraction à la consommation

Troisième partie

actuelle d'une portion du produit net de la production. Cette portion épargnée, cette épargne, peut recevoir deux destinations différentes : 1° Etre réservée pour la consommation future et demeurer inactive ; 2° Etre transformée en l'un ou l'autre des agents productifs dont la coopération est nécessaire à la production, et qui constituent le personnel et le matériel des entreprises. Le personnel aussi bien que le matériel nécessite une avance de capital. Cette avance consiste en frais d'élève, d'éducation et d'entretien, et elle est plus ou moins considérable selon la nature de la fonction du travailleur. Ceci apparaît clairement sous le régime de l'esclavage. Le propriétaire d'esclaves emploie un capital à l'élève ou à l'achat de cette sorte de bêtes de somme, et un autre capital à pourvoir à leurs frais de nourriture et d'entretien. Ces deux capitaux doivent être reconstitués, avec un profit aussi élevé que possible, et il n'en est pas autrement sous le régime de la liberté du travail.

Mais il y a cette différence entre les deux régimes que l'ouvrier libre est propriétaire de son capital de forces productives et qu'il peut, en conséquence, participer aux profits de la production tandis que l'esclave ne recevait que le minimum de subsistance qui lui était strictement nécessaire. En revanche, l'ouvrier libre, toujours à la différence de l'esclave, est obligé de pourvoir lui-même à la reconstitution de ses forces productives. Or, la grande majorité, on pourrait dire même la presque généralité des ouvriers ne possèdent point les ressources nécessaires pour attendre que les produits des industries auxquels ils coopèrent soient réalisés et encore moins pour supporter les risques attachés à toute industrie. Il faut donc que la part qui leur revient dans ces produits leur soit avancée et assurée. Il en était ainsi sous le régime de l'esclavage : vis-à-vis de ses esclaves, le propriétaire d'une entreprise de production quelconque remplissait le rôle de banquier et d'assureur. Il en est ainsi encore sous le régime de la liberté du travail, seulement avec cette différence capitale, dont les socialistes se gardent bien de tenir compte, que le propriétaire d'esclaves fixait à son gré le taux de l'intérêt de l'avance et de la prime des risques, tandis que ce taux est librement débattu entre l'ouvrier et l'employeur. La situation de l'ouvrier à cet égard est exactement la même que celle du capitaliste qui engage son capital dans une entreprise, sous la forme d'obligations, et reçoit une rétribution fixe sans attendre que le produit soit réalisé et sans courir les risques de sa réalisation. Cette avance et cette assurance que l'obligataire paie au prix du marché se déduit de sa part des résultats de la production et constitue la différence entre le taux général des profits ou des dividendes du capital-actions, et le taux général de l'intérêt du capital-obligations. Et, comme nous l'avons remarqué, le plus grand nombre des capitalistes, même les plus capables d'attendre la réalisation des produits et d'en supporter les risques, préfèrent l'obligation à l'action. D'où nous pouvons conclure qu'en admettant que les ouvriers eussent comme les capitalistes les moyens d'attendre les résultats et de supporter les risques de la production, le plus grand nombre d'entre eux continueraient de préférer une rétribution fixe et assurée, un salaire, à une part éventuelle et aléatoire dans les bénéfices.

Si le régime de la liberté du travail n'a pas porté tous les bons fruits que ses promoteurs en attendaient, si la condition de la multitude des travailleurs ne s'est pas améliorée dans la mesure des progrès de l'industrie, cela ne tient donc pas, comme le prétendent les socialistes, à la forme de leur rétribution, et la suppression du salaire ne serait pas plus avantageuse aux ouvriers que celle de l'obligation aux capitalistes. C'est à de tout autres causes qu'il faut attribuer les mécomptes que le régime de la liberté a laissés aux émancipés de la servitude ; ces causes résident, au moins pour une forte part, dans les obstacles que rencontre l'opération des lois naturelles de la concurrence et de la valeur dans le partage des résultats de la production entre le capital investi dans l'homme et le capital investi dans les choses.

IX

Mais que le capital investi dans les choses doive avoir sa part dans le produit net de la production, soit sous forme de profit, de loyer ou d'intérêt, que cette part ne consiste point « en une partie du produit du travail d'autrui acquise en abusant de la situation précaire des ouvriers », cela ressort clairement de l'analyse du mobile qui excite l'homme à produire. On produit en vue d'obtenir une rétribution, une jouissance ou une épargne de peine supérieure à la dépense de forces et de peine que la production a coûtée, c'est-à-dire en vue d'un profit. Ce profit, le producteur le tire du produit net et en jouit par la consommation. Pour qu'il se décide à soustraire à sa consommation actuelle ou future une portion de son produit net, il faut donc que cette portion soustraite, épargnée, lui procure une satisfaction au moins équivalente à celle qu'il obtient de l'une et qu'il attend de l'autre. Sinon, il ne trouverait non seulement aucun profit à la transformer en capital mais il subirait une perte, celle du travail et de la peine qu'il a dépensée pour la produire. La rétribution de cette dépense de travail et de peine apparaît ainsi comme le premier élément constitutif de l'intérêt. Le second consiste dans la couverture des risques dont le capital investi dans les choses à la charge exclusive, et le troisième, dans le salaire du travail intellectuel et moral qu'exigent sa conservation et son emploi utile. C'est vers l'ensemble de ces frais nécessaires que gravite incessamment sous l'impulsion des lois naturelles de la concurrence et de la valeur, le taux courant de l'intérêt du capital.

Quatrième partie
L'évolution du protectionnisme

I

L'homme obéit, comme toutes les autres créatures, à la loi de l'économie des forces ou du moindre effort. Sous l'impulsion de cette loi naturelle, il invente des outils, des machines et découvre des procédés qui lui procurent, en échange de la même somme de travail, une quantité croissante de produits. Sous l'impulsion de la même loi, il localise ses industries dans les régions où le sol, le climat et les autres agents ou matériaux nécessaires à la production lui permettent de réduire au minimum sa dépense de forces productives.

Cependant l'invention des outils et des machines, la découverte des procédés qui économisent le travail, aussi bien que la recherche des localités les mieux adaptées à chaque industrie, exigent un surcroît d'efforts et de peine que la perspective incertaine d'une épargne de travail ou d'une augmentation de profit ne suffirait pas à susciter, si une autre loi naturelle, la concurrence, n'intervenait pas pour l'imposer.

Sous sa forme économique, la concurrence est née de la division du travail et de l'échange.

Les hommes ont commencé par produire eux-mêmes, comme les animaux inférieurs, individuellement ou par association, toutes les choses nécessaires à leur subsistance. Mais, parmi ces choses, il en est qui demandent aux uns une forte dépense de travail, une moindre dépense aux autres, et réciproquement. En les échangeant ils réalisent, les uns et les autres, une économie de travail et de peine, et cette économie va croissant à mesure que la division du travail et les progrès dont elle est la source réduisent la somme d'efforts et de peine que coûte un produit. Mais, avec la division du travail et l'échange apparaît la concurrence. Dès que le travail se divise, dès que les hommes cessent de produire eux-mêmes les choses qu'ils consomment, dès qu'ils se bornent à créer un produit ou à coopérer à sa création, non plus en vue de le consommer mais en vue de l'échanger, ils se font concurrence pour l'offrir. Qui l'emportera dans cette lutte ? Les plus forts, ceux qui produisent au meilleur marché.

La concurrence apparaît ainsi comme la sanction de la loi de l'économie des forces. Elle oblige les producteurs à s'ingénier à réduire leurs frais de production, en employant le personnel le plus capable, l'outillage le plus perfectionné et en établissant leurs entreprises dans les régions et les localités les mieux appropriées à la nature de leur industrie, en un mot, en réalisant tous les progrès qui rendent plus fort, sous peine de ne pouvoir échanger leurs produits dans un état de la production où l'échange est devenu, de plus en plus, le mode d'acquisition des matériaux de la vie. Elle élimine ainsi le *caput mortuum* des retardataires.

II

Les lois de l'économie des forces et de la concurrence sont les moteurs des progrès de l'industrie humaine. Voyons maintenant quel en est le processus. Le premier de ces progrès, celui qui a donné naissance à tous les autres, c'est l'invention du procédé de l'échange. Du moment où l'homme a eu recours à ce procédé pour se procurer, avec moins de travail et de peine, un produit dont il avait besoin, la division du travail a pu s'établir, mais elle n'a pu se développer que par l'extension de la sphère de l'échange, autrement dit par l'agrandissement du marché ou du débouché. Adam Smith a montré d'une manière saisissante combien, en appliquant à une seule opération les forces productives d'un ouvrier, on réduisait les frais de fabrication des épingles ; mais encore faut-il que le marché soit assez étendu pour absorber la totalité des produits de ce mode perfectionné de production, sinon il est plus économique d'employer moins d'ouvriers, en faisant exécuter à chacun plusieurs des opérations que comporte la fabrication d'une épingle. Il en est ainsi de toute augmentation de la puissance productive. Il faut que le marché soit assez étendu pour absorber le surcroît de produits qu'elle donne. Or, sous l'impulsion de la concurrence, l'industrie est continuellement excitée à réaliser les progrès qui augmentent sa puissance productive. Elle presse donc sur les limites de son marché et s'efforce de les étendre. C'est ainsi que, par une action réciproque, l'extension des marchés détermine l'augmentation de la puissance productive et que celle-ci provoque l'extension des marchés.

Gustave de Molinari

Si l'on considère la situation actuelle de l'industrie des peuples civilisés, on demeure émerveillé de l'énorme accroissement de la puissance productive de la plupart de ses branches. Michel Chevalier en donnait des exemples typiques dans son remarquable rapport sur l'Exposition universelle de 1867, et, depuis cette époque, les progrès qu'il signalait se sont encore accélérés et étendus. C'est ainsi que l'industrie agricole, demeurée longtemps en retard, s'est mise au niveau de l'industrie manufacturière. Mais les progrès les plus saisissants sont ceux qui répondaient au besoin d'extension de la sphère des échanges, suscité par l'augmentation générale de la puissance productive. L'application de la vapeur et de l'électricité à la locomotion a répondu à ce besoin ; elle a abrégé des neuf dixièmes et davantage les distances pour le transport des hommes et des produits, elle les a supprimées pour les communications immatérielles.

Quels sont les effets de cet ensemble de progrès, et quelle perspective ouvrent-ils devant nous ?

En supposant que la puissance productive continue à s'accroître, et nous n'apercevons pas de limites à son accroissement, elle nous permet d'espérer qu'un temps viendra où l'homme obtiendra, en échange d'un minimum d'efforts et de peine, les produits nécessaires à la satisfaction la plus complète des besoins, auxquels l'immense majorité ne peut encore pourvoir que d'une manière insuffisante. Mais les progrès de la puissance productive dépendent de l'extension de son marché, et cette extension n'a pour limites que celles de notre globe. Déjà, le « marché mondial » est librement ouvert à un certain nombre de produits, tels que les métaux monétaires ; il le serait à tous, si les obstacles naturels qui le morcelaient n'avaient pas été remplacés à mesure qu'ils allaient s'aplanissant, par l'obstacle artificiel de la douane. Supposons que cet obstacle vienne à disparaître, que les industries de toutes les nations aient librement accès sur le marché mondial et s'y fassent concurrence, quel sera le résultat de cette extension et de cette unification de leurs débouchés ? Ce sera de les obliger à réaliser incessamment les progrès qui rendent plus fort. Ces progrès peuvent être rangés en trois catégories : 1» Augmentation de la capacité du personnel de la production ; 2° accroissement de la puissance du matériel ; 3» Etablissement des différentes branches de la production

Quatrième partie

dans les régions et les localités ou le sol, le sous-sol et le climat sont le mieux adaptés à leur nature. Et le résultat final de ces progrès, suscités par la pression de la concurrence universalisée, sera l'augmentation, de plus en plus rapide, de la puissance productive, partant de la richesse jusqu'à un point marqué par les limites de la capacité productive de l'homme, de la puissance de son matériel et des ressources exploitables que la nature a mises à sa disposition.

C'est vers ce point idéal que l'espèce humaine s'est acheminée dès sa naissance, lentement d'abord, puis avec une accélération croissante. Seulement, chacun de ces progrès nécessite un effort et est acheté par une souffrance. C'est pourquoi, tout en éprouvant le besoin d'améliorer son sort, la multitude s'est montrée, de tous temps, hostile aux progrès qui l'améliorent et s'est ingéniée à se protéger contre eux. Le protectionnisme, dans ses branches multiples - car il ne réside pas exclusivement dans la protection douanière - est issu de ce sentiment de répulsion, sinon contre le progrès, du moins contre les efforts et les peines au prix desquels il s'achète. Mais, le progrès n'en demeure pas moins le plus fort. Il renverse les obstacles que la nature lui oppose, et ceux que l'homme lui-même y ajoute. Une simple esquisse de la genèse de cette branche du protectionnisme que l'on a désignée sous le nom de système protecteur du travail national, nous en fournira la preuve. Nous verrons comment ce système est né, a grandi, et comment, après avoir parcouru les phases successives de son évolution, se détruira lui-même, mais non sans avoir ralenti l'essor de l'activité humaine, et causé des pertes et des souffrances supérieures à celles qu'il avait pour objet d'épargner.

III

C'est seulement depuis l'apparition des progrès qui suppriment l'obstacle des distances auxquels se joignent ceux qui établissent, dans toutes les régions du globe, la sécurité indispensable aux échanges, que l'on a pu concevoir la possibilité de la fusion de la multitude des marchés locaux ou nationaux en un marché unifié et universalisé. Aussi loin que nous pouvons remonter dans le cours de l'histoire, nous trouvons les différentes variétés de l'espèce humaine, partagées d'abord en clans, en tribus, en nations, séparées et hostiles. Chacune de ces fractions d'humanité occupe un domaine qu'elle s'est appropriée et d'où elle commence par exclure rigoureusement les étrangers. Ces domaines sont inégalement pourvus de ressources naturelles : ceux où elles abondent, telles que les vallées du Nil, de l'Euphrate, du Gange, sont l'objet des convoitises et attirent les invasions des peuples qui occupent des régions moins favorisées par la nature. Dans cet état d'isolement et de guerre, un peuple ne pouvait subsister qu'à la condition de tirer de son domaine tous les matériaux nécessaires à la vie : nourriture, vêtements, logement, instruments de production et, plus encore, de destruction. En d'autres termes, il était obligé de se suffire à lui-même.

Quel était, dans cet état de choses, le régime de la production et de l'échange ? A l'intérieur de chaque pays, les marchés étaient localisés par l'obstacle naturel des distances, l'absence ou l'insuffisance des moyens de communication. Chaque province, ou même chaque canton, produisait la presque totalité des choses nécessaires à la consommation de ses habitants. Les campagnes fournissaient les matériaux de l'alimentation, dont les producteurs consommaient eux-mêmes la plus grande partie ; les industries qui pourvoyaient au vêtement, à l'habitation, à la fabrication des armes et des outils, se concentraient dans des bourgs ou des villes, le plus souvent fortifiées. L'obstacle naturel des distances, auquel se joignait le défaut de sécurité, en limitant ainsi les marchés, les appropriait aux producteurs locaux. De là, un mode d'organisation de l'industrie que l'on retrouve dans les plus anciennes sociétés, en Egypte, en Chaldée et dans l'Inde, et qui a subsisté jusqu'aux temps modernes : l'organisation en corporations ou en castes fermées. Comment ces corporations, que l'on peut considérer comme les ancêtres de nos trusts, se sont constituées dans notre moyen âge par exemple, on peut aisément s'en rendre compte. Les serfs ou les sujets d'une seigneurie, qui avaient acquis la connaissance d'un métier, obtenaient de leur seigneur le droit d'exercer ce métier pour leur propre compte. Rassemblés dans le même voisinage, dans le même quartier, dans la même rue, où ils se faisaient concurrence, ils ne tardaient pas à s'apercevoir qu'ils trouveraient profit à s'associer pour se rendre maîtres des prix et les porter à un taux supérieur à celui auquel la concurrence les obligeait à les réduire. Les corporations se constituèrent dans ce but, comme aujourd'hui les trusts, et telle fut la première forme du protectionnisme industriel. Seulement, la protection dont jouissaient

Quatrième partie

les corporations était plus complète que celles que les tarifs de douane confèrent aux trusts, car leurs membres possédaient seuls le droit - qu'ils avaient acheté - d'approvisionner le marché de la seigneurie. Ajoutons qu'il fallut bientôt réprimer l'abus de leur monopole : la coutume, ou la loi, établie par le pouvoir seigneurial, royal ou communal, y pourvoyait comme font actuellement, aux Etats-Unis, les lois et règlements destinés à refréner les trusts.

Mais quand même les lois et les coutumes auraient réussi à réprimer l'abus du monopole des corporations, il y avait un effet inévitable de la suppression de la concurrence contre lequel elles demeuraient impuissantes : c'est l'arrêt du progrès industriel. L'industrie corporative demeura livrée à une routine séculaire. Au lieu d'accueillir et d'appliquer les inventions qui auraient amélioré ses procédés et augmenté la puissance de son outillage elle persécuta les inventeurs et mit pour ainsi dire le progrès à l'index. Cette hostilité contre des inventions qui devaient, plus tard, augmenter à un si haut point sa puissance productive et ses profits, semble, d'abord, incompréhensible ; elle s'explique quand on analyse les effets de tout progrès.

Si les progrès de l'outillage engendrent un bénéfice futur par l'augmentation de la puissance productive et l'abaissement des frais de production, ils causent toujours un dommage immédiat aux chefs d'industrie et aux ouvriers, en obligeant les premiers à mettre au rebut leur vieil outillage et à faire la dépense d'un nouveau, en remplaçant, en partie, le travail physique des seconds par un travail mécanique, et en contraignant ceux qui demeurent à s'adapter à un outillage auquel ils ne sont point accoutumés. Or, l'appréhension d'un dommage immédiat l'emportant chez le plus grand nombre des hommes sur la perspective d'un bénéfice futur, ils répugnent au progrès et ne s'y résignent que sous l'inexorable pression de la concurrence, non sans avoir longtemps traité en ennemis ou considéré comme des fous dangereux ceux qui entreprenaient de les faire sortir de leur routine. L'hostilité contre les inventions nouvelles a cessé, chez les industriels, depuis que la concurrence les a obligés d'y recourir sous peine d'être expulsés du marché des échanges ; elle a persisté chez les ouvriers, tout en s'affaiblissant à mesure que le dommage immédiat qu'elles leur causent a diminué grâce à l'extension des marchés du travail, et surtout depuis qu'ils ont pu mieux apprécier les bénéfices qu'elles leur promettent.

Tandis que le monopole des corporations, en enrayant les progrès de l'industrie, la retenait dans les limites étroites des marchés locaux, la production alimentaire, dont le débouché était plus limité encore par la nature de ses produits, s'immobilisait de même dans sa routine, faute du stimulant de la concurrence. La production ne s'y séparait point du commerce. Les producteurs apportaient eux-mêmes, sur les marchés avoisinants des bourgs ou des villes, la portion de leurs denrées qu'ils ne consommaient point et dont le produit leur servait à s'acquitter de leurs impôts et redevances. De bonne heure, cependant, on voit apparaître les marchands de grains. Mais, dans des marchés étroitement limités par l'obstacle naturel des distances, l'insuffisance et la cherté des moyens de communication, le défaut ou l'état précaire de la sécurité, ce commerce, séparé de la production proprement dite, ne comportait qu'un petit nombre d'entreprises. Il suffisait aux marchands de grains de s'entendre et de constituer un « trust » pour se rendre maîtres du marché, et d'acquérir ainsi le pouvoir d'abaisser leur prix d'achat, puis d'élever leur prix de vente au double détriment des producteurs et des consommateurs. L'hostilité à laquelle ces pratiques du monopole les mettaient en butte de la part des uns et des autres, les lois et les règlements que l'on établissait pour refréner l'abus qu'ils faisaient de leur pouvoir, en réduisant le nombre des gens disposés à braver l'animadversion populaire, et à subir la gêne de la réglementation, avaient pour effet inévitable d'accroître ce pouvoir et d'en aggraver l'abus.

En résumé, la grande masse des articles de consommation était produite dans l'enceinte des frontières de chaque nation et ne dépassait pas les limites d'une province ou même d'un canton. Dans ces limites, l'organisation protectionniste des corporations, en supprimant la concurrence, enrayait les progrès de l'industrie et empêchait son expansion en dehors de la sphère étroite où elle se trouvait confinée.

IV

Cependant, quelle que soit la diversité des produits naturels d'un pays, il y a des articles de consommation dont il ne possède point ou dont il ne possède qu'en quantité insuffisante les matériaux. Ces articles, la nation est obligée de les chercher au dehors de ses frontières. Elle ne peut se les procurer que de deux manières : par le vol ou par l'échange. Le premier de ces procédés a été d'abord employé de préférence, et la piraterie a été pendant longtemps, la plus florissante et la plus honorée des industries. Ce fut seulement lorsqu'elle cessa de « payer », que l'on eut recours au procédé de l'échange et qu'apparurent les rudiments du commerce international. Les articles indispensables à la subsistance et à la sécurité de la nation étaient produits dans le pays même, les importations consistaient seulement en métaux précieux, nécessaires à la fabrication de la monnaie, et en articles de luxe. C'étaient, généralement, des produits des régions du Nord qui s'échangeaient contre ceux des régions du Midi. Des intermédiaires étaient indispensables pour opérer ces échanges, d'articles provenant de pays plus ou moins éloignés. Tels étaient les Phéniciens et les Carthaginois dans l'antiquité ; les Vénitiens, les Génois, les Anséates, au moyen âge. Mais le besoin des articles de luxe ou de confort n'était pas assez répandu pour rétribuer un commerce à demeure. Il s'opérait d'une manière intermittente, dans des localités et à des époques fixées par les convenances des échangistes, et ces marchés temporaires, ces « foires », subsistèrent partout ,jusqu'à ce que la population, en s'accroissant et s'enrichissant, pût alimenter un commerce permanent. Dans cet état des choses, les produits que l'on tirait du dehors ne faisaient point concurrence à ceux des industries indigènes, et celles-ci ne demandaient point une protection qui leur eût été inutile. Aussi, les droits établis dans les foires et aux frontières étaient-ils purement fiscaux, et ils conservèrent ce caractère, soit qu'ils fussent perçus à l'entrée ou à la sortie, aussi longtemps que les obstacles de la distance et de l'insécurité suffirent à empêcher l'importation des produits de la même nature que ceux dont ces obstacles avaient assuré le monopole aux industries indigènes.

Comment la protection s'est-elle greffée sur la fiscalité ? Quoique les origines du protectionnisme soient demeurées encore obscures, on les rattache, d'habitude, à la croyance, autrefois générale, que les métaux précieux, l'or et l'argent, matières premières de la monnaie, constituaient seuls la richesse. N'est-ce pas, en effet, avec la monnaie que l'on se procure toutes les choses nécessaires à la vie ? D'où l'on concluait qu'un pays était d'autant plus riche que l'or et l'argent y abondaient davantage. Cependant, cette erreur économique des consommateurs de monnaie n'aurait pas eu, à elle seule, le pouvoir d'engendrer une législation protectionniste, si elle ne s'était point accordée avec l'intérêt des producteurs. De bonne heure, les gouvernements s'étaient attribués, dans l'intérêt prétendu des consommateurs, le monopole de la fabrication de la monnaie, et ils tirèrent longtemps de l'exploitation de ce monopole, une portion importante de leurs revenus sous forme de seigneuriage. Ils étaient par conséquent intéressés, comme tous les autres monopoleurs, à se préserver de la concurrence et c'est pourquoi ils interdisaient rigoureusement l'emploi des monnaies étrangères. A cet intérêt s'enjoignait un autre qui n'était pas moindre : celui de se procurer, au meilleur marché possible, la matière première, ce qui leur permettait d'abaisser leur prix de revient et d'augmenter leur profit sans diminuer la quantité de métal précieux contenue dans la monnaie. A la vérité, ils pouvaient encore obtenir le même résultat en réduisant la quantité et en altérant la qualité de la matière première, or ou argent, et ils ne résistaient pas toujours à la tentation de recourir à ce procédé frauduleux. Mais la multiplication de cette monnaie affaiblie ou altérée ne manquait point de la déprécier, et, en causant des perturbations analogues à celles qu'a produites, plus tard, le papier-monnaie, de provoquer les plaintes, parfois même les révoltes des consommateurs de monnaie [1]. Il était donc préférable de chercher, dans l'abaissement du prix des matières premières monétaires, l'augmentation du profit du seigneuriage. C'est ainsi que les gouvernements furent amenés, tant pour se défendre contre la concurrence des monnayeurs étrangers que pour se procurer à bon marché leurs matières premières, à mettre leur pouvoir de fabricants de lois au service de leur fabrique de monnaie. Les expédients auxquels ils eurent recours pour obtenir en abondance, et à bas prix, ces matériaux indispensables de leur industrie monétaire, étaient de différentes sortes. Ils employèrent d'abord celui qui leur paraissait le plus efficace et le plus facile, savoir la prohibition de l'exportation des métaux précieux, soit sous forme de matières premières, soit sous forme de monnaie. Mais si ce procédé pouvait empêcher les métaux précieux de sortir du pays, il n'avait pas la vertu de les y faire entrer. Les gouvernements monnayeurs en empruntèrent alors un autre à la pratique commerciale qui avait fait découvrir, bien avant

---

1 Voir notre Cours d'économie politique, t. II, 4ᵉ et 5ᵉ leçons. La monnaie sous l'ancien régime.

Quatrième partie

J.-B. Say, que les produits s'échangent contre des produits. Ils s'efforcèrent de développer l'exportation des articles contre lesquels s'échangeaient les métaux précieux, en étendant, au profit des industries qui les produisaient, l'application du procédé qu'ils employaient eux-mêmes : la prohibition à la sortie des matières premières ; en même temps, et dans le même but, ils s'appliquaient à diminuer la consommation des produits dont l'importation faisait concurrence à celle des métaux précieux. Les lois somptuaires, qui limitaient la consommation des articles de luxe, tirés, pour la plus grande part, de l'étranger, furent établies autant dans l'intérêt matériel des gouvernements fabricants de monnaie, que dans l'intérêt moral de leurs sujets.

Cet ensemble de mesures inspirées par l'intérêt du monopole monétaire, a été le premier embryon du protectionnisme. Comme toutes les pratiques, bonnes ou mauvaises, celles-ci ont donné naissance à une théorie destinée à les justifier. Cette théorie, dite de la balance du commerce, avait l'avantage de s'accorder avec la croyance populaire qui attribuait à la seule monnaie la qualité de richesse, et, par conséquent, de laisser sans échos les objections qu'aurait pu soulever le protectionnisme monétaire. Si la monnaie constitue seule la richesse, une nation est évidemment intéressée à exporter plus de marchandises qu'elle n'en importe, et à recevoir la différence en or et en argent, matières premières de la monnaie. Elle s'enrichit quand la balance lui est favorable, elle s'appauvrit dans le cas contraire. Quoique l'expérience et la science aient fait justice de cette théorie, quoique les gouvernements ne soient plus intéressés à la soutenir depuis qu'ils ont renoncé au profit du seigneuriage, elle est demeurée enracinée dans l'esprit des protectionnistes, et ils continuent encore à l'invoquer. Tant l'erreur a la vie dure.

V

Organisées en corporations et en possession d'un marché dont elles avaient acquis le monopole, et que l'obstacle naturel des distances et l'état de guerre presque permanent, défendaient suffisamment contre la concurrence extérieure, la généralité des industries n'éprouvaient pas le besoin d'être protégées par des barrières artificielles. Ce besoin, elles le ressentirent seulement lorsque l'invention de la boussole, de l'astrolabe, des postes, d'une part, l'établissement de la paix intérieure par l'extinction du régime féodal, de l'autre, en supprimant les obstacles des distances et de l'insécurité, eurent commencé à mettre en communication les marchés qu'elles monopolisaient et à en ouvrir de nouveaux. Elles demandèrent alors au gouvernement de sauvegarder leur monopole par les mêmes procédés qu'il avait mis en oeuvre pour protéger le sien [1].

Cette demande de protection était motivée par les dangers que leur faisait courir la concurrence, dangers très réels, mais contre lesquels elles auraient pu se protéger elles-mêmes, s'il ne leur eût paru plus facile et moins coûteux de recourir à la protection du gouvernement.

Comme nous l'avons vu plus haut, aussi longtemps que les marchés étaient demeurés morcelés et isolés, les industries indispensables à l'existence de la nation avaient dû s'y créer, si mal adaptées que fussent quelques-unes de ces industries au sol, au climat et aux aptitudes des populations. A cette cause naturelle d'infériorité s'ajoutait l'inégalité générale d'avancement de l'industrie d'un pays, et parfois d'une province du même pays à une autre, Quel était l'effet inévitable des progrès qui mettaient en communication des localités dont les industries étaient inégalement avancées, et quelques-unes même hors d'état de soutenir la concurrence d'industries mieux situées ? C'était d'obliger celles-là de se mettre au niveau de progrès de la concurrence que le progrès avait fait surgir, ce qui obligeait les industriels à faire des efforts extraordinaires et à s'imposer des sacrifices onéreux ; c'était, pis encore, de condamner celles-ci à se déplacer sous peine de périr. Or,

1   Au moyen âge, la vie économique était presque exclusivement municipale, c'était dans les statuts des corps de métiers que se manifestait l'esprit d'exclusivisme. Les barrières se déplacèrent quand la royauté eut réuni les communes sous une même autorité ; les artisans ne pouvant pas maintenir, aussi rigoureusement, la prohibition de ville à ville, aspirèrent à la prohibition de royaume à royaume, alléguant que la consommation de leur pays leur appartenait de droit, comme au moyen âge, la consommation de leur commune. La protection douanière apparut donc dès que les rois eurent de vastes domaines et l'industrie quelque importance. Nous en avons vu les premières traces sous Philippe-le-Bel ; elle se montra plus manifestement à la fin du XVe siècle, sous Louis XI, et surtout au XVIe siècle sous François 1er, Henri IV ne fit que continuer le système de ses prédécesseurs dont Colbert sera le législateur et dont il portera la responsabilité devant l'histoire.
        Levasseur. Histoire des classes ouvrières et de l'industrie en France avant 1789, t. II, p. !83.

Quatrième partie

dans l'un ou l'autre cas, soit qu'il s'agit, pour les industriels, de se mettre au niveau de leurs concurrents par le renouvellement de leurs procédés et de leur outillage, ou de surmonter les difficultés et de supporter les frais d'un déplacement, le bien futur que leur promettait l'élargissement du marché était acheté par des sacrifices et des dommages actuels. Et comme la perspective d'un bien futur, dût-il profiter à leurs semblables aussi bien qu'à eux-mêmes, ne compense pas, aux yeux du plus grand nombre des hommes un mal actuel qui les atteint en particulier, on s'explique que les industriels aient usé de leur influence pour faire remplacer, par des obstacles artificiels, les obstacles naturels qui protégeaient leurs monopoles locaux.

Quelquefois, cette résistance au progrès était vaine. Lorsque la découverte de la nouvelle route de l'Inde, par exemple, fit abandonner l'ancienne, ce progrès ruina le commerce des Vénitiens et des Génois en le faisant passer aux mains des Portugais et, plus tard, des Hollandais et des Anglais. Mais le mal particulier causé par ce déplacement fut amplement compensé par le bien général qui résulta de l'abaissement du prix des produits de l'Inde en Europe, des produits de l'Europe dans l'Inde, et de l'augmentation de la consommation, partant, de la production qui en fut la conséquence. Cependant, s'il avait été au pouvoir des Vénitiens et des Génois de fermer la nouvelle route, ils n'y auraient pas manqué, et le libre-échangiste qui s'y serait opposé en invoquant l'intérêt général de l'humanité, eût été qualifié de traître à la patrie, vendu à l'étranger, et probablement lapidé. Plus tard, n'est-ce pas le même égoïsme protectionniste qui animait lord Palmerston, lorsqu'il usait de toute son influence pour empêcher la construction du canal de Suez ? Il mettait l'intérêt particulier de l'Angleterre, alors en possession du monopole du commerce de l'Inde, au-dessus de l'intérêt général des nations, sans se douter que l'Angleterre serait la première à profiter de ce progrès.

Mais, partout, le déplacement des industries rencontrait les résistances les plus vives lorsqu'elles venaient à être mises en concurrence avec des industries placées dans de meilleures conditions économiques, même lorsque ce déplacement s'opérait dans l'intérieur du pays. Les industries urbaines s'opposaient à la création d'industries similaires dans les campagnes où les salaires étaient à meilleur marché [1], et les provinces élevaient, les unes contre les autres, des barrières que Colbert ne put supprimer qu'en partie et qui subsistèrent jusqu'à la Révolution.

Combien cette résistance au progrès devait être plus vive encore lorsque les obstacles qui séparaient le marché national des marchés étrangers venaient à s'abaisser ! Les industries placées dans de bonnes conditions économiques, mais dont la machinerie était moins perfectionnée que celle de leurs rivales de l'étranger, étaient obligées de s'imposer de lourds sacrifices pour l'élever au même niveau. Celles qui étaient mal situées et n'avaient pu s'établir que grâce à la protection de l'obstacle naturel des distances étaient condamnées à périr ou à émigrer à l'étranger. A la vérité, ces sacrifices et ces dommages locaux ne dépassaient pas ceux de l'unification des marchés à l'intérieur, et ils étaient de même compensés, et au delà, par l'augmentation générale de la consommation résultant de la diminution des frais de la production et de l'abaissement des prix. Et, si cette unification du marché intérieur avec le marché étranger devait faire disparaître du sol national les industries les plus faibles, - celles qui n'avaient pu s'établir que grâce à la protection des obstacles naturels, - elle avait, en revanche, pour effet de développer les industries les plus fortes, celles qui étaient adaptées au sol, au climat, aux aptitudes des populations, en élargissant leur débouché ; s'il y avait ainsi, d'un côté, une diminution des emplois du capital et du travail, résultant de la disparition ou de l'émigration des industries les plus faibles, il y avait, d'un autre côté, une augmentation des emplois du capital et du travail dans les industries les plus fortes.

Mais ces considérations d'intérêt général, qui auraient pu faire impression sur des théoriciens, ne touchaient guère les « hommes pratiques » .Quand les obstacles naturels qui séparaient deux nations venaient à s'aplanir, les industriels, dans l'une comme dans l'autre, étaient saisis de panique ; sauf de rares exceptions, ils se déclaraient trop faibles pour affronter la concurrence qui les menaçait, et ils demandaient à être protégés contre l'ennemi commun : le progrès.

Le protectionnisme apparaît ainsi, en dernière analyse, comme

---

[1] Voir Levasseur. Le travail industriel dans les campagnes et les édits de 1762, 1765 et 1766, sur le tissage. Ibid. t. II, p.583.

Quatrième partie

un obstacle que l'esprit de monopole, fait d'égoïsme, de paresse et d'imprévoyance, a opposé à l'accroissement de la puissance productive de l'homme, partant à l'amélioration de sa condition matérielle et morale, d'une part, en retardant l'emploi du matériel et des procédés les plus efficaces ; d'une autre part, en empêchant la localisation économique de la production. En cela, les effets du protectionnisme sont les mêmes que ceux de la guerre aux machines qu'ont faite d'abord les industriels, sous le régime des corporations, qu'ont continuée ensuite les ouvriers. Le motif déterminant de cette guerre protectionniste résidait, chez les propriétaires de maîtrises, dans les frais et dommages qu'impliquait la substitution d'un matériel perfectionné et de procédés inaccoutumés, à ceux qu'ils mettaient en oeuvre de génération en génération. Cette guerre aux machines, les industriels ont cessé de la faire lorsque la suppression des corporations et le développement de la concurrence leur ont imposé l'alternative de renouveler leur outillage ou de perdre leur clientèle. Alors, les inventions qui augmentaient la puissance productive et économisaient le travail commencèrent à être demandées, car elles procuraient un surcroît de bénéfices à ceux qui les appliquaient les premiers. Les inventeurs cessèrent d'être persécutés et ils acquirent la possibilité d'obtenir une part dans ces bénéfices, par la reconnaissance partielle de la propriété des fruits de leur industrie. L'Angleterre donna l'exemple de ce progrès en inaugurant, en 1623, le régime des brevets d'invention, et elle en fut récompensée par l'essor extraordinaire que l'industrie, devenue rémunératrice, des inventeurs, imprima à l'ensemble de la production en la dotant de la machine à vapeur, des moteurs mécaniques, etc., , etc. L'hostilité contre les machines s'éteignit chez les industriels auxquels la substitution du travail mécanique au travail physique procurait des bénéfices qui compensaient amplement les frais du renouvellement de leur outillage. Elle subsista chez les ouvriers à qui ce renouvellement causait un dommage immédiat en ne leur offrant qu'une compensation lointaine. Ceux que la machine remplaçait n'étaient-ils pas obligés de chercher un nouvel emploi, auquel ils n'étaient point préparés, et toujours difficile à trouver dans les marchés étroits où ils étaient confinés ? Sans doute, l'abaissement du prix des produits, déterminé par l'introduction de la machine, avait pour conséquence d'en augmenter la consommation, partant la production, et d'élargir, par là même, le débouché du travail. Mais, en attendant ce bénéfice futur, la machine ne causait-elle pas à l'ouvrier un dommage actuel que l'insuffisance de ses ressources lui rendait difficile à supporter ?

Les premiers effets de l'élargissement d'un marché par l'aplanissement des obstacles naturels qui l'avaient, jusqu'alors, séparé des autres marchés intérieurs ou étrangers, étaient exactement les mêmes que ceux de l'introduction d'une machine nouvelle. Les industries dont l'outillage était inférieur à celui des industries avec lesquelles cet élargissement du marché les mettait en concurrence étaient obligées de le renouveler. Celles qui étaient situées dans des conditions naturelles moins avantageuses, devaient se déplacer, et, dans l'un et l'autre cas, s'imposer des sacrifices et subir des dommages analogues à ceux qu'infligeait, aux industriels et aux ouvriers, l'introduction d'une machine nouvelle. Mais, de même que la machine, l'élargissement du marché déterminait l'extension de la division du travail, l'augmentation de la puissance productive, l'abaissement des prix, au double avantage des consommateurs et des producteurs eux-mêmes. Seulement, cet avantage futur ne compensait pas, aux yeux de ceux-ci, le dommage actuel. Que faisaient-ils ? Ils employaient leur influence politique à faire remplacer les obstacles naturels qui les protégeaient, auparavant, contre la concurrence, par l'obstacle artificiel de la douane. Et, en attendant cette protection gouvernementale, on les vit, en maintes occasions, se protéger eux-mêmes en déchaînant l'émeute contre l'importation des produits concurrents de l'étranger [1].

Entre les protectionnistes qui emploient la force publique pour se protéger contre le progrès, et les ouvriers qui, à défaut de la force publique qu'ils n'ont point le pouvoir de mettre à leur service, emploient la leur, où est donc la différence ? N'est-ce pas le même esprit de monopole, égoïste et aveugle, qui fait élever les barrières douanières et briser les machines ?

---

1 En 1630, une cargaison de 1 million de livres de draps anglais arrive à Rouen ; les drapiers de Rouen et de Darnétal s'assemblent aussitôt ; les uns vont protester au Parlement, les autres se rendent au port, brûlent les balles déchargées, envahissent les navires et jettent les autres à l'eau. Deux ans après, une autre cargaison arrive ; les tailleurs, prévenus sans doute, s'assemblent à leur tour et protègent les étrangers dont ils sont les acheteurs.

Ouen-Lacroix. Histoire des Corporations à Rouen, p. 103.

Quatrième partie

VI

Jusque vers le milieu du XVIe siècle, les douanes établies tant à l'intérieur qu'aux frontières des Etats eurent un caractère principalement, sinon exclusivement fiscal. Le tarif de 1540 conservait encore ce caractère, et il frappait les marchandises à la sortie aussi bien qu'à l'entrée. L'industrie monétaire des gouvernements et les rares industries d'exportation qui l'alimentaient de métaux précieux, ses matières premières, seules étaient l'objet de mesures protectionnistes. La généralité des autres industries appropriées aux corporations, et suffisamment protégées par l'obstacle naturel des distances, n'éprouvaient pas le besoin d'une protection artificielle et ne la demandaient point. Cet état de choses changea lorsque la découverte de l'Amérique et de la nouvelle route de l'Inde eut ouvert de nouveaux débouchés à l'industrie et au commerce de l'Europe. Ces débouchés, les classes industrielles et commerçantes, aussi bien que les classes gouvernantes, politiques et militaires, voulurent s'en réserver l'exploitation exclusive. Non seulement elles y firent prohiber l'importation des produits étrangers, mais encore interdire la production de tous ceux qu'elles y importaient. Les populations indigènes étaient trop faibles pour résister à ces mesures spoliatrices, mais lorsque les colons, devenus nombreux, eurent acquis quelque influence, ils réclamèrent une compensation. On la leur accorda en prohibant les denrées coloniales de l'étranger, ou en les frappant de droits différentiels. Telle fut cette branche du protectionnisme qui a pris le nom de système colonial.

Cependant, les industries d'exportation se développaient grâce à l'accession des marchés coloniaux et à l'augmentation de la consommation des denrées exotiques dont le prix avait baissé, depuis que les nouvelles découvertes en avaient rendu l'importation plus facile et plus abondante. Cette augmentation des importations avait déterminé celle de l'exportation des produits qui servaient à les payer ; partant, l'accroissement de la puissance productive des industries exportatrices. Elles commencèrent alors à se faire concurrence, et lorsque les plus progressives eurent abaissé leur prix de revient, de manière à dépasser le montant de la protection que l'obstacle naturel des distances conférait aux moins progressives, celles-ci, demandèrent à y suppléer par l'obstacle artificiel des droits, ou, mieux encore, des prohibitions à l'entrée des produits concurrents. Car la prohibition à la sortie des matières premières, qui ne leur procurait, d'ailleurs, qu'une économie douteuse, ne leur présentait plus aucun avantage du moment où leurs concurrentes, mieux outillées, l'obtenaient comme elles. En outre, cet avantage contestable a disparu tout à fait, lorsque les producteurs de matières premières devinrent, à leur tour, assez influents pour obtenir la liberté de les exporter.

Les prohibitions à la sortie disparurent, tandis que les droits et les prohibitions à l'entrée se généralisèrent. Les industries auxquelles on enlevait le monopole de l'achat de leurs matières premières obtinrent, en compensation, des primes à l'exportation. Le système protecteur se perfectionna ainsi peu à peu. Il s'était créé sous l'influence de l'intérêt monétaire des gouvernements, il se compléta sous l'influence de leurs intérêts politiques. C'est pour affaiblir la puissance maritime de la Hollande que Cromwell établit son célèbre acte de navigation. En d'autres circonstances, les intérêts politiques jouèrent un rôle analogue. Tantôt ils firent conclure des traités de commerce avec les nations dont la classe gouvernante recherchait l'alliance, tantôt, au contraire, ils provoquèrent l'établissement de droits sur les produits d'une nation dont on punissait le mauvais vouloir ou les offenses, sans se douter apparemment que les coups que l'on portait à l'industrie d'un ennemi politique se répercutaient sur la sienne. L'ennemi ne manquait pas d'user de représailles, et la guerre à coups de tarifs engendrait, d'habitude, la guerre à coups de canon [1].

A la fin du XVe siècle, une réaction s'opéra contre ce système anti-économique. En Angleterre, Adam Smith, en France, Turgot et les Physiocrates, en se plaçant au point de vue de l'intérêt général des nations,

---

[1] Les étrangers répondirent aux aggravations (du tarif de 1667), par des mesures analogues, et la question des tarifs devint une grave affaire de politique européenne. L'Angleterre éleva les droits sur les vins. Le négociateur hollandais, Von Benningen, ayant demandé et n'ayant pas pu obtenir d'adoucissement au tarif de 1667, le grand pensionnaire se décida à augmenter les droits d'entrée sur les vins, eaux-de-vie et autres marchandises françaises. Les cultivateurs et les négociants français se plaignirent, à leur tour, du tort fait à leur commerce ; Colbert en fut vivement ému, et l'animosité croissante des deux nations devint une des deux causes de la guerre dé 1672.
Levasseur. Histoire des classes ouvrières et de l'industrie en France avant 1789, t. 11, p. 290.

entreprirent de convertir l'opinion à la cause de la liberté du travail et de l'échange. Les vérités qu'ils mettaient au jour avaient la bonne fortune d'apparaître dans un moment où elles étaient « demandées », où le besoin de la réforme d'un régime politique et économique, en retard sur l'état des sociétés, était universellement ressenti. Sous l'influence de ce nouveau courant d'idées, la France conclut avec l'Angleterre, en 1786, un traité de commerce qui remplaçait, par des droits modérés, les droits prohibitifs des tarifs de Colbert et de ses successeurs. Animée du même esprit, l'Assemblée constituante établissait, en 1791, un régime douanier relativement libéral. Mais la Révolution ne tarda pas à emporter ce régime, et l'Empire transforma le tarif des douanes en une arme de guerre. Le blocus continental, quelque peu tempéré par le régime des licences, interrompit les relations commerciales des pays soumis à la domination de Napoléon, avec l'Angleterre.' Quand la paix survint, en 1814, l'industrie continentale, retardée par la guerre, se trouva brusquement exposée à la concurrence de l'industrie britannique à laquelle la paix intérieure avait permis de prendre une forte avance. De là une demande de protection dirigée, au retour de la paix, principalement, sinon exclusivement, contre l'Angleterre.

VII

En France, le retour de la paix affecta à la fois les intérêts de l'industrie et ceux de l'agriculture ou, pour mieux dire, de la propriété foncière. En même temps que l'industrie britannique, exclue depuis vingt ans des marchés français, y apportait ses produits dont une machinerie perfectionnée avait abaissé les prix, les blés russes affluaient, en quantités croissantes, dans les ports du Midi. On pouvait résister de deux manières à cette invasion de produits à bon marché, - une invasion plus dangereuse que celle des Cosaques, disait plus tard le maréchal Bugeaud - en réalisant les progrès qui abaissent les frais de la production, ou en exhaussant les barrières douanières. Le premier de ces procédés était, incontestablement, le plus efficace et le plus sûr, mais il exigeait des efforts extraordinaires et des sacrifices onéreux ; le second ne demandait aucun effort et ne coûtait rien. Comment n'aurait-il pas été choisi de préférence ? Les grands propriétaires et les grands industriels, en majorité dans les Chambres de la Restauration, se coalisèrent en conséquence et ils élevèrent une digue plus haute même

Gustave de Molinari

qu'il n'était nécessaire pour arrêter l'inondation. Et comme, à défaut de l'intérêt des consommateurs qui ne comptait point, on leur opposait l'intérêt du fisc dont les droits prohibitifs tarissaient les recettes, un de leurs coryphées, M. de Bourrienne, rapporteur de la Commission des douanes de 1822, formulait ces maximes qui ont régi, sans interruption, pendant quarante ans, la politique économique de la France.

« Un pays où les droits de douane ne seraient qu'un objet de fiscalité marcherait, à grands pas, vers sa décadence ; si l'intérêt du fisc l'emportait sur l'intérêt général, il n'en résulterait qu'un avantage momentané que l'on payerait cher un jour.

« Les droits de douane ne sont pas un impôt, c'est une prime d'encouragement pour l'agriculture, le commerce et l'industrie ; et les lois qui les établissent doivent être des lois quelquefois de politique, toujours de protection, jamais d'intérêt fiscal.

« Si la loi qui vous est soumise amène une diminution dans le produit des douanes, vous devez vous en féliciter. Ce sera la preuve que vous aurez atteint le but que vous vous proposez, de ralentir des importations dangereuses et de favoriser des exportations utiles. »

En Angleterre, la situation était différente. Ce n'est pas que le protectionnisme y fût moins en faveur que sur le continent. Il s'y était implanté à la fin du XVᵉ siècle en débutant par une mesure de représailles contre les Vénitiens qui avaient surtaxé les produits de l'industrie britannique, et il s'était perfectionné et complété dans les siècles suivants. Les industriels anglais ne redoutaient pas moins la concurrence étrangère que leurs congénères du continent, et le traité de 1786 avait rencontré, en Angleterre, une opposition aussi vive qu'en France. Cependant, les inventions de Watt., de Crompton, d'Arkwright avaient prodigieusement accru, depuis cette époque, la puissance productive de l'industrie britannique. Elle possédait, sur l'industrie continentale, une supériorité qui défendait son marché mieux qu'aucun droit d'importation. Les industriels en avaient conscience, et c'est pourquoi 'ils ne réclamèrent point, au retour de la paix, un supplément de droits d'entrée sur des produits qui n'entraient point. Ils n'avaient donc aucun intérêt à s'allier avec les propriétaires fonciers, car ceux-ci n'avaient à leur offrir aucune compensation pour les charges, de plus en plus lourdes, que le protectionnisme agraire faisait peser sur l'industrie. Abusant, en effet, de sa puissance politique, l'aristocratie foncière avait fait prohiber, au retour de la paix, en 1814, l'importation des blés lorsque les blés indigènes n'auraient pas atteint le taux exorbitant de 80 shillings par quarter. Cette limite avait été ensuite abaissée à 72 shillings, mais le poids de cette législation protectionniste n'en était pas moins écrasant pour les ouvriers et dommageable pour l'industrie. Quoique les industriels eussent été élevés dans le giron de la protection, et que le plus grand nombre d'entre eux n'eussent, selon toute apparence, qu'une conception obscure des avantages et de la portée du libre-échange, on s'explique, en considérant cet état des choses, qu'ils aient apporté leur concours à Cobden, dans sa lutte pour l'abolition des lois céréales, qu'ils aient consenti même, non sans quelque résistance, à la suppression des droits qui protégeaient leur industrie. Car ces droits leur étaient visiblement moins utiles que ne leur étaient nuisibles ceux qui renchérissaient la nourriture de leurs ouvriers.

Cependant, Cobden et ses auxiliaires dévoués de la Ligue contre les lois-céréales n'avaient pas entrepris leur campagne dans l'intérêt exclusif et étroit de l'industrie manufacturière. Ils avaient des visées plus amples et plus hautes. Ils étaient convaincus qu'en prenant l'initiative de l'établissement du libre-échange, comme elle avait pris celle de l'abolition de l'esclavage, l'Angleterre donnerait au monde l'exemple d'un progrès dont profiterait 1'humamte tout entière.

« Ce grand mouvement, disait Cobden (meeting de Manchester, octobre 1842), se distingue, parmi tous ceux qui ont agité ce pays, en ce qu'il n'a pas exclusivement en vue, comme les autres, des intérêts locaux ou l'amélioration intérieure de notre patrie. Nous ne pouvons triompher, dans cette lutte, sans que les résultats de ce triomphe ne se fassent ressentir jusqu'aux extrémités du monde... Fonder la liberté commerciale, c'est fonder, en même temps, la paix universelle, c'est resserrer entre eux, par le ciment des échanges réciproques, tous les peuples de la terre...Tel est l'objet que nous avons en vue, et gardons-nous de le considérer jamais, ainsi qu'on le fait trop souvent, comme une question purement pécuniaire et affectant exclusivement les intérêts d'une classe de manufacturiers et de marchands. »

Cette conviction ardente et désintéressée qui animait les apôtres du libre-échange explique la victoire qu'ils ont remportée sur la plus puissante aristocratie du monde. Seulement, ils s'étaient fait illusion en croyant que l'exemple de l'Angleterre serait contagieux et que, comme toutes les autres machines qui abaissent les frais de production, le libre-échange s'imposerait d'emblée à toutes les autres nations. Ils avaient compté sans les résistances des intérêts protectionnistes demeurés partout prépondérants et maîtres de la fabrique des lois. Si ces résistances ont été d'abord surmontées en France en 1860, en Allemagne en 1865, par des gouvernements qui se croyaient assez forts pour imposer un progrès auquel les intérêts prédominants demeuraient réfractaires, elles ont pris le dessus, en France, lorsque le despote converti au libre-échange eut disparu, en Allemagne, lorsqu'il s'est cru intéressé à redevenir protectionniste. En sorte que le libre-échange de l'Angleterre, au lieu de se propager dans le reste du monde, a provoqué une recrudescence générale du protectionnisme.

Cependant, en se plaçant au point de vue de l'intérêt exclusif de l'industrie britannique, on peut se demander si l'extension du libre-échange chez les autres nations industrielles lui eût été aussi avantageuse qu'on le suppose généralement ; si elle n'a pas gagné à posséder seule cette machine à produire à bon marché. Sans doute les barrières, de plus en plus hautes, que les nations protectionnistes ont élevées contre ses produits ont rétréci sensiblement le débouché qu'elle trouvait chez elles ; ses exportations y ont diminué ou s'y sont moins accrues que si leurs portes lui avaient été librement ouvertes. En revanche, la possession du libre-échange lui a donné, sur tous les marchés de concurrence, un avantage manifeste. Il ne faut pas oublier, en effet, que le protectionnisme fait payer la sauvegarde qu'il accorde aux industries d'une nation par l'établissement d'une série d'impôts, qui s'ajoutent à leurs frais de production. Le fabricant de tissus de coton, de laine, de soie, est frappé d'un impôt égal au montant du droit protecteur de la filature. Le confectionneur supporte l'impôt de la protection du tissu, cumulée avec celle du fil, etc., et il en est ainsi pour la généralité des branches de la production. Tous ces impôts retombent finalement sur le consommateur national qui ne peut se dispenser de les rembourser, mais il en est autrement du consommateur étranger qui est le maître de choisir, entre les produits de toutes provenances, ceux qui lui sont offerts au prix le plus bas. Dans les marchés tiers, où les produits de toutes les nations se présentent en concurrence, les industries d'une nation libre-échangiste, telle que l'Angleterre, ont donc, sur celles des nations protectionnistes, un avantage égal au montant de l'impôt de la protection dont les produits de celles-ci sont grevés. Et cet avantage est d'autant plus grand que l'impôt de la protection est plus élevé. C'est pourquoi on pourrait se demander, disons-nous, s'il n'a pas procuré à l'industrie britannique, sur les marchés de concurrence un accroissement de débouché qui a compensé et au delà, la diminution que lui ont fait subir la persistance et l'aggravation du protectionnisme chez les nations concurrentes. Il en aurait été ainsi selon toutes probabilités, si l'industrie libre-échangiste de l'Angleterre s'était efforcée de réaliser les mêmes progrès que ses rivales. Mais il en a été du monopole de la machine à produire à bon marché du libre-échange, comme de tous les autres monopoles, il a eu pour effet de ralentir l'activité de ses bénéficiaires et de les endormir dans une fausse sécurité. L'industrie britannique s'est laissée devancer, au moins dans quelques-unes de ses branches, tant sous le rapport de l'outillage que sous celui de l'éducation technique ; et elle a laissé entamer sa clientèle jusque sur son propre marché. Alors, au lieu de s'en prendre à eux-mêmes et de s'efforcer de regagner le terrain perdu, par un redoublement d'activité et d'énergie, les industriels, en qui survivait le vieil atavisme protectionniste, s'en sont pris au libre-échange.

C'est à ce moment psychologique que M. Chamberlain leur a offert, comme une panacée, le retour à la protection et au système colonial. Mais cette panacée, qu'ils ont accueillie avec enthousiasme à Birmingham, à Sheffield et dans quelques autres foyers d'industrie, pourrait bien aggraver le mal que son propagateur a la prétention de vouloir guérir. Car le protectionnisme ressemble à la fortune dont on a dit qu'elle vend ce qu'on croit qu'elle donne.

Le protectionnisme vend ses services et se les fait payer cher. En rétablissant chez elle l'impôt de la protection, l'Angleterre perdra le seul avantage qu'elle possède aujourd'hui sur les nations protectionnistes. Et si l'on songe qu'elle se trouve, à bien des égards, dans une situation moins favorable, qu'elle possède moins de ressources naturelles que les Etats-Unis, que son industrie paie des salaires plus élevés que l'industrie allemande, on peut calculer ce qu'il lui en coûtera à briser la machine du libre-échange. Elle perdra, sur les marchés internationaux, où elle exporte les deux tiers de ses produits, une clientèle autrement nombreuse que celle que le protectionnisme lui fera retrouver sur son marché, en y joignant même celui de ses colonies. C'est pourquoi nous doutons que l'Angleterre, qui sait compter, partage la foi enthousiaste de ses industriels en retard dans la vertu de la panacée de M. Chamberlain.

VIII

C'est à l'accroissement continu et progressif de la puissance productive de l'industrie, et surtout au développement merveilleux des moyens de communication maritimes et terrestres dans la seconde moitié du XIXe siècle, qu'est due la recrudescence du protectionnisme. Les barrières artificielles qui avaient, jusqu'alors, remédié à l'abaissement des obstacles naturels n'ont plus suffi à protéger les industries mal adaptées au sol, au climat, aux aptitudes des populations ; ou simplement en retard. Il est devenu indispensable de les exhausser de manière a compenser le nouvel et extraordinaire abaissement des barrières naturelles auxquelles elles s'ajoutaient. Les industries, menacées par la concurrence étrangère, étaient d'autant plus excitées à réclamer ce surcroît de protection, qu'il pouvait maintenant leur valoir des bénéfices bien plus considérables qu'auparavant. Lorsque le commerce international était encore dans l'enfance (n'oublions pas qu'il s'élevait tout au plus à dix milliards du temps de Colbert et qu'il dépasse, aujourd'hui, cent milliards), le protectionnisme assurait simplement, aux industries nationales, la conservation de leur clientèle intérieure. C'était une assurance dont les consommateurs payaient la prime. Mais la situation a changé à mesure que l'abaissement des obstacles naturels a permis aux industries les plus progressives, de se créer une clientèle dans des pays qui leur étaient demeurés, jusqu'alors, inabordables. Dans ce nouvel état de choses, le protectionnisme n'a plus été seulement un instrument de conservation, il est devenu un instrument de rapine. Nous allons voir par quel procédé ingénieux, sinon respectueux du bien d'autrui. En relevant le droit sur un produit qui était fourni, en totalité, ou pour la plus grande partie, par l'industrie étrangère, on en faisait hausser le prix du montant de ce droit. Il devenait alors particulièrement avantageux d'en entreprendre ou d'en augmenter la production. En supposant, par exemple, que les prix de revient de l'industrie protégée fussent de 10% plus élevés que ceux de l'industrie étrangère, et que le droit fût porté à 50%, elle pouvait réaliser un profit supérieur de 40% au taux commun des profits des industries de concurrence, et en se contentant de 30 ou 35% au lieu de 40, réduire son prix à un taux qui cessait d'être rémunérateur pour l'industrie étrangère, et s'emparer ainsi de sa clientèle. C'était, en réalité, une confiscation opérée par l'intermédiaire du tarif. On conçoit que le profit extraordinaire que procurait cette confiscation ne dût pas manquer d'attirer les capitaux, et le travail, et de faire prendre à l'industrie protégée un essor rapide, à la grande joie des protectionnistes. Toutefois, cette joie n'était pas sans mélange. Car, au début de l'opération, le capital et le travail étrangers en écrémaient communément les profits. Que faisaient, en effet, les industriels dont le relèvement du tarif confisquait la clientèle ? Au lieu d'importer leurs produits, ils importaient leur industrie et venaient se placer sous la protection du tarif. C'est ce qu'avaient fait les fabricants anglais de fer, de machines, de quincaillerie, de tissus, etc., lorsque les tarifs de la Restauration leur eurent fermé le marché français ; c'est ce que firent, plus tard et dans de bien autres proportions, les mêmes industriels, lorsque la recrudescence du protectionnisme les eut bannis des marchés des Etats-Unis et de l'Amérique du Sud [1], les fabricants de

---

1 De l'enquête de 1828, il ressortit, disions-nous dans un travail sur les *Fers et houilles*, un fait extrêmement curieux : c'est que le nouveau capital engagé depuis 1822, dans la production de fer, avait servi principalement à salarier des ouvriers anglais. Ce fait s'explique aisément. La loi de 1822 accordant une prime considérable a la production du fer à la houille, la plupart des usines qui s'étaient établies depuis cette époque, avaient adopté des procédés anglais ; elles fabriquaient au coke ou à la houille, ou bien encore avec un mélange de combustible végétal et de combustible minéral. Mais, pour pratiquer ces procédés nouveaux, à peu près inconnus en France, il fallait des travailleurs exercés. Les maîtres de forges en firent venir, à grands frais, de l'Angleterre. Nous voyons, dans l'enquête, que les salaires des ouvriers anglais, attachés à nos forges, étaient de moitié plus élevés que ceux des ouvriers français. Et, cependant, on avait voulu, on l'affirmait du moins, protéger le travail national.

Dans sa brochure *The Balance of trade*, M. Shaw-Lefèvre évalue à 37 millions de livres sterling le montant annuel, en moyenne, des placements des capitaux anglais à l'étranger, depuis 1865. Une bonne part de ces capitaux a été féconder l'industrie américaine, remarque en passant M. Andrew Carnegie, dans son dernier ouvrage, l'*Empire des affaires* :

« J'ai oublié, dit-il, de mentionner un des meilleurs, peut-être

sucre français, belges, allemands, lorsque le sucre étranger eut été à peu près prohibé en Russie. Mais, au dire des protectionnistes, l'industrie nationale, en acquérant, par ce procédé, une nouvelle branche, n'en a pas moins ouvert au pays une nouvelle source de richesse.

En est-il bien ainsi ? En examinant de près les résultats de cette opération protectionniste, que trouvons-nous ? Si nous nous plaçons au point de vue de la richesse générale, nous trouvons qu'elle se solde visiblement en perte. En effet, le relèvement des droits, en exhaussant les prix du produit protégé, en a restreint la consommation et, par conséquent, la production. A l'intérieur, cette production, déplacée et renchérie par le tarif, est moindre qu'elle ne l'était auparavant à l'étranger, et la richesse générale en est diminuée d'autant. Soit ! disent les protectionnistes, mais que nous importe ! pourvu que la richesse nationale en soit augmentée. Et même, si la richesse de l'étranger s'en trouve diminuée, n'est-ce pas un double bénéfice ?

Seulement, est-il bien avéré que la richesse nationale se trouve augmentée par l'importation d'une nouvelle branche « ravie à l'étranger » par l'opération du tarif ? La question vaut la peine d'être approfondie, car s'il en était ainsi, ce procédé d'enrichissement serait à la fois économique et commode. Et combien la confiance en la vertu productive des législations douanières, sans parler des autres, en serait raffermie !

Deux cas peuvent se présenter : ou l'industrie, qu'il s'agit de créer dans un pays, y est naturellement adaptée ou elle ne l'est point. Dans le premier cas, l'établissement ou l'exhaussement d'un tarif protectionniste n'a d'autre effet que de hâter l'éclosion d'une industrie qui s'établirait d'elle-même plus tard, c'est-à-dire lorsqu'elle trouverait réunis les éléments et les conditions nécessaires de succès. En devançant l'opération de là nature, la protection augmente-t-elle la richesse nationale ? Il est facile de se rendre compte qu'elle se borne à la déplacer, non sans perturbation et

---

le meilleur de tous les résultats de notre politique de protectionnisme provisoire. Elle nous a amené de nombreux manufacturiers anglais qui ont établi des usines et ont ainsi développé nos ressources. Les Clarks et les Coats de Paisley, les Dolans du Yorkshire, les Sandersons de Sheffield, et enfin ceux qui viennent d'Halifax, en dernier, mais non les moindres.

Andrew Carnegie. *L'Empire des affaires*, p. 215.

Quatrième partie

sans frais. Que fait-elle ? Elle établit, sur les consommateurs du produit de l'industrie protégée, un impôt égal à la différence du prix qu'ils lui paient et de celui qu'ils payaient auparavant à l'industrie étrangère. Cet impôt diminue d'autant leur pouvoir d'achat de tous les autres articles de consommation et réduit, par là même, la production des industries qui fournissent ces articles, partant la somme des revenus du capital et du travail qui y sont investis. A la vérité, l'industrie protégée, qui perçoit l'impôt, procure à ses capitalistes et à ses travailleurs une augmentation de leur pouvoir d'achat, mais ce pouvoir n'alimente pas les mêmes industries. La protection cause ainsi une perturbation dans le marché de la production, tout en infligeant aux consommateurs du produit protégé une charge ou une privation qui subsiste jusqu'à ce que le prix de ce produit descende au taux de la concurrence. Cette perturbation, cette charge ou cette privation, augmentent-elles la richesse nationale ?

Dans le second cas, s'il s'agit d'une industrie que la protection seule peut faire subsister, la charge ou la privation imposée aux consommateurs cesse d'être temporaire, elle devient permanente, car les frais de production d'une industrie à laquelle la protection est indispensable ne peuvent jamais s'abaisser au niveau de ceux des industries étrangères auxquelles elle ne l'est pas. Dans ce cas, le pouvoir d'achat des consommateurs se trouve diminué à perpétuité du montant de la différence du prix du produit à l'intérieur et à l'étranger. Ils sont obligés, en effet, d'appliquer à la satisfaction du besoin auquel répond ce produit une portion de leur pouvoir d'achat qu'ils pourraient employer à la satisfaction d'autres besoins. Cette diminution de leur pouvoir d'achat est-elle autre chose qu'un appauvrissement ? et cet appauvrissement s'aggrave à mesure que la protection renchérit les produits d'un plus grand nombre d'industries incapables, d'une manière temporaire ou permanente, de subsister sans son secours.

Ce n'est pas tout. Le protectionnisme est une maladie contagieuse. Les bénéfices extraordinaires que procure la confiscation de la clientèle des industries étrangères n'ont pas manqué de tenter, dans tous les pays du monde, les producteurs les moins capables de défendre leur marché. Partout, ils ont réclamé des relèvements de tarifs destinés à suppléer aux obstacles naturels dont l'aplanissement avait laissé grossir cette clientèle. Qu'est-il résulté de cette recrudescence générale du protectionnisme ? C'est que, partout, les industries les plus productives ont vu se restreindre leurs débouchés et enrayer leurs progrès au profit des moins productives et des moins capables de progrès. En même temps, le protectionnisme a ajouté aux risques naturels qui pèsent sur elles, un risque croissant de confiscation de leur clientèle étrangère. Car cette confiscation est devenue de plus en plus profitable aux industries nationales auxquelles elles font concurrence. Ce risque atteint le capital, et, par contrecoup, le travail, et crée, chez toutes les nations, maintenant rattachées et solidarisées par l'échange, un état permanent d'instabilité qui rend de plus en plus précaire l'existence de leurs industries et de ceux qui en vivent.

IX

Cependant, la situation que nous venons d'esquisser est en train aujourd'hui, de se modifier par l'apparition des trusts, cartels ou syndicats. C'est la dernière phase et, selon toute apparence, la phase finale de l'évolution du protectionnisme.

Les trusts, les cartels et les syndicats s'établissent, aussi bien sous un régime de concurrence, comme en Angleterre, que sous un régime de protection comme aux Etats-Unis et en Allemagne. Mais là, leurs fondateurs obéissent simplement à la nécessité d'abaisser les frais de la production, tandis qu'ici ils ont pour objectif principal, sinon unique, l'élévation du prix au-dessus du taux de la concurrence.

De même que la concurrence oblige les industriels à employer la machinerie la plus puissante, elle les pousse à donner à leurs entreprises les dimensions les plus économiques ; ces dimensions, comme la puissance de l'outillage, sont déterminées ayant tout par celles du débouché, et elles ne peuvent s'étendre qu'autant qu'il s'agrandit. Seulement, si nous ne connaissons point de limite à la puissance du matériel des entreprises, il y en a une à celle de la capacité de leur personnel. Au delà d'un certain point marqué par l'expérience, l'intelligence du personnel dirigeant cesse de suffire à sa tâche, le fonctionnement de la machine à produire devient moins régulier et moins sûr, les frais de production s'accroissent au lieu de diminuer. Si donc, à mesure que les débouchés de l'industrie s'étendent, - et des progrès de toute sorte en ont décuplé l'étendue dans le cours du XIXe siècle, il devient possible d'agrandir les dimensions des entreprises, il faut arrêter cet agrandissement à sa limite économique. Lorsqu'une entreprise dépasse cette limite, la concurrence se charge d'en faire justice.

Mais la diminution des frais de la production qui est, sous un régime de concurrence, l'objectif unique des associations ou des fusions d'entreprises, devient tout à fait secondaire pour une industrie protégée, comme aux Etats-Unis, par un tarif prohibitif. Les trusts américains ont été fondés bien moins en vue de l'abaissement des frais de la production que de l'exhaussement des prix. On sait dans quelles circonstances ils se sont constitués. Relevés à la suite de la guerre de Sécession, les tarifs ont provoqué un développement extraordinaire des industries protégées. Les capitaux s'y sont portés en abondance, attirés par l'appât de bénéfices dépassant le taux rémunérateur. Bientôt, cet apport est devenu excessif. Après avoir dépassé, du montant des droits protecteurs, le taux du marché général, les prix sont tombés, sous la pression de la concurrence intérieure, à un taux qui n'était pas même rémunérateur. De là une crise qui a remplacé par des pertes les bénéfices exorbitants de la protection. Alors, on a cherché un remède à ce mal. Ce remède était tout indiqué et on n'a pas tardé à le découvrir. Il consistait dans la suppression de la concurrence intérieure par l'association ou la fusion des entreprises concurrentes. Ces entreprises, fusionnées et unifiées d'une manière ou d'une autre, devenaient les maîtresses du marché. Elles pouvaient, en limitant leur production, élever leurs prix de tout le montant des droits protecteurs et retrouver ainsi les bénéfices que la concurrence leur avait fait perdre. En admettant que cette monopolisation industrielle se fût généralisée, que chaque industrie se fût concentrée dans une entreprise unique, on aurait vu se constituer, sur un plan plus vaste et dans de nouvelles conditions, le vieux régime des corporations, avec cette seule différence que les corporations étaient surtout redevables de leur monopole aux obstacles naturels qui morcelaient les marchés, tandis que les trusts l'étaient à l'obstacle artificiel des tarifs de la douane. Mais le monopole conférait aux trusts le même pouvoir qu'avaient possédé les corporations, sauf à ne point dépasser le taux des marchés de concurrence, augmenté du droit protecteur. Or, ce droit s'élevant en moyenne à 41% et pour quelques industries particulièrement influentes, à 100% et davantage, les monopoleurs avaient de la marge. L'analogie eût été complète entre les deux régimes si le monopole de trusts avait pu se généraliser, et il aurait eu pour conséquence d'arrêter le progrès des industries entrustées comme il avait arrêté celui des industries incorporées.

Mais cette tentative de monopolisation n'a réussi qu'en partie. Les trusts n'ont absorbé, jusqu'à présent, qu'un tiers environ de la production industrielle des Etats-Unis, et quelques-uns d'entre eux, ceux qui avaient poussé trop loin l'abus de la capitalisation et dépassé les limites utiles des entreprises, qui étaient, au point de vue économique, de véritables monstres, se sont effondrés au grand dommage de leurs actionnaires, sinon de leurs fondateurs. Ceux qui subsistent n'en demeurent pas moins maîtres du marché, et il en est de même de leurs congénères, les cartels allemands. Les uns et les autres peuvent élever leurs prix au-dessus du taux de la concurrence jusqu'à la limite marquée par le tarif. Cependant, pour atteindre cette limite artificielle, les uns et les autres aussi sont obligés de se conformer à la loi naturelle de l'offre et de la demande, savoir de restreindre leur offre et, par conséquent, leur production. Or, cette restriction de la production, dans un marché intérieur déjà trop étroit, est incompatible avec la nature et les nécessités de la grande industrie, au point de développement où elle est maintenant parvenue. Ecoutons, à ce sujet, un des rois de l'industrie américaine, M. Andrew Carnegie :

« Le libre jeu des lois économiques concentre de plus en plus la fabrication de tous les articles de consommation générale dans quelques gigantesques maisons, afin d'en réduire le prix pour le consommateur.

« Il n'y a plus de place pour la fabrication de tels articles sur une petite échelle : des usines coûteuses et des machines valant des millions sont nécessaires. Le montant par tonne ou par mètre de ce qu'on appelle « frais généraux » est un facteur si important dans le coût total que le succès ou l'insuccès d'une maison, dans bien des cas, dépend de la répartition de ces « frais généraux », - qui, en fait, sont les mêmes dans une grande maison que dans une petite – sur mille ou cinq cents tonnes de production journalière. Telle est la raison de l'augmentation continuelle, d'année en année, du rendement de nos usines. Non pas que le fabricant désire augmenter sa production, mais l'effort de la concurrence l'oblige à des augmentations afin de permettre de réduire, de plus en plus, par tonne ou par mètre, ces « frais généraux ». La sécurité de son capital dépend de ces réductions.

« ...La baisse du prix des articles manufacturés a été saisissante. Jamais les principaux articles de consommation n'ont été aussi bon marché qu'aujourd'hui. Cette baisse des prix est due à la concentration. Une seule usine fabrique 1700 montres par jour, et les montres sont vendues quelques dollars la pièce. Des usines fabriquent des millions de yards de calicot par jour et le yard de cet article indispensable coûte quelques cents. Des aciéries produisent 2500 tonnes par jour, et quatre livres d'acier sont vendues 5 cents. Et ainsi de suite dans toutes les industries. Divisez les immenses manufactures en établissements plus petits, et vous trouverez qu'il est complètement impossible de fabriquer certains articles. Le succès de l'association vient de ce qu'elle est pratiquée sur une large échelle. Le coût d'articles produits dans de petits établissements serait double ou triple des prix actuels. Il ne semble pas qu'il existe aucune force qui puisse s'opposer à cette loi de concentration dans le monde industriel. Au contraire, les forces actives actuellement en jeu semblent exiger de chaque établissement une production et un chiffre d'affaires de plus en plus grand, afin que le minimum du prix de revient puisse être atteint. De là le rapide et continu accroissement des capitaux des maisons industrielles et commerciales. Cinq, dix, quinze et même parfois vingt millions de dollars sont entassés dans une seule Société.

« ...Quand un article était produit par une petite fabrique qui employait, probablement, dans sa propre maison, deux ou trois ouvriers et un ou deux apprentis, il lui était facile de limiter ou d'arrêter la production. Avec les conditions actuelles de l'industrie, avec d'énormes établissements ayant un capital de cinq ou dix millions de dollars, et employant des milliers d'ouvriers, il est moins coûteux pour le manufacturier de perdre sur chaque tonne ou sur chaque mètre que d'arrêter sa production. Un arrêt serait une affaire extrêmement sérieuse. La condition essentielle de la production à bon marché c'est que l'usine fonctionne au complet. Vingt sources de dépenses sont des frais généraux, et beaucoup d'entre elles seraient simplement augmentées par un arrêt. Continuer à fabriquer est coûteux, mais le fabricant sait trop bien que l'arrêt serait la ruine. »

Ainsi obligés de produire par masses et sans arrêt dans un marché intérieur naturellement restreint, et que l'élévation des prix protégés ne manque pas de restreindre encore, que font les trusts et les cartels ? Ils se débarrassent du surcroît de leurs produits, en les écoulant sur les marchés étrangers à des prix inférieurs à ceux de la concurrence [1]. Mais, quels sont les effets de cette surélévation des prix au dedans, de cet avilissement au dehors ?

Au dedans, la surélévation des prix des trusts et des cartels cause un dommage général à toutes les autres industries, en diminuant le pouvoir d'achat de leurs produits et un dommage particulier à celles auxquelles les produits des trusts et des cartels servent de matières premières. S'il s'agit, par exemple, du fer ou de l'acier, le trust ou le cartel, en élevant ses prix au-dessus du taux de la concurrence, prélève un impôt sur les fabricants de machines et de quincaillerie, les constructeurs de navires, etc. Si ces industriels sont protégés de leur côté, ils peuvent se faire rembourser cet impôt par les consommateurs, en subissant, toutefois, une perte ou un manque à gagner causés par la diminution de la consommation intérieure. Mais s'ils ont un débouché à l'étranger, ils y sont frappés de deux manières : 1° par l'augmentation de leurs frais de production, chargés de l'impôt qu'ils ne peuvent se faire rembourser ; 2° par l'abaissement anormal du prix auquel leurs concurrents peuvent se procurer le fer et l'acier. Ils voient, en conséquence, se fermer ou se rétrécir leurs débouchés étrangers et s'amoindrir d'autant leurs profits. D'un autre côté, quels sont les effets de la vente à perte du fer et de l'acier dans les pays où le surcroît en est importé ? Si les industries qui les emploient y sont favorisées aux dépens des industries similaires du pays qui les importe, en revanche, cette importation est ruineuse pour les producteurs de fer et d'acier. De là une perturbation également nuisible au pays importateur et au pays exportateur.

On peut donc se demander si les gouvernements, en leur qualité d'assureurs de la sécurité publique, ne seraient pas autorisés à interdire cette pratique perturbatrice et déloyale ⊠.

---

[1] Voir plus loin : La convention de Bruxelles est-elle conforme au principe du libre-échange ?

Quatrième partie

Mais, quand même ils ne se résoudraient point à suivre, à cet égard, l'exemple que l'Angleterre a donné dans la question des sucres, les industries lésées en feraient, tôt au tard, justice.

Mais alors que feront, du surcroît de leur production, les grandes industries auxquelles le marché intérieur cesse, chaque jour davantage, de suffire, et dont le protectionnisme limite ou ferme les débouchés sur le vaste marché du monde ? Elles presseront sur les barrières qu'il a dressées, et cela avec d'autant plus de vigueur ; que l'accroissement de leur puissance productive leur rendra plus nécessaire l'extension de leurs débouchés. Ce sera la fin du protectionnisme.

Cinquième partie
La convention de Bruxelles est-elle conforme au principe du libre-échange ?

I

La convention relative au régime des sucres a été ratifiée par toutes les puissances représentées à la conférence de Bruxelles. Les protectionnistes ne se sont pas résignés sans mauvaise humeur à la suppression des primes, mais les plus intelligents d'entre eux ont compris qu'un régime qui encourageait, d'une part, la production illimitée des sucres, et en limitait, d'autre part, la consommation, ne pouvait durer toujours.

La convention de Bruxelles n'a donc pas provoqué, chez eux, une opposition irréductible.

En revanche, elle a occasionné en Angleterre une scission inattendue parmi les libre-échangistes. Tandis que le très libéral chancelier de l'Echiquier, sir Michael Hicks Beach, se décidait à recourir à l'établissement des droits compensateurs (*countervailing duties*) comme au seul moyen de mettre fin au régime des primes, d'autres libre-échangistes notables, sir Welby, président, et M. Harold Cox, secrétaire du Cobden Club, M. Henry de Worms Pirbright, président de la conférence des sucres en 1888, M. Th. Gibson Bowles et M. Thomas Lough, l'un et l'autre membres du Parlement, invoquaient contre l'interdiction des sucres primés l'intérêt des consommateurs anglais. C'est dans un article de M. Thomas Lough, publié par la *Contemporary review*, que nous trouvons l'exposé le plus complet des motifs de l'opposition de ces libre- échangistes dissidents aux droits compensateurs. Nous croyons devoir en donner le résumé fidèle en reproduisant textuellement les passages les plus importants de l'article de M. Thomas Lough :

« Il est très intéressant de remarquer, dit-il d'abord, que le développement de la production du sucre de betterave a procuré probablement de plus grands bénéfices à l'Angleterre qu'à aucune des nations dans lesquelles cette industrie s'est établie. Le prix du sucre y a baissé à tel point que cette denrée peut y être obtenue à un tiers ou à la moitié du prix auquel elle est achetée par les consommateurs des pays qui la produisent. De plus, ce développement de la consommation, suscité par le régime des primes, nous a valu des avantages de différentes sortes et dont les effets n'ont pas été moins appréciables pour la nation. De grandes industries, telles que la fabrication des chocolats, des confitures, des biscuits, des eaux minérales, de la brasserie, de la conservation des fruits dans lesquelles le sucre est une matière première, ont pris un essor rapide. La consommation du sucre s'est accrue au point de passer de 40 livres par tête en 1860 à 90 livres en 1901, tandis qu'elle n'est que de 66 livres aux Etats-Unis et en Suisse ; de 36 livres en Danemark, de 29 livres en France, de 28 livres en Allemagne et en Hollande. Dans quelques-unes des grandes fabriques de confitures, on emploie de 2000 à 6000 ouvriers, et on estime que près de 250000 personnes sont engagées dans les différentes industries fondées sur le sucre. Ces industries alimentent naturellement, en grande partie, le commerce intérieur ; cependant, elles fournissent aussi un appoint considérable à l'exportation, et non seulement elles exportent leurs produits dans les régions les plus éloignées du globe, mais encore dans les pays qui nous fournissent le sucre avec lequel ces produits sont fabriqués. On ne peut, certes, trouver une illustration plus remarquable des profits que nous tirons de la politique du *free trade*. »

M. Thomas Lough recherche ensuite quelle sera l'importance du dommage que les droits compensateurs causeront aux consommateurs et aux industries dont le sucre est la matière première.

« Il est difficile d'évaluer le montant du fardeau que la convention fera peser sur l'Angleterre. M. Chamberlain disait en juillet qu'elle peut provoquer une hausse de 5 livres sterling par tonne dans le prix du sucre. M. Henry Norman, qui était président de la Commission royale des Indes Occidentales, disait aussi qu'elle occasionnerait une hausse d'un demi-penny par livre. S'il en est ainsi, ce sera l'équivalent d'un impôt supplémentaire de 7 millions de livres sterling (175 millions de francs). Si les primes étaient nécessaires pour stimuler la production, leur suppression aura en outre pour effet une diminution des approvisionnements et par conséquent un accroissement du prix, supérieur à la différence des quantités offertes. Et ce fardeau sera particulièrement lourd à un moment où le sucre a été soumis à une taxe d'un demi-penny par livre pour contribuer aux frais de la dernière guerre, où encore la patience du contribuable est mise à l'épreuve par une nouvelle taxe sur le blé, par une *income tax* de 1 sh. 3 d. par livre st. et par un droit sur le charbon. Mais à part le fardeau qu'elles imposent aux consommateurs, les taxes sur les sucres portent un coup sensible aux industries importantes auxquelles le sucre sert de matière première. Le droit sur les sucres nécessite 65 nouveaux articles du tarif, sur les confitures, les fruits conservés, etc. C'est dans la période où ces industries n'avaient point à supporter le fardeau des taxes qu'elles ont pris leur grand développement, et il n'est pas douteux que l'incertitude et les inconvénients créés par le nouveau régime ne contribuent à les restreindre. Déjà elles trouvent des concurrents redoutables sur le continent. La Suisse, qui n'a point participé à la convention, est maintenant un de nos plus formidables rivaux. La consommation du sucre s'y est accrue de 23 livres en 1884 à 60 livres en 1901. Elle se prépare à prendre la place que nous avons occupée jusqu'à présent, et ses hommes d'Etat se garderont bien de faire obstacle à la libre importation d'un article dont elle sait tirer un si bon parti. Elle s'emparera donc de quelques-unes de nos plus florissantes industries. »

Enfin, il y a dans la convention de Bruxelles une disposition qui excite encore plus que le dommage infligé aux consommateurs et aux fabricants de confitures, l'indignation de l'auteur de l'article de la *Contemporary Review*, c'est celle qui remet à une commission nommée par les représentants des puissances contractantes le droit de décider si et quand il y à lieu d'établir les primes :

« En vertu de l'article 7, les parties contractantes sont convenues d'établir une commission permanente pour veiller à l'exécution de ses dispositions. Quoique les autres articles soient très remarquables, cet article, qui est le plus long et le plus caractéristique de la convention, nous étonnera comme le plus extraordinaire de tous. A ce tribunal (*Police Court*), chacune des parties contractantes enverra un représentant. Il se chargera de décider si, parmi les Etats non signataires de la convention, des primes directes ou indirectes existent, et dans l'affirmative quels droits l'Angleterre doit imposer pour compenser ces primes ! Pour les autres signataires de la convention, cette cause ne présente aucune difficulté, car ils n'importent pas de sucre, mais pour nous elle peut être la source d'un grand nombre d'ennuis. Sans parler de l'indignité de voir nos nouveaux droits protecteurs fixés par des Etats étrangers. »

M. Thomas Lough ne manque pas, au surplus, de rappeler que les droits compensateurs ont été réclamés dès 1880 par les protectionnistes, dans l'intérêt des producteurs de sucre des Indes Occidentales, et que la commission royale nommée pour examiner leurs réclamations a refusé alors d'y faire droit. Or la situation des planteurs, loin de s'aggraver depuis cette époque, s'est plutôt améliorée. De son côté le bureau du *Cobden Club* est d'avis avec M. Thomas Lough que la considération de l'intérêt des planteurs ne suffit point à justifier la convention destinée à supprimer les primes sucrières. « La consommation du sucre dans le Royaume-Uni, lisons-nous dans son *memorandum*, est de 1070000 tonnes. La production des Indes Occidentales est de 240000 tonnes dont la plus grande masse est exportée aux Etats-Unis. L'exportation totale au Royaume-Uni des sucres des Indes Occidentales ne dépasse pas 46000 tonnes. C'est une erreur en fait de commerce de prendre des mesures pour rehausser le prix des 1700000 tonnes que notre pays consomme pour favoriser les producteurs des 46000 tonnes que nous fournissent les Indes Occidentales. »

Nous accordons volontiers à M. Thomas Lough et aux auteurs du *memorandum* qu'il n'y a pas lieu de tenir compte de cet argument protectionniste en faveur de la convention. Nous en dirons autant d'un autre argument, mis en avant par sir Nevile Lubbock dans une lettre adressée au *Times*, savoir que le régime des primes finirait par livrer le marché anglais au monopole des cartels allemands et autrichiens. Mais lès mauvaises raisons de quelques-uns des partisans de la convention ne rendent pas meilleures celles de ses adversaires.

La question qui divise, en cette occasion, les libre-échangistes est de savoir si la convention de Bruxelles constitue ou non un progrès pour la cause du libre-échange.

Les auteurs du *memorandum* et M, Thomas Lough laissent volontiers dans l'ombre les bénéfices qu'elle en tirera, pour mettre en relief les sacrifices qu'elle lui coûtera. Ces bénéfices ont cependant une importance qu'on ne peut méconnaître, car la convention a atteint le protectionnisme sous sa pire forme : la forme agressive, comme l'a très justement nommée le ministre des Finances de Belgique, M. de Smet de Naeyer .Ce protectionnisme agressif fausse, en effet, les conditions naturelles de la concurrence, en diminuant, de tout le montant des primes, le prix de revient des industries primées, et en leur procurant ainsi, aux dépens des contribuables, un avantage marqué sur les marchés étrangers, tandis que, d'une autre part, le protectionnisme sous la forme défensive des surtaxes ferme, aux dépens des consommateurs, le marché national aux produits étrangers. A la vérité, la Convention de Bruxelles n'a pas eu complètement raison du protectionnisme sous ses deux formes. Elle s'est bornée à abaisser les surtaxes, et elle n'a supprimé que les primes sucrières, en laissant debout les primes à la marine marchande, et toutes les autres subventions et primes. Les auteurs du *memorandum* lui en font un grief, mais ce grief est-il fondé ? La conférence n'avait à s'occuper que des primes sucrières, et ce n'est pas sans rencontrer les plus vives résistances qu'elle a réussi à abaisser les surtaxes. Si incomplète que soit son oeuvre, elle n'en a pas moins été une victoire pour la cause du libre-échange. Les fruits de cette victoire seront recueillis par les consommateurs et les contribuables des nations qui payent les primes et les surtaxes. En revanche, les consommateurs anglais ne jouiront plus des primes qui étaient perçues à leur profit sur les contribuables français, belges, allemands et autrichiens ; en d'autres termes, ils cesseront d'être protégés par le protectionnisme continental, mais s'ils paient leur sucre un peu plus cher, ils ne l'acquerront plus aux dépens d'autrui. C'est là un côté moral de la question des sucres que les auteurs du *memorandum* et M. Thomas Lough nous semblent avoir oublié. Ils n'ont envisagé la question que sous son aspect purement matériel, et en se plaçant au point de vue étroit des intérêts de l'Angleterre. Est-ce bien là la tradition que Cobden avait léguée au Cobden Club ?

II

Ce n'est pas, il faut le dire, à ce point de vue égoïste que l'Angleterre libérale considérait naguère la cause de la liberté. C'était une cause qu'il fallait servir, un principe qu'il fallait appliquer, si onéreux que pût être son application. Tel fut le sentiment élevé et désintéressé auquel l'Angleterre obéit en prenant l'initiative de l'abolition de l'esclavage dans ses colonies. Et le sacrifice qu'elle s'imposa en cette occasion dépassa singulièrement celui que lui coûte la suppression des primes sucrières. En sus d'une indemnité de 20 millions de livres sterling (500 millions de francs) alloués aux propriétaires d'esclaves, elle eut à supporter la perte plus considérable encore que lui causa l'augmentation du prix du sucre et la diminution de ses exportations aux Indes occidentales. Avant l'émancipation, en 1827-31, elle en avait reçu, chaque année, en moyenne 5006850 quintaux de sucre, au prix de 28 sh. 11 d. En 1831-41, l'exportation tomba à 2799787 quintaux et le prix s'éleva à39 sh. 2 d. En même temps l'exportation des produits anglais descendit d'une moyenne annuelle de 3182681 liv. st., en 1827-31, à 2644028, en 1842-46. Ce fut seulement en 1847 que le prix du sucre redescendit au niveau où il se trouvait avant l'émancipation, et cette baisse n'eut lieu qu'à la suite de la réforme du tarif des sucres en 1846.

Mais, en ce temps-là, on ne croyait pas acheter trop cher la liberté du travail, même pour les nègres. Et c'était sous l'empire d'un sentiment analogue que Cobden et ses associés de la Ligue contre les lois céréales réclamaient pour les blancs la liberté des échanges. En feuilletant la traduction que Bastiat a faite des discours des orateurs de la Ligue dans son beau livre : *Cobden et la Ligue*, nous trouvons, pour ainsi dire, à chaque page, l'expression de ce sentiment élevé et désintéressé d'amour de la liberté. Au meeting de Manchester, en octobre 1842, Cobden protestait avec énergie contre le but purement matériel et intéressé que les adversaires de la Ligue se plaisaient à lui attribuer :

« Ce ne sera pas, disait-il, la moindre gloire de l'Angleterre, qui a donné au monde des institutions libres, la presse, le jury, les formes du gouvernement représentatif, si elle est encore la première à lui donner l'exemple de la liberté commerciale, car, ne perdez pas de vue que ce grand mouvement se distingue, parmi tous ceux qui ont agité ce pays, en ce qu'il n'a pas exclusivement en vue, comme les autres, nos intérêts locaux, ou l'amélioration intérieure de notre patrie. Vous ne pouvez triompher dans cette lutte, sans que les résultats de ce triomphe ne se fassent ressentir jusqu'aux extrémités du monde ; et la réalisation de vos doctrines n'affectera pas seulement les classes manufacturières et commerciales de ce pays, mais les intérêts matériels et moraux de l'humanité sur toute la surface du globe. Les conséquences morales du principe de la liberté commerciale, pour lequel nous combattons, m'ont toujours paru, parmi toutes celles qu'implique ce grand mouvement, comme les plus imposantes, les plus dignes d'exciter notre émulation et notre zèle. Fonder la liberté commerciale, c'est fonder en même temps la paix universelle, c'est relier entre eux, par le ciment des échanges réciproques, tous les peuples de la terre... Tel est l'objet que nous avons en vue, et gardons-nous de le considérer jamais, ainsi qu'on le fait trop souvent, comme une question purement pécuniaire et affectant exclusivement les intérêts d'une classe de manufacturiers et de marchands. »

« De même que nous avons accompli un grand acte de justice en émancipant les esclaves, disait un des collaborateurs de Cobden, M. Milner Gibson, nous voulons atteindre une autre forme, de l'esclavage par l'abolition des lois céréales.

« Notre but est le bien général, notre moyen un grand acte de justice. C'est ainsi que nous avons émancipé les esclaves ; et puisque les lois céréales sont aussi l'esclavage sous une autre forme, je ne puis mieux terminer que par ces paroles de Sterne : « Déguise-toi comme il te plaira, esclavage, ta coupe est toujours amère. »

Le Dr Bowring, comme M. Milner Gibson, assignait pour but à la Ligue le bien général des nations :

« C'est le commerce qui nous a fait grands ; c'est le travail de nos mains industrieuses qui a élevé notre puissance. L'industrie a créé nos richesses, et nos richesses ont créé cette influence politique qui attire sur nous les regards de l'humanité. Et maintenant le monde se demande quel enseignement nous devons lui donner. Ah ! nous n'avons que trop disséminé sur le globe des leçons de folie et d'injustice ! Le temps n'est-il pas venu où il est de notre devoir de donner des leçons de vertu et de sagesse ? Si l'effort que nous faisons maintenant pour affranchir le commerce, le travail et l'échange, ne suffit pas, nous en ferons un plus grand, puis un plus grand encore. Nous creuserons de plus en plus la mine sous le temple du monopole ; nous y amoncellerons de plus en plus les matières explosibles, jusqu'à ce que l'orgueilleux édifice vole en éclats dans les airs. Alors de libres relations existeront entre toutes les nations de la terre, et ce sera la gloire de l'Angleterre d'avoir ouvert la noble voie. »

Enfin l'un des plus éloquents orateurs de la Ligue, M. W. J. Fox, repoussait comme Cobden l'idée de réduire le libre échange à une simple « combinaison industrielle » et montrait dans un magnifique langage le but moral et humain que poursuivait la Ligue :

« Notre force est dans notre principe, dans la certitude que la liberté du commerce est fatalement arrêtée dans les conseils de Dieu comme un des grands pas de l'homme dans la carrière de la civilisation. Les droits de l'industrie à la liberté des échanges peuvent être momentanément violés, confisqués par la ruse ou la violence ; mais ils ne peuvent être refusés d'une manière permanente aux exigences de l'humanité. Libre échange ! Ce fut il y a des siècles le cri de Jean Tyler et de ses compagnons, que le fléau des monopoles avait poussés à l'insurrection. L'épée qui le frappa brille encore dans l'écusson de la corporation de Londres, comme pour nous avertir de fuir toute violence. Nous avons embrassé la même cause et élevé cri : libre échange ! Libre échange, non pour l'Angleterre seulement, mais pour tout l'univers. Nous demandons que l'échange soit libre comme l'air, libre comme les vagues de l'océan, libre comme les pensées qui naissent au coeur de l'homme !

« ...Si ce mouvement, ainsi qu'on l'a quelquefois faussement représenté, n'était qu'une pure combinaison industrielle ; s'il avait pour objet de relever telle ou telle branche de fabrication ou de commerce ; ou bien s'il était l'effort d'un parti et s'il aspirait à déplacer le pouvoir au détriment d'une classe et au profit d'une autre classe d'hommes politiques ; ou encore si notre cri : *Liberté d'échanges* n'était qu'un de ces cris populaires mis en avant dans des vues personnelles ou politiques, comme le cri : *A bas le papisme !* et autres semblables qui ont si souvent égaré la multitude et jeté la confusion dans le pays, oh ! alors, nous pourrions transiger ; mais nous soutenons un principe à l'égard duquel notre conviction est faite, et qui est comme la substance de notre conscience... Nous croyons que la liberté commerciale développera la liberté morale et intellectuelle, enseignera à toutes les classes leur mutuelle dépendance, unira tous les peuples par les liens de fraternité et réalisera enfin les espérances du grand poète qui fut donné, à pareil jour, à l'Ecosse et au monde :

> Prions, prions pour qu'arrive bientôt,
> Comme il doit arriver, ce jour
> Où, sur toute la surface du monde,
> L'homme sera un frère pour l'homme [1]. »

Entre cette manière d'envisager le libre-échange et celle de M. Thomas Lough, et des autres adversaires libre-échangistes (?) de la Convention de Bruxelles, il y a une différence sur laquelle il nous paraît superflu d'insister, Nous nous bornerons à remarquer, à titre de circonstance atténuante, que ce n'est pas en Angleterre seulement que les idées libérales, soit économiques, soit politiques, ont subi une sorte de rétrécissement. On les accommode aux circonstances de lieux et de temps, et on ne poursuit plus guère leur application qu'autant qu'elles peuvent servir les intérêts particuliers, il nous ne dirons pas même d'une nation, mais d'une classe ou d'un parti. Mais ne serait-ce pas à cette conception égoïste et opportuniste de la liberté qu'on pourrait attribuer la déconsidération et la décadence manifeste du libéralisme ?

III

Il ne serait toutefois pas juste d'attribuer à la seule considération du profit que les consommateurs anglais tirent du protectionnisme sucrier du continent l'opposition des libre-échangistes dissidents à la Convention de Bruxelles. A leurs yeux, l'indépendance même de la nation se trouve atteinte par l'article 7 qui confie à une commission permanente la mission d'assurer l'exécution de la Convention, et par conséquent le droit d'établir, quand il y a lieu, des droits compensateurs sur les sucres primés. « Pour la première fois peut-être que le royaume existe, lisons-nous dans le *mémorandum* du bureau du *Cobden Club*, on propose sérieusement que le droit de taxer le peuple britannique soit enlevé à la Chambre des communes et attribué à une commission étrangère... Nous condamnerions une semblable pratique, même si nous croyions qu'elle rapprocherait du libre-échange certains autres pays. » Et M. Thomas Lough, à son tour, qualifie « d'indignité » cet

---

1 Meetings du 25 janvier et du février 1844

abandon d'un droit inhérent à la souveraineté nationale.

Avons-nous besoin de dire que cette conception de la souveraineté nationale remonte à une époque où les nations n'avaient entre elles que des relations d'intérêts rares et que l'état de guerre presque permanent rendait précaires, où le commerce de l'ensemble des nations civilisées n'atteignait pas le chiffre du commerce actuel de la Belgique, où, par conséquent, l'usage qu'elles pouvaient faire de leur droit de taxer n'intéressait qu'elles-mêmes, ou du moins n'avait au dehors qu'une répercussion à peine sensible ? Mais ce temps-là est passé. Il n'y avait pas alors de société des nations. Il y en a une aujourd'hui, et c'est l'échange qui l'a créée, en dépit des obstacles que n'ont cessé de lui opposer la fiscalité et le protectionnisme sans oublier le militarisme. Les nations sont maintenant rattachées les unes aux autres par les liens multiples et serrés d'un échange de produits qui dépasse 80 milliards et d'une somme au moins égale de capitaux investis au dehors de leurs frontières. Quelle est la conséquence de ce phénomène, dont les nationalistes peuvent déplorer l'existence, mais qu'il n'est pas en leur pouvoir de supprimer, et dont ils essayeraient en vain d'arrêter l'expansion naturelle et irrésistible ? C'est d'établir entre les nations une communauté croissante d'intérêts, telle que l'usage utile ou nuisible, bienfaisant ou malfaisant que chacune fait de sa souveraineté est aussitôt ressenti par toutes les autres. Or, de même que la liberté individuelle des membres d'une société est limitée par celle d'autrui, la liberté de ces individualités collectives que l'on nomme des nations, maintenant associées par l'échange, est limitée par celle des autres individualités collectives. Et de même que les individus réunis en nation ont constitué un organe pour réprimer les atteintes à la liberté d'autrui, les individualités nationales sont fondées à en créer pour réprimer tes nuisances internationales. C'est ce qu'ont fait les nations représentées à la Conférence de Bruxelles. Après avoir fait suffisamment l'expérience des primes sucrières, elles en ont reconnu le caractère nuisible et elles ont constitué une commission à laquelle elles ont confié le pouvoir de les supprimer par l'établissement de droits compensateurs. En instituant cette commission et en lui conférant ce pouvoir, elles n'ont pas plus diminué leur souveraineté que les individus n'ont diminué la leur, en instituant un organe chargé de réprimer les abus de la liberté individuelle. En cela, elles ont créé un précédent qui pourra être utilement suivi pour remédier à d'autres nuisances internationales, à celle de la guerre par exemple, et elles ont mieux compris que M. Thomas Lough le caractère et la portée du libre-échange.

Cinquième partie

Sixième partie
Étalon d'or et étalon d'argent

Un étalon est une mesure dont la qualité essentielle est la stabilité. Cette stabilité indispensable on l'a obtenue pour les étalons de grandeur, de volume et de poids, mais on n'a pas réussi à l'obtenir pour la valeur. Le problème de la fixité de la mesure de la valeur a été considéré à bon droit comme la quadrature du cercle de l'économie politique. La valeur de l'or et de l'argent, que l'on a pris, tour à tour, pour étalon monétaire, est sujette à varier comme celle de toute autre marchandise et ses variations causent dans les échanges des perturbations analogues à celles que causerait l'instabilité du mètre, s'il venait à s'allonger ou à se raccourcir. Quand on fait un contrat ou un marché à terme, on est aussi intéressé à la fixité de la valeur de la monnaie que l'on s'engage à fournir ou que l'on doit recevoir qu'on peut l'être à celle de la grandeur ou du poids des étalons qui servent à mesurer la quantité de la marchandise. Malheureusement, le poids d'argent ou d'or employé comme étalon monétaire étant sujet à augmenter ou à diminuer de valeur, cette augmentation ou cette diminution de valeur se traduit par une perte pour l'un des échangistes, par un gain pour l'autre, et rend par là même l'échange aléatoire. Et ceci d'autant plus que l'instabilité de la valeur est plus grande. Lorsque deux nations possèdent des étalons différents et que l'un des métaux dont ces étalons sont faits vient à se déprécier, leurs relations commerciales et financières subissent des perturbations qui se manifestent aussitôt par les écarts du change. Telle est la situation que l'énorme dépréciation du métal blanc a faite au commerce des pays à étalon d'or avec le Mexique et les contrées de l'Extrême-Orient qui ont conservé l'étalon d'argent. En vue de chercher un remède à cette situation et de rétablir la stabilité du change, les gouvernements du Mexique et de la Chine ont adressé au gouvernement des Etats-Unis des mémorandums que le Bulletin de Statistique du ministère des Finances a publiés. Ce remède, ils croient pouvoir le trouver dans l'accord des puissances pour établir « une relation stable » entre les monnaies d'or et d'argent, sans toutefois qu'il leur soit nécessaire d'abandonner leur propre étalon.

Avons-nous besoin de dire qu'il serait impossible de mettre un terme aux fluctuations du change sans placer les pays à étalon d'argent sous le régime de l'étalon d'or ? Car l'instabilité du change provient des variations de la valeur des deux métaux et ces variations n'ont entre elles aucun rapport. De même que le fer, le cuivre, le plomb, le zinc, l'or et l'argent haussent ou baissent indépendamment l'un de l'autre, et c'est poursuivre une pure chimère que de prétendre établir entre eux un rapport fixe. Cependant cette entreprise chimérique a été tentée, et elle s'est poursuivie en France pendant trois quarts de siècle. Il n'est pas inutile d'en rappeler les résultats dans un moment où la baisse extraordinaire de l'argent a rendu opportun un nouvel examen de la question monétaire.

I

C'est une erreur de croire que les auteurs de la loi du 17 germinal an XI qui a institué, après l'orgie ruineuse du papier-monnaie, le nouveau régime monétaire de la France, aient voulu fonder ce régime sur le double étalon. Leur intention formelle était d'attribuer à l'argent seul, la qualité d'étalon. L'unité monétaire qu'ils établissaient était un poids d'argent de 5 grammes à 9/10e de fin, dénommé franc, et, dans leur pensée, cette unité conforme au système décimal devait subsister à perpétuité comme les étalons de grandeur, de volume et de poids empruntés à ce système. A la vérité, l'instrument monétaire, le *medium circulans*, ne pouvait se composer d'un seul métal, la nature des choses s'y opposait. On ne pouvait fabriquer en argent les coupures appropriées aux petits échanges non plus qu'aux grands. Celles de 1 et de 5 centimes n'ayant que le centième et le vingtième du poids du franc eussent été trop menues pour être maniables ; celles de 20, de 40 et de 100 francs eussent été trop grosses et trop lourdes. On était obligé, en conséquence, de recourir au cuivre ou au bronze pour les unes, à l'or pour les autres. Seulement, il était indispensable d'ajuster la valeur de ces monnaies auxiliaires à celle du métal étalon. On résolut ce problème, pour les petites coupures, en réservant au gouvernement le monopole de l'émission de la monnaie de cuivre, en lui conférant par là même le pouvoir d'en limiter la quantité et d'en élever ainsi la valeur au-dessus de celle du métal dont elle était faite. Et comme il aurait pu être tenté d'abuser de ce monopole, en raison du bénéfice qu'il pouvait tirer de la fabrication de cette sorte d'assignats métalliques, on en limita un peu plus tard le débouché en fixant au-dessous de 5 francs la somme

Sixième partie

pour laquelle les particuliers seraient obligés de les accepter [1].

Pour les grosses coupures de 20 francs et de 40 francs que réclamait le public consommateur de monnaie et pour lesquelles il fallait employer l'or, on s'imagina qu'il suffirait de la toute puissance de la loi, comme il avait suffi auparavant, croyait-on, de la volonté du prince, pour établir et faire subsister un rapport fixe et invariable entre la valeur de l'argent et celle de l'or.

Au moment où la loi de l'an XI fut mise en discussion, ce rapport était d'environ 1 à $15^{1/2}$; un kilogramme d'or équivalait à $15^{1/2}$ kilogrammes d'argent. On fabriqua donc des pièces de 20 francs et de 40 francs avec un poids d'or équivalant à 15 fois ½ le poids qu'elles auraient eu si on les avait fabriquées avec de l'argent.

Pendant une quinzaine d'années on put croire que la loi avait la vertu que le législateur de l'an XI lui avait attribuée : monnaie d'argent et monnaie d'or circulèrent de compagnie, chacune servant à effectuer l'espèce d'échange à laquelle elle était le mieux appropriée. Mais à partir de 1820, la situation changea. Sous l'influence des révolutions de l'Amérique espagnole, la production de l'or subit une diminution sensible, et comme il arrive pour toutes les marchandises, cette diminution de la production eut pour effet de susciter la hausse du précieux métal. Au lieu de valoir seulement 15 kilogrammes ½ d'argent, un kilogramme d'or en valut bientôt jusqu'à 16. Avec la différence, soit 500 grammes d'argent, on pouvait monnayer 20 pièces de 5 francs et réaliser ainsi un bénéfice de 100 francs, moins les frais de monnayage, lesquels n'étaient que de 1 fr.50 par kilo. Il y avait donc profit à fondre et à exporter la monnaie d'or pour acheter de l'argent et le monnayer. La monnaie d'or ne tarda pas à disparaître de la circulation. Lorsqu'on voulait en obtenir, il fallait payer une prime, laquelle oscillait de 7 à 12 francs par mille, et s'éleva même à 70 francs en 1848. Mais on ne consentait naturellement à payer cette prime que dans les rares circonstances où l'on avait un besoin particulier de monnaie d'or. La

---

1 Le décret du 18 août 1810 retire le cours légal aux monnaies de cuivre et porte qu'elles ne pourraient être employées dans les paiements, si ce n'est de gré à gré, que pour l'appoint de la pièce de 5 francs. Les monnaies de bronze, frappées en exécution de la loi du 6 mai 1882, sont, aux termes de l'art. 6 de cette loi, soumis à la même disposition. (Arnauné. *Dictionnaire de l'Economie politique*, art. *Monnaie*.)

Gustave de Molinari

monnaie d'argent devint alors et demeura pendant trente ans, avec le billon de cuivre pour les petits échanges et les billets de banque pour les grands, l'unique véhicule de la circulation. Or, les billets de banque étaient encore peu répandus.

En 1820, la circulation des billets de la Banque de France atteignait, au maximum, 171961000 francs, et elle n'était encore que de 311 millions en 1846. C'était l'époque où les garçons de recettes opéraient les recouvrements avec des sacoches.

On se rendra compte de l'imperfection de ce régime si l'on songe que chaque espèce de monnaie, cuivre, bronze ou nickel, argent, or et billets de banque, répond à une catégorie particulière d'échanges. En Angleterre, par exemple, où le régime monétaire est mieux que partout ailleurs adapté aux besoins de la consommation, M. Stanley Jevons estimait, en 1868, que la circulation employait 80 millions sterling de monnaie d'or, 14 millions de monnaie d'argent, et 1 million de billon de bronze, auxquels s'ajoutaient les billets de banque. Cette proportion diffère naturellement d'un pays à un autre. Dans un pays riche tel que l'Angleterre, la proportion de la monnaie d'or et des billets de banque est considérable, elle est faible, au contraire, dans un pays pauvre. Mais s'il arrive, comme en France, de 1820 à 1850, que le public consommateur de monnaie soit réduit à employer l'argent dans les échanges pour lesquels l'or répondrait infiniment mieux à ses convenances, il peut se plaindre à bon droit de l'imperfection du système monétaire.

II

Cependant cet inconvénient était léger en comparaison du dommage qu'allait lui causer la substitution imprévue et soudaine de l'étalon d'or à l'étalon d'argent, sous l'influence de la découverte des mines d'une richesse extraordinaire de la Californie et de l'Australie. Tandis que la production annuelle de l'or n'était en moyenne, de 1801 à 1810, que de 17778 kil., d'une valeur de 61200000 francs, et était même tombée, de 1811 à 1820, à 11445 kil., d'une valeur de 39400000 francs, pour se relever seulement à 54759 kil., et 186800000 francs en 1841-1850, elle bondit, de 1851 à 1855, à 199388 kil., et 686700000 francs, et de 1855 à 1860 à 201750 kil., et 694900000 francs. Cet accroissement extraordinaire de la production eut un effet foudroyant sur la valeur du métal, partant de la monnaie qui en était faite. Non seulement la prime sur l'or disparut en France, mais le rapport entre la valeur des deux métaux tomba au-dessous de 1 à 15 ½, 1 kilogramme d'or ne valût plus qu'environ 15,20 kilogrammes d'argent. A partir de 1850 et 1851, il devint donc avantageux de fondre et d'exporter la monnaie d'argent comme il l'avait été de fondre et d'exporter la monnaie d'or après 1820. L'argent fut sur le point de disparaître entièrement de la circulation. On fut même obligé d'abaisser de 900 millièmes à 835 le titre de la monnaie divisionnaire, car les pièces de 2 francs, de 1 franc, jusqu'à la modeste somme de 50 centimes, menaçaient de suivre, dans leur exode, les pièces de 5 francs. D'après M. Blaise des Vosges, l'argent avait fini par ne plus figurer que pour 2,28% dans la circulation, et une *Enquête sur la question monétaire* nous apprend que la province ne se résignait qu'avec répugnance à accepter la monnaie d'or. « Pendant quelque temps, lisons-nous dans un mémoire de la Chambre de commerce de Tours (reproduit par M. Arnauné dans le nouveau *Dictionnaire de l'Economie politique*), l'or auquel on n'était pas habitué fut considéré comme suspect, et nous affirmons que bien des gens et non des moins instruits préféraient un sac de 1000 francs en argent à un rouleau de 1000 francs en or. »

Cette révolution monétaire excitait les appréhensions les plus vives car on ne pouvait savoir où s'arrêterait la dépréciation de l'or. Ne pourrait-il pas se déprécier jusqu'à ne plus valoir, comme dans l'antiquité, que 10 fois l'argent ? La dépréciation récente de l'argent ne nous a-t-elle pas prouvé qu'une chute plus profonde encore n'avait rien d'invraisemblable ? Et dans ce cas, l'avilissement de l'étalon monétaire n'aurait-il pas les effets désastreux d'une surémission de papier-monnaie ? Sous l'empire de cette préoccupation, nous proposâmes de sauvegarder l'étalon d'argent par la limitation de la frappe de la monnaie d'or [1]. Mais cet expédient qui devait être adopté vingt-deux ans plus tard pour sauvegarder l'étalon d'or, menacé à son tour par la baisse de l'argent, fut combattu par Michel Chevalier et n'eut pas la chance d'être mis en pratique. Heureusement, la dépréciation de l'or s'arrêta d'elle-même, mais non sans avoir causé une perturbation sensible, et déterminé, en dépit de la loi de germinal an XI, la substitution de l'étalon d'or à l'étalon d'argent.

---

1 Journal des Economistes du 15 mai 1854. De ta dépréciation de l'or.

Gustave de Molinari

Pour combler le vide que le départ des pièces de 5 francs laissait dans la circulation, on fit frapper d'abord des pièces d'or de 10 francs, ensuite des pièces de 5 francs, celles-ci fort incommodes et qu'il fallut retirer plus tard. Mais, chose plus grave et qui aurait causé une horreur profonde aux fanatiques de la décimalité s'ils avaient compris quelque chose à la question, il fallut renoncer à l'étalon décimal du franc de 5 grammes d'argent à 9/10 de fin et subir, à sa place, l'intrusion d'un franc d'or d'une fraction de 0 gr. 32222, soit d'un vingtième de la pièce de 20 francs laquelle pesait 6 gr. 444. Celui-ci, hélas ! aussi peu décimal que possible, est demeuré en fait, depuis 1876, après un retour offensif mais infructueux de son rival, l'étalon unique mais nous ne disons pas définitif, de la France.

A dater du moment où le rapport entre la valeur de l'argent et celle de l'or est tombé au dessous de 1 à 15 ½ l'étalon institué par la loi de germinal an XI avait donc subi une dépréciation égale au montant de la baisse de l'or. C'était peu de chose. Que l'énorme augmentation de la production de ce métal ne l'ait fait baisser que dans la faible proportion de 15,50 à 15,21 en 1859, c'est-à-dire huit ans avant que l'argent ait commencé à baisser à son tour, cela a été généralement mis au compte de la substitution, dans la plupart des pays civilisés, de l'étalon d'or à l'étalon d'argent. Mais cette substitution volontaire en Allemagne, involontaire en France, a exercé certainement une influence bien moindre que celle qu'on s'est plu à lui attribuer. Ainsi que nous l'avons remarqué plus haut, les monnaies d'or et d'argent, comme le billon de cuivre ou de bronze au-dessous, et le billet de banque au-dessus, ont un débouché dont l'ampleur est déterminée par la dimension des échanges qu'elles servent à effectuer et ce débouché n'est point affecté par le changement de l'étalon, sauf, comme en France, lorsque l'imperfection du système monétaire provoque l'élimination d'un métal pour étendre le débouché d'un autre. Les causes réelles qui ont arrêté la dépréciation de l'or, malgré l'augmentation extraordinaire de la production, c'est, en premier lieu, le développement rapide de l'industrie et de la richesse, déterminant celui de la catégorie d'échanges, pour laquelle l'or est le véhicule qui répond le mieux aux convenances du public, et, d'une autre part, l'augmentation de la consommation industrielle de ce métal ; en second lieu, c'est la pression que les gouvernements ont exercée sur les banques nationales pour les obliger à augmenter leurs encaisses transformées en trésors de guerre. Sans doute, les billets de banque doivent être la représentation de valeurs existantes mais il n'est nullement nécessaire que ces valeurs soient, en totalité, immédiatement réalisables. Car l'expérience atteste que même dans les crises les plus violentes les demandes de remboursement des billets n'atteignent pas le tiers du montant de l'encaisse. En dépassant cette proportion, les banques enchérissent aux dépens du public, consommateur de monnaie, l'emploi d'un véhicule, devenu de plus en plus nécessaire, de la circulation.

Mais l'accroissement de la production de l'argent, non moins soudain et rapide que l'avait été celui de la production de l'or, allait causer bientôt une nouvelle perturbation monétaire.

III

Ce fut seulement à partir de 1871 que l'influence de l'accroissement de la production de l'argent commença à se faire sentir. Quelques années auparavant, le 23 décembre 1865, la convention monétaire dite de l'Union latine avait été conclue entre la France, la Belgique, la Suisse et l'Italle. La faculté d'accession à cette convention étant accordée à toutes les nations qui avaient adopté ou adopteraient le régime monétaire de l'Union, savoir l'étalon de 5 grammes d'argent à 9/10 de fin et le rapport de 1 à 15 ½ entre les monnaies d'or et d'argent, la Grèce s'y adjoignit le 25 septembre 1868. Cette union qui faisait disparaître les inconvénients et les dommages de la diversité des monnaies entre les pays associés constituait un progrès manifeste, et ses avantages étaient tels, au point de vue de l'intérêt général des consommateurs de monnaie, que ses promoteurs, comme ceux du libre-échange en Angleterre, avaient pu concevoir l'espérance qu'elle ne tarderait pas à s'étendre à l'ensemble des nations civilisées. Mais cette espérance devait être déçue : les barrières monétaires aussi bien que les barrières douanières ont continué de subsister, et la même conception étroite et haineuse de l'intérêt national qui a pris le nom de nationalisme n'a pas cessé d'agir pour renforcer les unes et les autres. Ce n'est qu'à grand'peine que l'Union latine a pu résister jusqu'aujourd'hui aux attaques du nationalisme monétaire.

A la vérité, des fautes graves ont été commises dans l'application de cette convention et donné prise aux critiques de ses adversaires. La première a été d'y comprendre deux pays infestés de papier-monnaie, l'Italie et la Grèce. La dépréciation de cette fausse monnaie n'a pas manqué de faire exporter la bonne dans les pays où elle pouvait circuler sans perte. La circulation de la France, de la Belgique et de la Suisse a été encombrée de monnaies émigrées de l'Italie et de la Grèce, et cet afflux surabondant a été congestionner l'encaisse d'argent de la Banque de France. Le mal a été encore aggravé lorsque l'augmentatIon de la production de l'argent eut commencé à en provoquer la baisse. Il devint alors avantageux d'exporter ou de fondre la monnaie d'or pour la remplacer par de la monnaie d'argent comme il l'avait été vingt ans auparavant d'exporter la monnaie d'argent pour la remplacer par la monnaie d'or. La circulation monétaire de l'Union latine se trouva ainsi menacée d'une dépréciation analogue à celle qu'avait causée la baisse de l'or après la découverte des mines de la Californie et de l'Australie. On comprit un peu tard la nécessité de parer à ce danger, et on se borna d'abord à y pourvoir par des demi-mesures. Au mois de septembre 1873, on limita les quantités de pièces de 5 francs en argent que l'administration des monnaies devait frapper par jour et on prolongea l'échéance des bons de monnaie. Mais cet expédient, qui avait pour objet de décourager la spéculation, n'eut d'autre effet que de la rendre p\us active et d'augmenter le péril. Conscient de la gravité de ce péril, M. Léon Say, alors ministre des Finances, prit l'initiative de le conjurer, en recourant, pour sauvegarder la circulation de l'or, au système que nous avions proposé en 1854 pour préserver celle de l'argent. Une loi du 5 août 1876 autorisa le gouvernement à limiter ou à suspendre par décret la fabrication des pièces de 5 francs en argent pour le compte des particuliers, et une convention du 5 novembre 1878 étendit cette mesure aux autres nations de l'Union latine. Mais, en attendant, la spéculation avait pu se donner carrière, et, en Belgique notamment, elle imprima une activité fébrile au monnayage de l'argent [1]. La circulation de la France, de la Belgique et, de la Suisse, dans laquelle s'était déjà déversée la monnaie métallique, chassée de l'Italie et de la Grèce par le papier-monnaie, se trouva ainsi affligée d'une surabondance d'argent, qui l'aurait dépréciée en dépit de la suspension de la frappe, si l'excédent n'était pas allé s'enfouir dans les caves de la Banque.

[1] Sur un total de 560342747 francs de monnaie d'argent frappée en Belgique de 1832 à 1901, la frappe de 1872 à 1876 a été de !59633925 francs, soit de près d'un tiers. La frappe de la seule année 1873 s'est élevée à 111704795 francs.

Sixième partie

Les conséquences de ces fautes Ont pesé sur : l'Union latine et donné beau jeu au nationalisme monétaire. Cependant le mal n'était point sans remède ; il s'est atténué sensiblement depuis que l'Italie a fait rentrer sa monnaie métallique en se débarrassant du papier-monnaie. De 1248 millions en 1892 l'encaisse argent de la Banque de France, représentant l'excédent de la somme nécessaire à la circulation, est descendue à 1100 millions dix ans plus tard, et on peut prévoir que le développement normal des échanges continuera à la faire descendre. Pour la ramener au chiffre antérieur à la baisse de l'argent, soit de 4 à 500 millions, il suffirait de démonétiser la pièce de 10 francs qui n'existait pas avant 1850, et à laquelle on a eu recours à cette époque pour combler, avec l'auxiliaire de la pièce de 5 francs, le vide creusé par l'émigration de l'argent. Quoique moins incommode que la pièce de 5 francs à laquelle le public n'avait pu s'accoutumer, elle n'est point indispensable, et son élimination ne causerait aucune gène. D'après l'estimation de M. de Foville, elle figure actuellement dans la circulation pour une somme de 600 millions [1]. Sa démonétisation ferait donc disparaître le surcroît d'argent qui a grossi l'encaisse de la Banque, et ramènerait notre régime monétaire à son état normal. Car l'argent a sa place nécessaire dans la circulation. S'il faut ajouter foi aux renseignements recueillis dans l'enquête de 1885, il y figurerait dans La proportion de 26,45% contre 73,56 d'or, soit pour plus d'un quart sans compter l'encaisse de la Banque, et on ne voit pas comment il serait possible de s'en passer dans les petits et moyens échanges. Nous hésitons, en effet, à croire que les ennemis de l'Union latine pousseraient le nationalisme jusqu'à vouloir remplacer les pièces de 5,2 , 1 franc et 50 centimes par des chiffons de papier-monnaie.

[1] Jusqu'en 1850, il n'avait été frappé que des pièces de 20 francs et de 40 francs. En 1850, on commença à frapper des pièces de 1O francs, en 1854, des pièces de 5 francs, en 1855, des pièces de 100 francs et de 50 francs.

Il a été frappé en totalité de 1803 à 1901 :

En pièces de 100 francs pour 63701300 francs.

-	50	-	46903450	-
-	40	-	203432360	-
-	20	-	804060700	-
-	10	-	1081322070	-
-	5	-	233448130	-
	Total.		9670401010 francs.	

La frappe des pièces de 40 francs a cessé en 1839, et celle des pièces de 5 francs en 1869. Celles-ci ont été ensuite retirées de la circulation.

Rapport de l'Administration des monnaies et médailles pour1902.
Annexe IX, p. 52.

Gustave de Molinari

IV

Les perturbations causées dans la circulation par l'instabilité de l'étalon monétaire, en y creusant un vide tantôt par l'émigration de l'or, tantôt par celle de l'argent, appelaient un remède. Ce remède, un homme d'infiniment d'imagination et d'esprit, M. Henri Cernuschi, crut l'avoir trouvé dans une association des grandes puissances commerciales qui aurait assuré à la fois la stabilité de l'étalon et l'approvisionnement régulier de la monnaie en maintenant entre les deux métaux le rapport légal de 1 à 15 ½, et en constituant ainsi un étalon bimétallique. Ce serait, nous disait un jour Cernuschi, en nous exposant son système avec sa verve originale, la résurrection du vieil électrum, - l'or blanc d'Hérodote, que monnayaient les rois de Lydie et les villes grecques de l'Asie Mineure. Mais il y avait cette différence entre l'électrum lydien ou grec et l'électrum bimétallique, que celui-là était solidement constitué par l'alliage, la fusion matérielle de l'or et de l'argent, tandis que celui-ci l'aurait été seulement par la volonté des puissances associées.

Or cette volonté exprimée par une loi internationale aurait-elle eu la vertu d'établir, à perpétuité, le même rapport de valeur entre deux métaux dont .la production et la consommation subissent des variations différentes ? L'expérience n'aurait certainement pas tardé à faire justice de l'électrum de Cernuschi, si elle avait été tentée, mais elle ne le fut point. Malgré l'ardeur de propagande qui animait les bimétallistes et les grosses influences dont ils disposaient, ils ne réussirent point à déterminer les gouvernements à prendre la responsabilité de cette coûteuse et scabreuse expérience. Et nous avons assisté, à la suite d'un pari engagé entre M. Yves Guyot et M. Edmond Théry, à l'enterrement joyeux du bimétallisme. Cependant la croyance à la toute-puissance de la loi pour fixer la valeur de la monnaie, croyance sur laquelle se fondait cette utopie monétaire, n'a pas cessé de subsister chez les disciples de son ingénieux inventeur. Témoin ce passage du discours de M. Edmond Théry en réponse à M. Yves Guyot :

« Ce n'est pas, dites-vous, la valeur inscrite 'sur la pièce de monnaie (c'est-à-dire la loi du prince) qui fait la valeur du lingot ; c'est la valeur du lingot (c'est-à-dire la loi du fait) qui fixe la valeur de la monnaie. » Eh ! bien, votre définition est incomplète, car elle oublie d'indiquer d'où le lingot tire sa propre valeur ! De l'offre et de la demande, répondrez-vous : sans doute, pour une partie, mais en serrant la question de plus près, il me sera facile de vous démontrer que ce qui assure surtout la valeur du lingot d'or, c'est encore la loi du prince qui donne à l'or le privilège de s'introduire dans la circulation publique, à cours forcé, et à des conditions légalement déterminées par la frappe libre et illimitée. »

Est-il bien nécessaire de dire que c'est tout simplement le débouché que l'or aussi bien que l'argent trouvent à la fois dans la circulation monétaire et dans la consommation industrielle qui leur donne leur valeur ? Ce n'est pas « la volonté du prince » qui crée le débouché monétaire, c'est le besoin d'un instrument intermédiaire des échanges. La monnaie pourvoit à ce besoin et elle y pourvoyait avant que le « prince » ne se fût emparé de l'industrie du monnayage, dans l'intérêt prétendu du public, en réalité dans l'intérêt de sa fiscalité. Elle tire sa valeur, toute sa valeur, de la demande qui en est faite, et il n'est au pouvoir du prince ni d'y rien ajouter, ni d'en rien retrancher, aussi longtemps que le public demeure libre de transformer les lingots en monnaie et la monnaie en lingots. Toutefois, il en est autrement lorsque le prince s'empare du monopole de la fabrication de la monnaie comme il s'est emparé en France du monopole de la fourniture du tabac et des allumettes. Alors, il peut bien, comme tout autre monopoleur, limiter à son gré, l'offre de sa marchandise, en élever le prix au-dessus du taux de la concurrence, et en abaisser la qualité, fournir au public de la monnaie diminuée de poids et de titre, à un cours supérieur au prix du métal, comme il lui fournit à un prix exorbitant de mauvais cigares et des allumettes incombustibles. Mais c'est encore à la condition d'avoir à son service une armée de douaniers et de gabelous chargés de défendre son monopole contre la concurrence et de sanctionner ses défenses par des pénalités formidables. Tel était le système monétaire en vigueur sous l'ancien régime. Serait-ce réaliser un progrès que de revenir à ce système cher à Philippe le Bel et aux autres princes faux-monnayeurs ?

V

Après avoir oscillé de 60 à 61 pence l'once jusqu'en 1872, l'argent a subi, à partir de cette époque, une baisse qui l'a fait descendre à 21 pence pour remonter ensuite au cours actuel de 27 à 28, en abaissant ainsi, en trente ans, sa valeur à peu près dans la même proportion que l'accroissement de la quantité d'argent existant sur le marché du monde [1].

Une mesure protectionniste prise par le congrès des Etats-Unis, sous la pression des intérêts électoraux, a contribué à accélérer la baisse. En 1878, le Congrès a décidé, par le *Bland act*, l'achat mensuel de 2 millions d'onces d'argent, et cet achat, porté à 4 millions ½ d'onces en 1891, par le *Sherman act*, a coûté en dix-huit mois, au Trésor américain, la forte somme de 459946701 dollars, environ 2400 millions de francs. Comme toutes les mesures protectionnistes, celle-ci, en encourageant l'accroissement de la production de l'argent, a fini par précipiter la baisse qu'elle avait pour objet d'arrêter. De 54 13/16 pence en 1878 l'argent tombait à 39 13/16 en 1892. En présence de l'inefficacité manifeste de ce coûteux remède, le Congrès y a renoncé et laissé la baisse suivre son cours.

Cette chute de plus en plus profonde exerçait naturellement une influence perturbatrice et désastreuse sur le change des pays qui avaient conservé l'étalon d'argent dans leurs relations commerciales et financières avec les pays à étalon d'or. Telle était la situation respective de l'Inde et de l'Angleterre. Le gouvernement anglais comprenant, déjà un peu tard, en 1893, lorsque l'once d'argent était tombée à 35 5/8 pence, la nécessité d'arrêter la dépréciation de la roupie et d'en stabiliser le cours, employa, pour y parvenir, le procédé auquel Léon Say avait eu recours en 1876 pour empêcher la dégradation de notre circulation monétaire. Il enleva aux particuliers le droit de frapper la

---

1   La production de l'argent a été de :

1493 à 1850 :	149826150	kilogrammes.
1851 à 1875 :	31003825	-
1876 à 1880 :	10979213	-
1881 à 1885 :	13307285	-
1886 à 1890 :	16937362	-
1891 à 1895 :	24468560	-
1896 à 1900 :	26072293	-
1901 :	5500000 ?	-
Total :	272855604	

Rapport de l'administration des monnaies au ministre des Finances, 1902. Annexe LVI, p. 286-289.

Sixième partie

monnaie d'argent pour réserver ce droit au gouvernement, et il fixa la valeur de la roupie à 1 shilling 4 pence en plaçant, par conséquent, en fait, l'Inde sous le régime de l'étalon d'or. Ce procédé a eu toute l'efficacité désirable : la roupie a cessé de baisser, comme elle le faisait jusqu'alors, dans la mesure de la baisse du métal. Le change de l'Inde avec la métropole et les autres pays à étalon d'or est devenu stable, ou du moins il n'a plus subi d'autres fluctuations que celles du change de la métropole elle-même.

Mais il en a été autrement pour le change des pays à étalon d'argent, le Mexique, la Chine, l'IndoChine, le Siam, les établissements anglais des Détroits, et nos lecteurs ont pu se faire une idée des dommages que cause cette instabilité du change en consultant le compte-rendu des séances que la Société d'économie politique a consacrées (en janvier et février 1903) à la question monétaire. On a vu que les gouvernements du Mexique et de la Chine se sont adressés au gouvernement des Etats-Unis pour l'inviter à chercher, de concert avec les autres nations, un moyen d'y porter remède. Le président, M. Roosevelt, a déféré à cette invitation et le Congrès a voté un *bill* mettant à sa disposition une somme de 100000 dollars pour subvenir aux frais d'une conférence internationale, chargée de résoudre ce problème monétaire. Quelle que soit la confiance que nous inspirent les conférences en général, nous doutons que celle-ci réponde à l'attente de M. Roosevelt et, s'il faut exprimer toute notre opinion, nous ne croyons pas qu'il y ait lieu de rien changer à l'état actuel des choses [1].

---

1   Après de longues hésitations, le Congrès Mexicain a fini par adopter le projet de loi suivant, ayant pour objet de stabiliser la circulation monétaire :

1° Reconnaissance d'une valeur de 50% en or, à la piastre actuelle, qui sera maintenue en cours ;

2° Interdiction de la frappe à la monnaie pour le compte de particuliers ;

3° Interdiction de la réimportation des piastres mexicaines ;

4° Réduction des taxes qui frappent l'industrie minière ;

5° Etablissement de maisons officielles de commission pour la vente de l'argent (métal) ;

6° Modification de la loi concernant les banques ;

7° Création d'une commission chargée de régler le cours du change.

En interdisant la frappe libre de l'argent et en la suspendant lui-même, remarquons-nous à ce propos, (Journal. des Economistes du 15 décembre 1904), le gouvernement mexicain imite l'exemple de l'Union latine et il met fin ainsi aux perturbations causées par les fluctuations du rapport entre la valeur de l'or et celle de l'argent. Sa circulation rattachée désormais à celle de la généralité des autres pays

Gustave de Molinari

Cela ne veut pas dire que l'Angleterre ait eu tort de s'inspirer de l'exemple de Léon Say en réservant au gouvernement de l'Inde la frappe de la monnaie d'argent, et en établissant, par ce procédé, un rapport fixe entre la valeur de la roupie et celle de la livre sterling. Mais la situation n'est plus la même aujourd'hui. L'exploitation des mines les moins riches ayant cessé d'être profitable, on a pu constater depuis 1895 un ralentissement dans l'accroissement de la production. D'où l'on peut conclure que l'argent, ayant accompli son évolution vers la baisse, conservera désormais une valeur, sinon entièrement stable, du moins sujette seulement à de faibles variations.

Pourrait-on affirmer qu'il en sera de même de l'or ? Dans ces dernières années, l'accroissement de la production du métal jaune n'a pas été moins rapide que celle du métal blanc. Ralentie pendant quelque temps par la guerre du Transvaal, elle a déjà repris son essor. De 1895 à 1900 elle s'était augmentée de près de 2 millions de kilogrammes. En admettant même que de nouvelles découvertes ne lui fassent pas dépasser ce chiffre, la quantité d'or existant dans le monde aura doublé avant trente ans [1]. Est-il probable que son débouché

suivra, les destinées de l'étalon d'or. Ce qui ne veut pas dire qu'elle sera assurée d'une stabilité permanente, car l'accroissement continu et progressif de la production de ce métal pourrait bien, à une époque plus ou moins prochaine, en faire baisser la valeur, comme a baissé celle de l'argent. Et qui sait si l'on ne proposera pas alors de revenir à l'étalon d'argent, à cause de sa stabilité supérieure ?

1   La production de l'or a été :

De 1493 à 1850 de 4752070 kilogrammes.
De 1851 à 1875 de 4775625   -
De 1876 à 1901 de 6014892   -
Total de 1493 à 1901 de 15541963 kilogrammes
          Rapport de l'administration des monnaies au ministre des finances, 1902. Annexe LVI, p. 286-289.

Il se produit, depuis dix ans, une énorme quantité d'or dans le monde ; après avoir faibli à 494 millions de francs en 1883, chiffre le plus bas de la seconde moitié du XIXe siècle, la production annuelle de l'or, qui d'était encore que de 616 millions en 1890, s'est élevée depuis par des bonds rapides ; elle a passé à 939 millions en 1894 ; puis elle a franchi le chiffre de 1 milliard en 1896, atteignant cette année-là 1033 millions de francs. Depuis ce moment l'essor de la production ne s'est ralenti qu'à la suite de la guerre de l'Afrique du Sud ; elle a dépassé 1200 millions en 1897 ; elle a approché de 1500 millions en 1898, de 1,600 millions en 1899, elle a faibli à 1320 millions environ en 1900, a remonté à 1370 millions en

Sixième partie

monétaire s'accroisse dans la même proportion ? Comme nous l'avons remarqué, ce débouché est limité, d'un côté par l'argent pour les petits échanges, de l'autre par le papier pour les grands. Si la multiplication des échanges qui appartiennent à son domaine contribue à l'étendre, d'autres progrès que signalait dernièrement M. Neymarck agissent pour le restreindre [1]. Il est donc fort possible que l'or accomplisse, à

---

chiffres ronds en 1901, puis dans les deux années qui suivent elle est de 1600 millions à 1650 millions, paraissant en route vers le chiffre de 2 milliards. Atteindra-t-elle cette dernière somme, s'y maintiendra-t-elle ? On discute à ce sujet. En tous cas, de 1891 à 1903 inclusivement, la production de l'or dans le monde parait avoir été d'environ 15 milliards et demi.

Paul Leroy-Beaulieu. Economiste français du 1er

octobre 1904.

[1]   Quel sort l'avenir réserve-t-il au métal argent et au métal or ? L'argent est-il appelé à diminuer toujours de valeur, tandis que l'or, malgré la production de 30 à 32 milliards, que fait prévoir dans une récente conférence M. Raphaël-Georges Lévy,dans le siècle qui s'ouvre, haussera-t-il quand même et toujours ? L'orateur se gardera bien de faire une prédiction quelconque, car personne ne peut avec exactitude se prononcer en présence du rôle de plus en plus important que prennent, dans les transactions et les échanges, ces instruments de crédit puissants qui s'appellent les chèques, les virements, les compensations dans les banques, les valeurs mobilières.

    Totalisez, dit-il, tout l'or et tout l'argent qui ont été extraits des entrailles de la terre, depuis que le monde est monde, et comparez ce total à cette masse de papier qui s'appelle titres de rentes, actions et obligations ? D'après le rapport de M. Neymarck à l'Institut international de statistique, il existe 340 milliards de valeurs appartenant en propre aux nationaux des divers pays européens : 20 milliards à la Grande-Bretagne ; 90 milliards à la France ; 45 milliards à l'Allemagne ; 25 milliards à la Russie ; 20 milliards à l'Autriche-Hongrie ; 10 milliards à l'Italie, etc.,

    On peut donc affirmer qu'au fur et à mesure que la circulation fiduciaire s'est accrue, que l'usage des chèques et des virements s'est plus répandu, on s'est servi et on se servira de moins en moins de la monnaie d'or et d'argent. Ces instruments de crédit suppléent dans de telles proportions à la monnaie que l'on peut dire que s'ils n'existaient pas, les transactions tomberaient presque à néant et seraient irréalisables, En consultant les rapports de la Banque de France, année par année, on peut constater que, depuis trente ans, rien qu'à la Banque de France, la proportion des payements en espèces a baissé de : 4, 71% à 2%, tandis que la proportion des payements, par virements s'est élevée de 55,61% à 78%. Pendant l'année !902 il y a eu 120 milliards de virements à la Banque de France ; plus de 200 milliards compensés par la Chambre de compensation de Paris, 600 à 700 milliards compensés par le Clearing house anglais.

    A côté de ces centaines de milliards échangés et compensés en France et dans le monde, sans le secours d'one monnaie quelconque, or ou argent, on voit combien il faut être prudent quand il s'agit d'adopter tel ou tel système monétaire et fiduciaire et de lui donner force de loi.

Gustave de Molinari

une époque peut-être prochaine, une évolution analogue à celle qui a abaissé de plus de moitié la valeur de l'argent. Et cette dépréciation de l'étalon du plus grand nombre des peuples civilisés aurait les mêmes effets qu'un déluge universel de papier-monnaie. A moins de recourir à un troisième étalon [1], il faudrait alors revenir à l'étalon d'argent pour

(Alfred Neymarck. *Le Rentier.*)

1   Dans notre *cours d'économie politique* nous avons montré la nécessité, - laquelle deviendra de plus en plus pressante, - de pourvoir à l'instabilité des deux étalons monétaires actuellement existants, et nous avons donné une idée de ce que pourrait être un étalon sinon entièrement stable, du moins sujet seulement à des variations presque infinitésimales.

     Le problème à résoudre, disions-nous, consiste à régler les émissions monétaires de telle manière que l'offre et la demande de la monnaie se mettent toujours en équilibre au niveau de la valeur actuelle du franc.

     Cela étant, n'existe-t-il point une boussole d'après laquelle les banques de circulation peuvent se guider pour régler leurs émissions de manière à maintenir intacte la valeur du franc ; nous voulons parler de l'ensemble des prix des choses qui s'échangent contre la monnaie ? Si les prix de ces choses, produits, services, obligations, viennent à baisser ou à hausser en même temps et dans la même proportion, ne fut-ce que d'une quantité infinitésimale, qu'en faudra-t-il conclure ? Indubitablement que ce ne sont point les valeurs de cette multitude de choses diverses qui ont diminué ou augmenté, en même temps et dans la même proportion, chose impossible, mais que c'est la valeur de la monnaie contre laquelle ces choses s'échangent qui est en voie de hausse ou de baisse ; qu'il est en conséquence nécessaire, dans le premier cas, d'en augmenter, dans le second cas, d'en diminuer l'émission. Cette règle adoptée, l'étalon monétaire ne réside plus dans la valeur toujours plus ou moins flottante d'un ou de deux produits, tels que l'or et l'argent, ou dans celle d'une monnaie dont les émissions dépendent du gouvernement, qui en a le monopole ; il est fondé sur la valeur de l'ensemble des choses échangeables et il ne comporte plus que des variations infinitésimales.

     Si maintenant on se reporte à ce que nous avons dit des anciennes monnaies de banque, on aura de fortes raisons de croire qu'elles étaient étalonnées de cette façon. D'après le témoignage unanime des écrivains du temps, les banques de dépôt se servaient d'un étalon monétaire purement idéal, consistant ordinairement dans la valeur de quelque ancienne monnaie, qui avait disparu de la circulation. Cet étalon se maintenait, selon toute apparence, en se mesurant incessamment sur l'ensemble des choses qui s'échangeaient contre la monnaie de banque. De là une fixité telle que l'on s'accordait généralement à regarder la monnaie de banque comme un étalon invariable*. Une monnaie de papier inconvertible, étalonnée sur la valeur de l'ensemble des produits, services, capitaux, qui s'échangent contre la monnaie, ne serait donc autre chose que l'ancienne monnaie de banque, rendue circulable. Il y a apparence même que ce système d'étalonnage, inauguré par les banques de dépôt, aurait depuis longtemps pris la place des systèmes métalliques, si, d'une part, ceux-ci n'avaient point été imposés par voie réglementaire, et si, d'autre part, le papier-monnaie, émis par des gouvernements aux abois, n'avait jeté

Sixième partie

un complet discrédit sur les monnaies dont l'étalonnage dépendait uniquement de la quantité des émissions.

L'étalon de banque étant trouvé, ou, pour mieux dire, retrouvé, il resterait à savoir si des banques de circulation libres proportionneraient toujours l'offre de leur monnaie de papier inconversible à la demande qui en serait faite, au niveau de la valeur de l'étalon, si elles n'auraient point une tendance soit à exagérer leur offre, soit à la restreindre, de manière à faire baisser ou hausser incessamment la valeur de l'étalon, en provoquant ainsi le retour des maux qui ont, de tout temps, accompagné le régime du papier-monnaie.

Nous connaissons assez le jeu de la loi des quantités et des prix sous un régime de libre concurrence, pour savoir que des banques de circulation libres seraient, au contraire, irrésistiblement conduites à régler leurs émissions de manière à produire le meilleur étalonnage possible. Supposons, en effet, qu'elles resserrent leurs émissions, en vue de faire hausser le prix de leur monnaie. Qu'arrivera-t-il ? C'est qu'elles réaliseront aussitôt des profits supérieurs à ceux des autres branches de la production, que les capitaux seront attirés dans l'industrie des banques de circulation, et, par conséquent, que la production, parlant l'offre de la monnaie de papier inconversible, s'augmenteront jusqu'à ce que le niveau soit rétabli. Supposons, au contraire, que les banques émettent de la monnaie avec excès, qu'arrivera-t-il encore ? C'est que cette monnaie trop offerte s'échangera à un taux insuffisant pour couvrir ses frais de production, et que les capitaux se retireront des banques jusqu'à ce que le niveau soit de nouveau rétabli. Or, comme il suffit d'un très faible déficit ou d'un très faible excédent pour amener une hausse ou une baisse comparativement plus forte dans une valeur investie sous une forme quelconque, jamais la quantité de monnaie émise ne pourrait sensiblement dépasser la quantité nécessaire aux besoins de la circulation, ni sensiblement demeurer en dessous.

L'avenir appartient certainement à ce système de circulation de papier, à étalon composé, autant supérieur peut-être à celui de la circulation à étalon simple, sous le double rapport du bon marché et de la sécurité, que la locomotion à vapeur peut l'être aux anciens modes de transport. Il s'imposera donc tôt ou tard, et d'autant plus vite que les étalons de métal deviendront moins stables, et, par conséquent, moins propres à servir de base à la circulation, dans un temps où la multiplication énorme des opérations à terme rend la stabilité de l'étalon plus que jamais nécessaire.

Cours d'économie politique, t. II, dixième leçon. *Les intermédiaires du crédit.*

* Un florin banco, dit Jacques Steuart, a une valeur plus déterminée que ne l'a une livre pesant d'or ou d'argent fin ; c'est une unité de mesure dont l'invention est due aux connaissances raffinées du commerce.

Cette monnaie de banque est aussi invariable et aussi ferme qu'un rocher au milieu des flots. Cet étalon idéal sert à régler le prix de tout, et peu de personnes peuvent dire exactement sur quoi il se fonde.

Il n'y a pas jusqu'à la valeur intrinsèque des métaux précieux qui ne varie à l'égard de cette mesure commune. Une livre pesant d'or ou d'argent, un millier de guinées, d'écus, de piastres ou de ducats valent tantôt plus, tantôt moins,

Gustave de Molinari

éviter les conséquences désastreuses de ce rétrécissement de la mesure de la valeur. Ce serait la revanche du métal blanc sur le métal jaune.

En matière de monnaie comme en toute autre, il est, sans doute, prudent de s'abstenir de prophétiser, et, en tout cas, la science économique ne peut être rendue responsable des prophéties des économistes. Nous ne garantissons pas les nôtres, mais nous garantirions encore moins la stabilité de l'étalon d'or.

---

relativement à cet étalon invariable, selon que la proportion de valeur varie entre les métaux dont ils sont composés.

Quelque changement que les espèces monnayées subissent dans leur poids, leur finesse ou leur dénomination, rien n'est capable d'affecter i la monnaie de banque. Ces espèces courantes sont considérées par la banque comme tout autre objet d'échange. Telle est donc la monnaie de banque d'Amsterdam. Elle peut toujours être représentée à quelque temps que ce soit avec la plus grande exactitude par une certaine portion déterminée d'or ou d'argent ; mais elle peut être aussi peu liée à cette valeur pendant l'espace de vingt-quatre heures qu'à celle d'une tonne de harengs.

Jacques Steuart. *Recherche des principes de l'économie politique*, liv. III, chap. II.

Sixième partie

Septième partie
Rapports de la morale et de l'économie politique avec la religion

I

Y a-t-il es rapports nécessaires entre la morale et la religion ? Telle est la question qui se débat entre les croyants, quel que soit le culte auquel ils appartiennent, et les incroyants qui considèrent la morale comme indépendante de 1a religion et se suffisant à elle-même.

Si l'on remonte a l'origine de la généralité des sociétés humaines, la solution de cette question ne comportera aucun doute : dans toutes, les règles de conduite, les « lois » qui constituent la morale émanent d'une ou de plusieurs divinités, qui les communiquent à leurs mandataires, sorciers ou prêtres. Cette croyance à l'existence de divinités, c'est-à-dire d'êtres supérieurs à l'homme, est inspirée par un sentiment qui paraît exclusivement propre à l'espèce humaine et se trouve localisé dans une circonvolution ou un lobe du cerveau. Ce sentiment qualifié de religieux excite, à la fois, l'homme à aimer et à craindre ces êtres supérieurs à lui-même, auxquels il attribue l'ensemble des phénomènes qui frappent ses sens. Les divinités animent et gouvernent la nature entière, et l'homme se les représente mues par les intérêts et les passions qui déterminent ses propres actes. Et comment pourrait-il se les représenter autrement ? Chaque société, clan, tribu ou nation a les siennes, que les individus les mieux doués de facultés artistiques ont conçues et reproduites sous des formes matérielles et avec le caractère moral qui répondent aux fonctions et au rôle que l'imagination populaire leur attribue. Le plus souvent, le clan, la tribu ou la nation se considère comme la descendance de ses divinités. Il leur appartient comme les enfants appartiennent à leurs parents, et il leur doit, avec des témoignages d'affection et de respect, un tribut alimentaire. En échange, les divinités le gouvernent et le protègent. Il les consulte dans toutes ses entreprises et ne s'y engage qu'après avoir recueilli des signes manifestes de leur approbation ou de leur concours. Les divinités sont intéressées à sa conservation et à sa prospérité, en raison de l'affection paternelle ou maternelle qu'elles lui portent, des honneurs qu'il leur rend, du tribut qu'il leur paie. Lorsque ces tributs et hommages ne leur sont pas exactement fournis, elles l'en punissent en donnant la victoire à ses ennemis ou en lui envoyant des calamités de diverses sortes, inondations, sécheresses, épidémies, etc., etc.

Cependant, une société ne peut exister qu'à la condition d'imposer à ses membres des règles de conduite, autrement dit des lois commandées par son intérêt. Sous peine de se dissoudre ou d'être vaincue dans ses luttes avec les sociétés concurrentes, il faut qu'elle oblige ses membres à prendre part à la défense commune et aux entreprises que sa conservation et sa prospérité peuvent exiger, qu'elle interdise les actes qui sont de nature à l'affaiblir et à lui nuire d'une manière ou d'une autre, qu'elle encourage, au contraire, les actes qui lui sont utiles, les uns constituant le « mal », les autres le « bien ». Mais comment les distinguer entre eux ? Cette distinction entre l'utile et le nuisible, le bien et le mal, ne peut s'opérer que par l'observation des résultats des actes de chacun, considérés au point de vue de l'intérêt de la société. Ces résultats, les individus les plus intelligents les constatent, les reconnaissent. Mais possèdent-ils l'autorité nécessaire, - autorité résidant à la fois dans un pouvoir matériel et un pouvoir moral - pour interdire les actes contraires à l'intérêt de la société, et assurer l'accomplissement de ceux que cet intérêt commande, tels que la coopération à la défense commune et aux autres entreprises collectives ? L'interdiction des actes nuisibles se heurte à des passions et à des intérêts individuels qu'il faut surmonter ou vaincre ; les actes utiles exigent des sacrifices, y compris même celui de la vie. Comment décider des êtres ignorants et soumis aux impulsions violentes de leurs appétits à les refréner et à s'imposer parfois le plus dur et le plus complet des sacrifices ? C'est ici que le sentiment religieux intervient en suscitant l'autorité nécessaire à l'établissement et à l'observation des lois morales. Sous l'empire de ce sentiment qui leur a fait concevoir l'existence de divinités intéressées à la conservation du clan, de la tribu ou la nation, instruits, d'une autre part, par l'observation et l'expérience, des effets des actes de chacun, du caractère d'utilité des uns, de nocivité des autres, que font les individus qui composent l'élite intellectuelle de la société ? Ils découvrent, ils inventent les règles de conduite que l'intérêt de sa conservation commande d'imposer à ses membres, et ces découvertes, ces inventions, fruits de leur travail mental, ils en attribuent l'inspiration ou la révélation aux divinités. Cette attribution a pu être pleinement sincère, car toute

Septième partie

production intellectuelle s'opère par un apport inconscient d'idées et d'images qui apparaissent, se manifestent à leur moment d'une façon indépendante de la volonté. Que des hommes doués à un haut degré du sentiment religieux aient attribué à leurs divinités l'inspiration de leurs découvertes et inventions en matière de législation morale et politique, cela n'a donc rien qui puisse nous surprendre. Savons-nous, même aujourd'hui, après tant de recherches psychologiques, d'où nous viennent et comment se produisent nos idées ? Qui peut douter de la sincérité de Moïse, conversant avec le Seigneur et recevant de lui les Tables de la loi ? Sans doute, tous les révélateurs de lois n'étaient pas de bonne foi et la morale a été ainsi corrompue dans sa source même, ou bien encore une observation superficielle et erronée des effets des actes individuels a fait établir des lois en désaccord avec l'intérêt de la société, mais, si imparfaites qu'elles fussent, ces lois étaient nécessaires, et en en faisant remonter l'inspiration à des êtres pourvus à un degré incomparablement supérieur des forces physiques et morales que l'homme retrouvait en lui-même, le sentiment religieux leur apportait une autorité devant laquelle les plus forts et les moins disciplinables étaient obligés de se courber. Sans cette intervention de divinités souverainement puissantes et justes, dont les commandements étaient sanctionnés par des pénalités effroyables et auxquelles nul ne pouvait échapper, eût-il été possible de soumettre la bête humaine à une discipline qui répugnait au mobile même de l'activité de toutes les créatures, - le mobile de la peine et du plaisir ?

En fait, ces lois nécessaires à la société, - lois qui assuraient le respect de la vie et de la propriété de ses membres, la tutelle des enfants et la responsabilité de leur existence, l'assistance mutuelle, l'obéissance aux chefs désignés par les mandataires des divinités, - ces lois, disons-nous, étaient l'oeuvre d'une élite intellectuelle à laquelle le sentiment religieux faisait attribuer ses découvertes et inventions morales, politiques et économiques à des inspirations ou révélations divines. Les lois étaient donc les meilleures, les mieux adaptées à leur destination, eu égard à la mentalité de leurs auteurs. A la vérité, dans les sociétés où celle-ci était la plus basse, où les plus capables eux-mêmes ne distinguaient qu'imparfaitement les actes utiles des actes nuisibles, la législation était grossièrement défectueuse ; elle était plus vicieuse encore lorsque les prêtres ou les sorciers, interprètes des divinités, écoutaient leurs intérêts égoïstes d'individus ou de caste plutôt que l'intérêt de la société, dans la révélation des lois et la désignation des chefs chargés de les mettre en vigueur. Mais, malgré leurs imperfections, ces lois conçues par une élite, valaient mieux que celles qu'aurait imposées le suffrage universel de la société, et elles trouvaient dans le sentiment religieux le seul agent assez puissant pour les faire obéir. Ce sont les sociétés dans lesquelles le sentiment religieux était le plus répandu et aux époques où il était le plus fort qui ont acquis et déployé la plus grande somme de puissance et devancé toutes les autres dans les voies de la civilisation.

II

Cependant, à la longue, la séparation s'est faite entre le pouvoir spirituel et le pouvoir temporel. La production des lois qui intéressent directement le gouvernement et la sécurité des Etats a passé des mains des prêtres dans celles des légistes, et leur exécution avec les pénalités qui l'assurent ont été attribuées à la justice civile. Celles qui n'intéressent qu'indirectement ou à un faible degré le gouvernement des Etats seules sont demeurées dans le domaine religieux. Les manquements aux unes sont prévenus ou réprimés par des pénalités temporelles, aux autres par des pénalités spirituelles. Cependant cette séparation a été lente à s'effectuer, et elle n'est pas encore partout complète. Les chefs temporels des Etats, pénétrés eux-mêmes du sentiment religieux et reconnaissant par l'expérience la nécessité de l'appui qu'il leur prêtait, ont continué longtemps, et quelques-uns continuent encore, à faire remonter leur autorité à une délégation de la divinité. Leur droit héréditaire de gouverner l'Etat est de source divine. C'est un droit divin que consacrait, sous l'ancienne monarchie française, une onction solennelle dans la cathédrale de Reims. Demeurée ainsi associée au gouvernement de l'Etat, l'Eglise mettait son pouvoir spirituel au service du pouvoir temporel du souverain. En échange de ce service que lui rendaient les mandataires de la divinité, le souverain, à son tour, mettait son pouvoir temporel à la disposition de l'Eglise pour assurer l'observation des préceptes du culte, le paiement de la dîme et des autres redevances, et, par-dessus tout, la protection de son associée contre la concurrence des autres cultes. C'était, pour tout dire, un contrat d'assurance mutuelle entre l'Eglise et l'Etat.

Septième partie

Cette association entre le pouvoir spirituel et le pouvoir temporel est en voie de se dissoudre et nous nous acheminons vers un état de choses où aucun lien ne les rattachera plus. D'après la théorie moderne du régime constitutionnel et représentatif, le droit de commander et de légiférer, qui était une délégation de la divinité, appartient à la société elle-même. Le peuple est souverain et il délègue à des mandataires l'exercice de son autorité. La religion se trouve ainsi éliminée du gouvernement des sociétés. Le contrat entre l'Eglise et l'Etat n'existant plus, l'Eglise n'est plus obligée d'accorder son concours spirituel au pouvoir temporel, institué par le peuple, elle peut se dispenser de bénir ses entreprises et d'enjoindre l'obéissance à ses lois. L'Etat, de son côté, n'a plus à assurer l'obéissance aux prescriptions du culte, à contraindre ses propres contribuables à pourvoir aux frais du gouvernement de l'Eglise et à la protéger contre la concurrence des autres cultes. La religion n'est plus imposée ; l'individu devient libre dans ses rapports avec la divinité. Il peut choisir à son gré le culte qui lui convient, et même ne faire aucun choix, être déiste, matérialiste, athée.

L'avènement de la liberté religieuse a été, sans aucun doute, un des progrès les plus considérables des temps modernes. Il a mis fin à l'oppression des consciences, aux persécutions et aux guerres suscitées par le monopole des cultes. Mais il s'agit de savoir quel usage l'homme doit faire de cette liberté. Doit-il en user pour s'affranchir de toute croyance et de toute pratique religieuse ? La religion n'est-elle qu'une superstition vaine sinon malfaisante, comme la croyance aux lutins et aux farfadets, et puisqu'elle a cessé d'être imposée ne faut-il point se hâter de s'en débarrasser ? Telle est la question qui n'a pas cessé de diviser les partisans de la liberté religieuse, dès l'origine des luttes qu'ils ont engagées contre les religions imposées.

Comme tous les sentiments de l'âme humaine, le sentiment religieux existe à des degrés différents. Parmi les libéraux, ceux chez lesquels ce sentiment était le moins fort ou même qui en étaient dépourvus – quoique ceux-ci n'aient été de tout temps qu'une exception, - étaient surtout frappés par ce qu'on pourrait appeler l'envers ou le passif des religions, c'est-à-dire par les maux de toutes sortes dont l'intolérance religieuse a été la source. Ils n'ont vu dans les religions que l'exploitation de l'ignorance populaire, par des sorciers ou des prêtres qui attribuaient à des êtres surnaturels les phénomènes de la nature, en s'attribuant à eux-mêmes le pouvoir de capter la bienveillance ou de désarmer la malveillance de ces êtres surnaturels. Armés de ce pouvoir fictif, ils se sont emparés de la domination des âmes, et ils ont usé de cette domination au profit de leurs intérêts matériels. Ils ont mis à prix leur intervention auprès des divinités maîtresses des choses et des hommes, et acquis par cette exploitation de l'ignorance de l'humanité enfantine, une fortune frauduleuse. Mais en dépit de leur opposition aux recherches et aux découvertes de la science, celle-ci a dissipé les ténèbres qui obscurcissaient l'esprit humain. Elle a démontré que tous les phénomènes que les religions attribuent à l'intervention des Divinités sont produits par des forces inhérentes à la matière, que l'existence de Dieu n'est pas nécessaire à l'explication de l'univers, et, pour nous servir des expressions de l'astronome Lalande, que la science peut se passer de cette hypothèse. Mais s'il en est ainsi, si l'univers est régi par des lois naturelles, si ces lois remplissent l'office que les exploitateurs de l'ignorance de la multitude attribuent à la Divinité, pourquoi les hommes, maintenant débarrassés du joug que faisait peser sur eux le pouvoir religieux appuyé sur le pouvoir temporel, continueraient-ils à pourvoir aux frais du culte de cette Divinité inutile ? Prétendra-t-on que la religion est nécessaire à l'observation des lois morales, que l'homme n'est excité à faire le bien et à éviter le mal que par l'espoir des récompenses que la religion lui promet et la crainte des châtiments dont elle le menace, dans une autre vie ? Mais quelle preuve apporte-t-elle de l'existence de cette autre vie, et d'ailleurs n'est-ce pas abaisser la morale que de la fonder sur un intérêt - que cet intérêt soit terrestre ou ultra-terrestre ? Ne suffit-il pas à l'homme d'obéir à sa conscience pour observer les lois morales ? La religion est donc inutile et, si l'on songe aux crimes et aux guerres qu'elle a provoqués partout et de tous temps, elle est, de plus, malfaisante. L'intérêt de l'humanité commande de la supprimer, et il suffira d'ailleurs d'enlever au clergé les biens qu'il a dérobés aux familles et de le priver des subventions de l'Etat pour mettre fin à des superstitions grossières dont la science a fait justice. La liberté religieuse éclairée par la raison nous conduira à l'irréligion, à moins qu'elle ne remplace le culte d'une Divinité imaginaire par le culte de l'humanité, de la patrie ou de l'individu lui-même.

A ces libéraux irréligieux qui invoquent contre la religion le témoignage de la science, on peut, en revanche, opposer l'histoire et la science elle-même. L'existence du sentiment religieux et des concepts multiples auxquels il a donné naissance est attestée par l'histoire de tous les peuples. Que les religions existent et qu'elles soient le produit du sentiment religieux cela est aussi incontestable qu'une vérité mathématique. De plus, la science qui étudie la machine humaine a découvert dans le cerveau l'organe de la religiosité. Or, aucun de nos organes n'est inutile. Tous répondent à une fonction nécessaire à la conservation et au progrès de l'espèce, - l'organe de l'amour physique à la reproduction, l'organe de l'amour paternel et maternel à l'élève et à l'éducation de la nouvelle génération, et il en est de même des autres. La religion, produit de l'organe de la religiosité est donc « utile. » Elle donnait, dit-on, une explication erronée des causes des phénomènes de la nature. Mais cette explication erronée était uniquement un produit de l'ignorance des causes naturelles des phénomènes. Cette ignorance, la science l'a dissipée, elle a déchargé les divinités de quelques-unes des fonctions que leur attribuait l'imagination de la multitude ignorante. Mais les leur a-t-elle enlevées toutes ? L'intelligence de l'homme est bornée. Le domaine qu'elle est capable d'explorer, le domaine du connaissable, est étroitement limité, en comparaison du domaine de l'inconnaissable. La science a commencé à acquérir la connaissance du monde matériel, mais la matière, ses propriétés et ses forces suffisent-elles à rendre compte de l'existence des mondes, de leur raison d'être et de leur destinée ? La religion nous fait concevoir l'existence d'un monde spirituel superposé au monde matériel et le gouvernant. Qui pourrait affirmer que ce concept soit vain, que la volonté, l'intelligence, l'amour qui constituent son essence ne jouent aucun rôle dans le domaine de l'inconnaissable, et que les divinités soient inutiles ?

Et pour ne considérer que notre humanité, le concept de ce monde divin en rapport avec elle ne lui apporte-t-il aucun aide, aucun secours. La religion ne soutient-elle pas l'homme dans les épreuves parfois si dures de la vie ? N'apporte-t-elle pas aux déshérités de la santé et de la fortune la consolation et l'espérance ? N'a-t-elle pas été enfin, de tous temps, un agent nécessaire de la conservation des sociétés ? Et c'est là un point sur lequel il importe d'insister.

L'observation de l'ensemble des règles de conduite, autrement dit des lois morales, est assurée par les sanctions suivantes : 1° Les pénalités matérielles établies par le gouvernement de la société pour réprimer les infractions aux lois, énumérées dans le code et qualifiées, selon leur degré de gravité, de crimes ou de délits ; 2° les pénalités spirituelles établies par le pouvoir religieux pour réprimer les mêmes infractions en y joignant celles que le gouvernement de la société laisse impunies, soit qu'il ne leur attribue point un caractère nuisible, soit qu'il en trouve la répression trop difficile et trop onéreuse, les unes et les autres qualifiées de péchés ; 3° la sanction de l'opinion publique et les pénalités qui lui sont propres, le blâme, le mépris, le boycottage ; 4° enfin, la sanction de la conscience individuelle, se traduisant par la satisfaction, la jouissance que lui cause l'accomplissement d'un acte qu'elle juge conforme à la justice, la peine, la souffrance - regrets ou remords selon le degré de gravité de l'infraction, - que lui fait ressentir tout acte injuste. Eh ! bien, telle est l'infirmité de la nature humaine, qu'en dépit de ces quatre sortes de sanctions, les lois morales sont continuellement enfreintes, et que leurs infractions se sont multipliées à mesure que le régime de la tutelle imposée, tutelle du propriétaire sur ses esclaves, de la corporation sur ses membres, de l'Etat sur ses sujets, a disparu pour faire place à la liberté et à la responsabilité individuelles. Serait-il donc utile de diminuer et d'affaiblir l'armement de la morale, quand l'expérience de tous les jours démontre que cet armement est déjà notoirement insuffisant ? L'efficacité morale de la sanction religieuse est certainement fort inégale, d'une époque et d'un pays à un autre, elle s'est même visiblement affaiblie de nos jours ; mais on ne pourrait affirmer qu'en aucun pays elle soit nulle. Cette sanction, la religion l'apporte de deux manières à la morale : directement, par ses pénalités et ses récompenses ; indirectement, par l'appui qu'elle donne à la sanction de la conscience individuelle, et, par là même, à celle de la conscience collective de l'opinion.

La conscience se fonde sur le sentiment de la justice, qui existe dans l'homme, comme tous les autres sentiments, à des degrés divers d'intensité et de puissance. Il juge ses actes et ceux d'autrui, et les reconnaît bons ou mauvais, justes ou injustes. S'il les reconnaît justes, sa conscience lui commande de les accomplir et il éprouve une satisfaction en les accomplissant ; s'il les reconnaît injustes, et n'a pas la force de résister à l'instinct ou à la passion qui le pousse à les commettre, il éprouve, selon le degré de gravité qu'il attribue à cette infraction à la justice, une peine plus ou moins intense, un regret ou un remord. Mais qu'est-ce qui lui fait reconnaître si un acte est bon ou mauvais, juste ou injuste ? Quel est son critérium de la justice ? Ce critérium, il le trouve dans les lois nécessaires à la conservation et à la prospérité de la société. C'est donc l'utilité de la société qui est le critérium des lois morales. Et c'est d'après ce critérium qu'il juge lui-même ces lois, lorsqu'il commence à observer et à raisonner.

Sous l'impulsion du sentiment de la justice, autrement dit du sens moral, l'individu s'efforce d'agir d'une manière conforme à la loi, soit que cette loi émane du pouvoir spirituel ou du pouvoir temporel ou qu'il se la soit faite à lui-même d'après sa conception particulière de l'intérêt de la société. De là une lutte plus ou moins vive et persistante qu'il engage dans le cours de sa vie avec les intérêts ou les passions, qui le poussent à désobéir à la loi. Si le sentiment de la justice, le sens moral dont il est pourvu, est plus fort que l'intérêt ou la passion, il l'emporte dans cette lutte, et il éprouve une satisfaction supérieure à celle de la passion ou de l'intérêt vaincu. Celui-ci ressent au contraire la peine, la souffrance attachée à la défaite, et cette peine, cette souffrance vient en déduction de la jouissance que procure à l'individu la victoire de sa conscience. Si, au contraire la passion ou l'intérêt est le plus fort, il l'emportera, et le sens moral vaincu ressentira une peine qui viendra à son tour en déduction de la jouissance de la passion ou de l'intérêt vainqueur. Seulement, la satisfaction de ceux-ci est fugitive, tandis que la peine de la conscience est durable et même permanente. Il y aurait donc toujours profit à obéir à sa conscience, et il en serait ainsi, si l'homme connaissait et écoutait toujours son intérêt, si sa jouissance actuelle ne l'emportait pas chez lui sur la prévision incertaine d'une peine future. Il faut remarquer aussi que chez un grand nombre nous ne dirons pas chez le plus grand nombre, le sentiment de la justice, le sens moral est tellement faible, que le regret ou le remords qui suit sa défaite est à peine appréciable, et laisse presque intacte la satisfaction de la passion ou de l'intérêt victorieux. Que conclure de là, sinon que la conscience est en ce cas une gêne, et qu'il serait plus avantageux à l'homme de n'en point avoir, en admettant que la sanction de la conscience soit la seule garantie certaine de l'observation .de la loi morale ? Il y a bien, à la vérité, les sanctions de la justice du pouvoir temporel, et de l'opinion, mais celles-ci sont incertaines ; on peut y échapper et on y échappe.

La sanction religieuse, au contraire, a un caractère de certitude, et peut seule suppléer complètement à l'infirmité de la conscience pour assurer l'observation de la loi morale en infligeant à ceux qui l'enfreignent des peines incomparablement supérieures aux satisfactions qu'ils peuvent obtenir en l'enfreignant, - supérieures disons-nous et de plus certaines.

III

Mais le sentiment religieux, source des religions, ne supplée pas seulement à l'absence ou à l'insuffisance du sentiment de la justice, il est la garantie nécessaire de l'existence même de la justice.

Les anciens ont représenté la justice tenant d'une main une balance, de l'autre un glaive. Le glaive, c'est la sanction des jugements qu'elle prononce. Cette sanction leur est apportée par la coopération des pouvoirs de l'Etat, de l'opinion, de la conscience et de la religion. Mais les deux premiers n'ont qu'une efficacité incertaine. En revanche, on ne petit échapper aux sanctions de la conscience et de ta religion. Seulement la puissance de ces sanctions est proportionnée à celle du sens moral et du sentiment religieux. Or l'un et l'autre n'existent qu'à des degrés fort inégaux de puissance. Si tous les hommes en ont le germe, ce germe a subi un arrêt de croissance ou s'est atrophié chez les uns, tandis qu'il a reçu chez les autres tout le développement qu'il pouvait recevoir. Et de même qu'il est rare que le sentiment religieux soit assez fort pour écarter, sans lutte, les négations et les doutes qui assiègent la Foi, il est plus rare encore que le sens moral puisse l'emporter sans effort sur les excitations incessantes et multiples des intérêts et des passions qui veulent se satisfaire en opposition avec le devoir. Une lutte s'engage donc entre le devoir et l'intérêt ou la passion. Si le devoir l'emporte, la conscience en reçoit une satisfaction, mais il ne faut pas oublier que cette satisfaction est achetée d'abord par l'effort et la peine que coûte la résistance à l'assaut de l'intérêt ou de la passion, ensuite par le renoncement aux jouissances qu'ils promettent. Si le sens moral est faible, la balance penchera du côté de l'intérêt ou de la passion à moins d'être retenue par l'espoir d'une satisfaction plus haute ou la crainte d'une peine supérieure. Si aucun autre facteur n'intervenait, l'individu ne serait-il pas dupe, en suivant l'impulsion de sa conscience plutôt que celle de la passion ou de l'intérêt ? L'accomplissement du devoir, - l'obéissance à la loi morale, - ne se solderait-il pas par une perte ? Or, si nous considérons l'état moral de la généralité de l'espèce humaine, nous reconnaîtrons qu'il n'y a qu'un bien petit nombre d'hommes, s'il y en a même un seul, dont la conscience soit assez puissante pour résister sans effort aux assauts des intérêts ou des passions qui veulent se satisfaire au détriment de la justice. Elle est obligée de lutter et lorsqu'elle l'emporte dans cette lutte, elle est redevable de la victoire beaucoup moins à sa force qu'à leur faiblesse. Et si l'on consulte la statistique des délits et des crimes, si l'on tient compte des manquements bien autrement nombreux à la loi morale dont le code ne s'occupe point ou qui échappent à sa répression, on s'apercevra de la nécessité de développer et de fortifier avant tout le sens moral. Cette nécessité est évidente et elle est devenue de plus en plus urgente depuis que l'effondrement du régime de tutelle auquel la multitude était assujettie a augmenté la liberté de l'individu et avec elle sa possibilité d'agir soit pour le bien soit pour le mal. Mais, comme toute autre faculté, le sens moral ne peut se développer et se fortifier que par l'exercice, c'est-à-dire par une continuité d'efforts impliquant une continuité de peines. Ces peines seront-elles certainement récompensées par des jouissances supérieures ? Et si elles ne le sont pas, si au lieu d'obtenir un profit on risque de subir une perte, si la satisfaction que l'accomplissement d'un devoir peut procurer à la conscience ne dépasse pas celle que procurerait l'intérêt ou la passion, pourquoi engagerait-on la lutte ? Le sens moral en sortira plus fort sans doute, mais à quel prix ? Vous avez rempli votre devoir, vous avez obéi à la justice, et en lui obéissant vous avez sacrifié votre bien-être et exposé même votre vie, tandis qu'en montrant moins de rigidité, en commettant une infraction temporaire et légère à la loi morale, vous auriez pu acquérir une situation enviable et assurer l'avenir des êtres qui vous sont chers et dont vous êtes responsable. N'avez-vous pas payé trop cher le supplément de force morale que vous avez acquis et la satisfaction que cette acquisition vous a value ? Vous deviez, dites-vous, obéir à la justice, car elle est nécessaire à l'existence de la société dont vous êtes membre, de l'humanité et de l'univers. Mais que vous importe ? Vous n'avez à garder ni la société, ni l'humanité ni l'univers. Vous n'avez à pourvoir qu'à votre propre existence, et la nature elle-même ne vous commande-t-elle pas de chercher la jouissance et de fuir la peine ? N'est-ce pas la loi par laquelle elle gouverne l'activité de toutes les créatures ? En est-il de même de la justice ? La nature observe-t-elle cette loi prétendue ? Dans son gouvernement des espèces inférieures ne nous donne-t-elle pas le spectacle permanent du sacrifice des faibles au profit des forts et du plaisir de ceux-ci acheté par la souffrance de ceux-là ? En est-il autrement dans les sociétés humaines ? Des hommes dépourvus de sens moral et par conséquent inaccessibles à la sanction du remord et échappant aux sanctions incertaines du code et de l'opinion ne s'enrichissent-ils pas aux dépens d'autrui et ne sont-ils pas comblés jusqu'à leur dernier jour de tout le bien-être et de toutes les joies dont la richesse est la source ? Et leurs victimes ne sont-elles pas vouées, jusqu'à leur dernier jour aussi, aux privations et aux tourments de la misère ? Qu'est-ce donc qu'une loi qui peut être impunément violée ? Est-ce autre chose qu'une vaine apparence, un mirage ? Elle ne serait une réalité qu'à la condition de posséder une sanction à laquelle nul ne puisse échapper, et qui inflige à ceux qui la violent une peine incomparablement supérieure à la jouissance qu'ils ont tirée de sa violation. Or, cette sanction la religion seule peut l'apporter à la justice, en étendant au delà de la vie terrestre la sphère de ses opérations rétributives ou pénales. Si l'existence de l'être humain est attachée à celle de sa forme périssable, s'il n'y a point d'au delà, l'observation de la loi morale est une affaire de calcul : il s'agit d'un côté d'évaluer la somme de jouissances que peut procurer un intérêt ou une passion, en opposition, avec la loi morale, de l'autre, les chances d'échapper aux pénalités incertaines du code et de l'opinion, pour savoir lequel est plus avantageux, d'obéir à la loi ou de l'enfreindre. Il faut, à la vérité, faire entrer dans ce calcul la pénalité certaine de la conscience, mais celle-ci se mesure au degré de développement et de puissance du sens moral, et pour un trop grand nombre c'est une quantité négligeable. Il peut donc arriver et il arrive que le résultat du calcul tourne au désavantage de la loi. S'il existe, au contraire, un au-delà, tout calcul devient inutile, car il n'y a plus de proportion entre les deux facteurs déterminants de l'acte : une jouissance éphémère et souvent décevante, et une peine permanente et certaine. Il faut obéir à la loi impérative et toute-puissante.

IV

La nature gouverne les espèces inférieures. Il leur suffit de mettre en oeuvre les forces dont elle les a douées et que l'on désigne sous le nom générique d'instincts pour remplir les fonctions nécessaires à leur conservation. Ces fonctions sont peu nombreuses. Se nourrir, se reproduire, s'abriter, se défendre contre les espèces ennemies, tels sont les besoins auxquels les espèces végétales et animales ont à pourvoir et auxquels elles pourvoient sous l'impulsion du mobile de la peine et du plaisir. Elles sont sous la dépendance absolue de la nature et ne peuvent modifier les conditions d'existence qu'elle leur a faites, car elles sont incapables de multiplier leurs subsistances. Elles sont réduites à consommer celles que la nature met à leur disposition, en leur imposant la charge de les chercher et de s'en emparer. Elles ne peuvent les augmenter. Elles détruisent et ne produisent point. Il en est autrement de l'espèce humaine. En sus des facultés qui lui sont communes avec les espèces inférieures, elle en a qui lui sont propres ou qu'elle possède à un degré de développement auquel n'atteignent pas les mieux douées d'entre les espèces animales. En les mettant en oeuvre, elle peut multiplier ses subsistances, elle peut produire, et s'élève ainsi à une condition de plus en plus haute. Tandis que les autres espèces sont restées dans la même condition où elles étaient à l'origine, l'espèce humaine a amélioré et élevé la sienne ; elle s'est civilisée.

Comment l'homme a-t-il produit le phénomène de la civilisation ? Il a appliqué l'intelligence dont il était plus amplement pourvu que les autres espèces à obtenir, en échange d'une moindre dépense de force et de peine, une quantité croissante des choses nécessaires à la satisfaction de ses besoins. Il a découvert et employé pour atteindre ce but des procédés de diverses sortes : l'association, l'échange, impliquant la division du travail, l'épargne, c'est-à-dire la mise en réserve d'une portion des fruits de son travail, soit pour satisfaire ses besoins futurs, soit pour se ménager les loisirs nécessaires à l'invention des outils et des machines qui économisent le travail, soit enfin pour échanger cette réserve contre les instruments et les matériaux propres à augmenter la somme de ses produits. Mais l'emploi de ces divers procédés nécessitait avant tout l'établissement d'une discipline morale. Pour qu'une association pût se fonder et subsister, il fallait que chacun de ses membres respectât la vie et la propriété de ses associés, qu'il s'imposât ou subit les sacrifices qu'exigeait la conservation de cette association dont l'existence sauvegardait la sienne. De même, l'échange, la division du travail, l'épargne, la création ou l'acquisition des instruments et des matériaux de production n'étaient possibles qu'autant que chacun des associés fût assuré, dans quelque mesure, de jouir des fruits de son travail et de son épargne. Cependant, ces conditions nécessaires à l'existence de l'association, l'homme les ignorait et l'expérience seule pouvait les lui apprendre. De plus, les eût-il connues, elles étaient en opposition avec la partie animale de sa nature. A des hommes que sollicitaient les appétits impérieux de l'alimentation et de la reproduction, qui pourvoyaient à leur subsistance par le vol et le meurtre, à leur reproduction par la promiscuité et le rapt, qui consommaient au jour le jour les produits aléatoires de leur chasse, mais qui ne pouvaient se défendre contre la concurrence des espèces plus fortes et mieux pourvues d'armes naturelles, qu'à la condition de s'associer, il fallait imposer les règles indispensables à la conservation de l'association. Ces règles, l'observation et l'expérience les faisaient découvrir aux individus les plus intelligents, mais il fallait y assujettir la multitude instinctive et brutale. Nous avons montré comment ce problème a été résolu par la coopération du sentiment religieux et du sentiment de la justice, l'un et l'autre innés dans l'homme. Ces deux forces morales ont été les facteurs de la discipline qui a assuré l'existence des sociétés et permis à l'espèce humaine de s'élever à la civilisation. Les règles ou, de leur autre nom, les lois qui constituent cette discipline sont plus ou moins exactement adaptées à leur objet, plus ou moins justes, et leur observation est de même plus ou moins exemplaire. Mais selon qu'elles s'approchent de la justice ou s'en éloignent, selon qu'elles sont obéies ou enfreintes, la société prospère et se perpétue ou tombe en décadence et périt.

Septième partie

Huitième partie
OU EST L'UTOPIE ?

I

Nous commençons seulement à apercevoir les conséquences de la prodigieuse augmentation de la productivité de l'industrie et des progrès dont elle a été la source. Cependant les esprits les plus rebelles aux nouveautés, eux-mêmes, ne peuvent plus se dissimuler qu'il y a quelque chose de changé dans le monde depuis que l'homme a plié à son service des agents naturels d'une puissance illimitée. Pourvue d'une machinerie qui va se perfectionnant chaque jour, l'industrie apporte à la consommation des masses croissantes de produits et demande des marchés de plus en plus étendus. Pour répondre à ce besoin nouveau, les moyens de communication ont été transformés et multipliés en même temps que les agents de mobilisation des produits, des capitaux et du travail. Aux marchés locaux qui suffisaient à alimenter le plus grand nombre des petits ateliers d'autrefois a succédé un marché général sur lequel s'échangent les produits et les agents productifs de toutes les nations. Dans le cours du dernier siècle, les échanges internationaux ont décuplé et c'est par milliards que se comptent les capitaux qui vont féconder la production dans des régions du globe qui leur étaient naguère inaccessibles. Et quoique les agents de mobilisation qui desservent les produits et les capitaux fassent encore défaut au travail, l'Europe exporte maintenant chaque année un million de travailleurs dans le nouveau monde. A mesure que la sphère de l'échange allait ainsi s'étendant sous l'influence de l'augmentation progressive de la puissance productive de l'industrie, nous avons vu se dégager des obstacles qui entravaient son opération le plus énergique moteur de l'activité humaine, la loi naturelle de la concurrence. Sans doute, cette loi a agi de tout temps pour donner, à l'avantage de l'espèce, la victoire aux plus forts et aux plus capables. Sous sa forme destructive de guerre elle a acquis la maîtrise de notre globe aux nations qui ont apporté dans ra lutte pour la domination les forces matérielles et, plus encore, les forces morales de la civilisation ; mais, dans son application à l'industrie, elle rencontrait dans le milieu et dans l'homme lui-même, des obstacles qui enrayaient son action propulsive et régulatrice, Ces

Gustave de Molinari

obstacles n'ont pas tous disparu : tandis que ceux qui sont le fait de la nature sont en voie de s'aplanir, ceux qui sont le fait de l'homme continuent de subsister et même de se multiplier. Aux monopoles naturels a succédé une floraison touffue de monopoles artificiels, L'aire de la concurrence ne s'est pas moins agrandie avec celle de l'échange, et nous pouvons déjà, en considérant les résultats actuels de son opération dans un milieu devenu malgré tout plus libre, nous faire une idée de ceux que cette opération produira dans un milieu que l'esprit de monopole aura cessé d'obstruer et de limiter.

Sauf les inégalités provenant des droits de douane, la concurrence a déjà unifié les prix des articles de consommation qui possèdent le marché le plus vaste, les céréales, le coton, la laine, le fer, l'acier, et elle tend continuellement à les faire descendre au niveau des frais de production les plus bas. C'est vers ce niveau que gravitent les prix du marché général et que s'établit l'équilibre entre la production et la consommation. A la vérité, cet équilibre est troublé tantôt par une appréciation inexacte des besoins de la consommation, tantôt, et plus souvent, par l'influence perturbatrice des accidents de la température, mais soit qu'il y ait surabondance ou déficit, les lois de la concurrence et de la valeur, en déterminant une baisse ou une hausse immédiate et progressive des prix, diminuent ou augmentent les profits de manière à faire disparaître la surabondance ou combler le déficit.

Ces ruptures d'équilibre n'occasionnent pas moins des dommages et des souffrances, mais elles ne sont pas, sans remède. Les progrès de l'agriculture contribuent efficacement à rendre la production des denrées alimentaires moins dépendante des caprices des saisons, tandis que le développement de la spéculation, - laquelle n'est autre chose qu'une application utile de la prévoyance, - permet d'étendre dans le temps le marché de l'échange et d'y égaliser les prix au double avantage des producteurs et des consommateurs. En ramenant ainsi, par une impulsion irrésistible, les prix du marché au niveau des frais de production les plus bas, les lois naturelles de la concurrence et de la valeur obligent, d'une part, les producteurs, sous peine de ruine, à réaliser sans retard tous les progrès dont les plus intelligents d'entre eux ont pris l'initiative, et, d'une autre part, elles règlent leurs profits au taux nécessaire pour assurer l'existence de la production, ni plus ni moins.

Huitième partie

Ajoutons que sur ce marché généralisé, elles suppriment une cause de perturbations qui résidait sur les marchés locaux, dans l'inégalité personnelle des besoins d'acheter ou de vendre et viciait l'échange par l'exploitation de la souffrance ou de l'ignorance de l'acheteur ou du vendeur. En impersonnalisant l'échange elles règlent les prix uniquement en raison des quantités offertes et demandées.

Cette même action propulsive et régulatrice que la concurrence exerce, avec l'auxiliaire de la loi de la valeur, pour abaisser le prix des produits au taux nécessaire et établir à ce taux l'équilibre de la production et de la consommation sur un marché où aucun obstacle ne vient entraver ses mouvements, elle l'exerce aussi pour régler au même taux le partage des fruits de la production entre ses coopérateurs, capitaux investis dans les choses et capitaux investis dans l'homme lui-même, ou, pour nous servir de l'expression usitée, capital et travail.

Nous savons en quoi consiste le taux nécessaire de la rétribution de ces deux catégories de capitaux. S'il s'agit du capital investi dans les choses, il faut que sa part dans le produit qu'il contribue à créer suffise à le reconstituer avec le profit nécessaire pour déterminer le capitaliste à l'engager dans la production plutôt qu'à le conserver inactif. C'est vers ce taux que la concurrence fait graviter la rétribution du capital. Si les prix du marché des capitaux tombe au-dessous, les capitaux engagés dans la production se détruisent faute de pouvoir être reconstitués et ceux qui étaient disponibles cessent d'être offerts ou prennent une autre direction. Si, au contraire, le prix du marché dépasse le taux nécessaire, les capitaux sont attirés vers l'industrie dans laquelle ils reçoivent cet excès de rétribution, et l'offre s'en accroît jusqu'à ce que le prix du marché soit redescendu au taux nécessaire. Et ces mouvements de hausse et de baisse s'opérant, comme nous l'avons vu, dans une progression plus rapide que l'écart des quantités, l'équilibre tend rapidement à se rétablir au ni veau utile de la rétribution. Seulement, c'est à la condition qu'aucun obstacle ne s'oppose à l'action des lois rétributrices. Dans un marché où cette action régulatrice se heurte à un monopole naturel ou artificiel, c'est la différence d'intensité des besoins d'emprunter et de prêter qui détermine le prix, et comme le besoin d'emprunter est généralement plus pressant que le besoin de prêter, cette différence d'intensité a donné naissance au phénomène de l'usure. Répandu, sous le régime de la petite industrie et des marchés isolés, au point d'avoir été considéré comme inhérent au prêt des capitaux, ce phénomène est aujourd'hui en voie de disparaître. Depuis que les moyens de communication et les intermédiaires du crédit, bourses, banques, organes de publicité financière, en se multipliant ont fait reculer partout les limites des marchés des capitaux, l'opération de la concurrence, bien autrement efficace que celle des lois limitatives du taux de l'intérêt, a commencé à avoir raison de l'usure.

Les mêmes lois gouvernent la rétribution du capital investi dans l'homme lui-même soit que le travail de cet agent productif soit rétribué par une part aléatoire dans le produit ou une part fixe et assurée, un salaire. Mais l'opération régulatrice de ces lois a rencontré ici des obstacles plus difficiles à aplanir ou à surmonter que ceux qui troublent et inégalisent les prix des produits et la rétribution du capital investi dans les choses.

Sous l'influence de causes que nous ayons analysées, les organes nécessaires que la concurrence s'est créés et qui se sont développés à mesure que s'étendaient ses marches : maisons ou sociétés de commerce, bourses, banques, publicité commerciale et financière, font encore défaut au travail de l'ouvrier devenu libre. Si, à l'époque où ils ont été affranchis de la servitude, les travailleurs ont acquis le droit de débattre les prix et conditions de la location de leur capital de forces productives (capital qu'ils pouvaient rarement employer eux-mêmes), l'immense majorité d'entre eux ne pouvait, en fait, user librement de ce droit. Plus encore que les emprunteurs faméliques en quête d'un capital les ouvriers étaient pressés d'échanger leur travail contre un salaire. Dans les marchés isolés où ils se trouvaient confinés tant par la rareté et la cherté des moyens de communication que par l'absence des agents de mobilisation, ils étaient à la merci des salariants et obligés de subir leurs conditions, fussent-elles usuraires.

Car dans ces marchés étroits l'inégalité des besoins des salariés et des salariants beaucoup plus que le rapport des quantités existantes pour l'offre et la demande déterminait le prix du travail aussi bien que le taux de l'intérêt et le prix des marchandises. Cette inégalité, les ouvriers auraient pu la corriger par l'association si elle ne leur avait pas été interdite. L'échange individuel du travail contre un salaire seul était licite. Les maux qui ont accablé la classe ouvrière dans cette période initiale de son émancipation, où l'ouvrier était rendu complètement responsable de son existence tout en étant placé dans des conditions qui ne lui laissaient qu'incomplètement les moyens d'y pourvoir, ces maux ont été imputés, comme on sait, à la liberté elle-même et ils ont provoqué la réaction du socialisme. Cependant cette situation, que bien d'autres causes contribuaient d'ailleurs à aggraver, s'est modifiée à la longue. Les lois sur les coalitions ont été abolies, les ouvriers ont pu s'associer pour débattre les conditions de l'échange du travail contre un salaire, et, plus encore que la liberté des coalitions, des unions ou des syndicats, l'augmentation de la productivité de l'industrie par l'emploi des machines et la multiplication des moyens de communication rapides et à bon marché ont contribué à relever les salaires. Tout en s'étendant, les marchés du travail n'en sont pas moins demeurés localisés, et l'inégalité des besoins des salariants et des salariés continue à y être un facteur influent sinon déterminant du prix du travail. De là la lutte qui est partout engagée entre les unions ou les syndicats et les entrepreneurs d'industrie. Mais on peut, dès à présent, prévoir que les dommages énormes et toujours croissants que cause cette lutte, en rendant plus urgente la nécessité d'y porter remède, auront pour résultat de mettre au service du capital investi dans l'homme les mêmes organes de mobilisation qui étendent chaque jour davantage les marchés des capitaux investis dans les choses. Alors, dans un milieu où la concurrence munie de ses organes nécessaires pourra exercer librement son action régulatrice, le prix du travail comme le taux d'intérêt du capital tendra à s'unifier et à se fixer au point utile du partage des produits entre ces deux coopérateurs de la production.

Faisons maintenant une hypothèse. Supposons que cette action de la concurrence puisse, un jour, s'opérer sans obstacles sur toute la surface du globe et dans toutes les branches de l'activité humaine ; que tous les marchés, maintenant encore séparés par des barrières naturelles ou artificielles, ne forment plus qu'un seul et vaste marché, dont toutes les parties seront éclairées *à giorno* et mises en communication instantanée par des instruments et des agents de mobilisation des produits, des capitaux et du travail, supposons encore qu'aucune des industries qui, dans chaque pays, fournissent les produits ou les services nécessaires à la satisfaction des besoins de l'homme ne soit soustraite à l'opération propulsive et régulatrice de la concurrence, que tous les obstacles qui entravent cette opération   monopoles, douanes, règlements restrictifs du travail et de l'échange, viennent à être levés ; enfin que l'expérience ayant suffisamment démontré que la guerre a cessé d'être un mode avantageux d'acquisition de la richesse, les nations civilisés réduisent leurs armements au quantum nécessaire pour se préserver des invasions des peuples arriérés qui continuent à demander leurs moyens d'existence à la conquête et au pillage, quel sera le résultat de cette élimination des obstacles que le protectionnisme, l'étatisme et le militarisme opposent au développement naturel de la production et de l'échange, et des charges dont ils les grèvent ? Ce sera, dans un marché élargi jusqu'aux limites de notre globe, et débarrassé de l'énorme fouillis des lois artificielles, dictées par des intérêts égoïstes et aveugles, la loi naturelle de la concurrence vitale, désormais libre de ses mouvements et en possession de toute sa puissance qui assurera la conservation et le progrès de l'espèce humaine, comme elle assure ceux de toutes les autres espèces vivantes.

Or, nous avons vu comment procède cette loi pour multiplier la production des matériaux de la vie et en déterminer la distribution utile. D'une part, associée à une autre loi naturelle, la loi de l'économie des forces, elle oblige tous les producteurs, sous peine de ruine, à réaliser incessamment les progrès qui augmentent la puissance productive de l'industrie et abaissent les frais de la production.

D'une autre part, associée à la loi de la valeur, elle fait graviter par une impulsion irrésistible les prix des matériaux de la vie vers le niveau des moindres frais, et en détermine la répartition utile entre les coopérateurs de la production.

En supposant donc que les hommes, après avoir supprimé les obstacles naturels qui entravent l'opération propulsive et régulatrice de la concurrence, cessent de les remplacer par des obstacles artificiels, le résultat final sera l'accroissement continu de leur puissance productive jusqu'à la limite marquée par la nature, l'acquisition de la plus grande somme possible des matériaux de vie en échange de la moindre somme de travail et de peine et la distribution de ces matériaux la plus utile, partant la plus conforme à l'intérêt général et permanent de l'espèce humaine.

Nous convenons volontiers que cette hypothèse peut sembler chimérique, mais lorsque nous considérons l'avenir que nous prépare le régime protectionniste, étatiste et militariste actuellement en vigueur dans toute l'étendue du monde civilisé, et celui par lequel le socialisme se propose de le remplacer, nous nous demandons si cet avenir ne serait point par hasard encore plus utopique que le nôtre. Examinons, en effet, ce qu'il pourra bien être.

II

Si, dans le siècle qui vient de finir, l'accroissement de la productivité des industries de concurrence a augmenté dans des proportions extraordinaires la richesse de la plupart des nations civilisées, en revanche elles alimentent un monopole qui leur rend, sans doute, un service indispensable, celui de la sécurité intérieure et extérieure, mais qui le leur fait payer de plus en plus cher, sans qu'on puisse dire qu'il s'améliore dans la même mesure. S'il s'agit de la sécurité intérieure, on ne peut affirmer que la vie et la propriété soient plus sûrement garanties aujourd'hui qu'elles ne l'étaient il y a un siècle. A la vérité, le budget de la police et de la justice ne s'est pas sensiblement grossi dans cet intervalle, et quoique ce service puisse être à bon droit considéré comme le plus important de ceux que nous rend l'Etat, il ne figure qu'à un des derniers rangs dans la liste de ses dépenses. Mais il en est tout autrement pour la sécurité extérieure. C'est de beaucoup le plus gros chapitre de son budget et celui dont l'accroissement est partout le plus rapide. Cependant si l'on considère le péril qui menace l'ensemble des nations civilisées du fait des invasions des barbares, ce péril est allé décroissant depuis que la puissance destructive des peuples civilisés a égalé, si elle n'a pas dépassé, leur puissance productive. D'après l'historien Gibbon, l'empire romain ne maintenait sur pied que 120000 hommes pour se protéger contre la multitude des barbares belliqueux et avides de pillage qui se pressaient à ses frontières, et ce n'est pas l'insuffisance de ses forces militaires qui a causé sa chute. Les nations civilisées n'auraient pas besoin d'une armée beaucoup plus nombreuse si leurs gouvernements voulaient bien s'entendre. Quoiqu'elles aient horreur de la guerre, quoiqu'elles répètent depuis des siècles cette prière que nous avons lue à un fronton de la place de l'Hôtel-de-Ville de Bruxelles : *A peste, a fame, a bello, libera nos Domine,* elles n'ont pas réussi encore à conserver la paix. Loin de s'abaisser avec les progrès de la civilisation, l'adoucissement général des moeurs et l'effacement des haines nationales, le risque de guerre n'a pas cessé de s'élever et, avec lui, plus encore, la prime que perçoivent les gouvernements pour le couvrir. Et pourtant on cherche en vain quelle peut être aujourd'hui l'utilité de la guerre. Dans les temps primitifs, les tribus faméliques se la faisaient pour suppléer à l'insuffisance de leur gibier de poil ou de plume ; plus tard les peuples guerriers s'y livraient soit en vue du pillage, soit pour s'emparer d'un territoire garni d'un cheptel d'hommes laborieux et paisibles qu'ils réduisaient à l'état d'esclaves, de serfs ou de sujets :

Avec ma lance je moissonne,
Avec ma lance j'exprime le doux jus de la treille,

chantaient les guerriers crétois, et, à leur point de vue, ils n'avaient peut-être pas tort de considérer la guerre comme la plus productive des industries. On peut en dire autant des patriciens de Rome qui accaparaient les dépouilles des vaincus, ou bien encore de Guillaume le Conquérant et de ses compagnons qui descendaient en Angleterre pour « gaigner ». Aucune entreprise, aucun trust industriel ou commercial n'aurait pu, en effet, leur procurer d'aussi merveilleux dividendes. Mais la situation a changé. Si la guerre donne encore des dividendes ils sont pris sur le capital des nations. Les bénéfices dont elle est la source et qui consistent dans la gloire dont se couvrent les généraux victorieux, et les dotations plus substantielles que leur décerne la reconnaissance nationale, dans l'avancement et la solde de campagne des officiers, dans les profits plantureux des fournisseurs du matériel de guerre, de la nourriture et du vêtement du personnel, etc., etc., ces bénéfices ne sont qu'un bien faible item, en comparaison de l'énorme dépense que la guerre coûte aux nations et des dommages qu' elle inflige à leur industrie et à leur commerce. Que le personnel gouvernant qui décide de la guerre soit peu sensible à ces considérations matérielles, cela se conçoit. Comme le remarquait Kant, la guerre ne prive pas le chef d'Etat qui la déclare d'un seul plat de son dîner, mais que les nations qui doivent en payer les frais consentent bénévolement à la supporter, bien qu'elles aient, théoriquement du moins, le droit de l'empêcher, ce n'est pas le moins étonnant des phénomènes.

Cependant la croyance en la nécessité et en la perpétuité de la guerre est demeurée un article de foi chez les classes dirigeantes du monde civilisé. On peut donc, en calculant ce qu'elle a coûté depuis un siècle, se faire une idée du fardeau qu'elle imposera aux siècles à venir. Au moment où a éclaté la révolution française, les dettes de l'ensemble des nations civilisées ne dépassaient pas une vingtaine de milliards ; elles s'élèvent aujourd'hui à 177 milliards dont la presque totalité doit être mise au compte de la guerre et de la paix armée. Et si on analyse les budgets des dépenses, à la seule exception du budget de l'Union américaine, on constate que les budgets de la dette, de la guerre et de la marine en absorbent les deux tiers [1].Quant aux autres services que les gouvernements ont accaparés, il se soldent en perte, en ce sens que l'industrie privée les fournirait en meilleure qualité et à meilleur marché.

A ces dépenses colossales et toujours croissantes du monopole gouvernemental, il est pourvu au moyen d'une série d'impôts qui atteignent et renchérissent tous les matériaux de la vie, sans excepter l'air respirable et la lumière du soleil. Et tandis que chacun, en achetant un produit ou un service à l'industrie privée, connaît exactement le prix dont il le paie, nul ne peut savoir ce que lui coûte l'un ou l'autre des services qui lui impose l'Etat, et encore moins quel est le montant de sa contribution à la dépense commune. Car le problème de l'incidence de l'impôt est demeuré aussi insoluble que celui de la quadrature du cercle. Au moins l'impôt est-il employé uniquement à rétribuer des services affectés à la nation toute entière, conformément à l'adage des économistes : on ne doit d'impôts qu'à l'Etat ? Nous savons ce que le protectionnisme a fait de cet adage : sur le budget de l'Etat il a greffé un budget parasite, alimenté par une dîme agricole et industrielle plus lourde que ne le furent jamais la dîme ecclésiastique et les redevances féodales. La statistique, en sa qualité de science officielle, ne nous fournit que des données incertaines sur le poids et l'étendue de cette double charge, sur le tantième que l'Etat et ses protégés enlèvent au revenu

---

1 Voir Grandeur et Décadence de la Guerre, chap. VI. Le bilan des guerres des Etats modernes.

Gustave de Molinari

annuel de la nation. Est-ce le cinquième, le quart ou la moitié ? Et dans quelle proportion les différentes catégories d'imposés y contribuent-ils ? Nous ne pouvons faire à cet égard que des conjectures. Mais ce qui est clair et certain, c'est que cette proportion va s'élevant tous les jours, c'est qu'en dépit de l'accroissement continu de la productivité de l'industrie, les charges publiques s'augmentent plus vite que les revenus privés et qu'un jour viendra où ils cesseront d'y suffire. J.-B. Say qualifiait d'ulcères les gouvernements de son temps. Que dirait-il des nôtres ?

Les choses en sont venues au point que les conservateurs les plus endurcis eux-mêmes commencent à envisager l'avenir avec inquiétude. Ils s'effraient avec raison des progrès du socialisme, sans paraître se douter que le socialisme est un effet, non une cause. Les uns croient conjurer le péril dont il les menace en lui faisant des concessions, les autres ne voient de salut que dans la dictature. Mais s'imaginer que les concessions désarmeront le socialisme ou que la société puisse être sauvée par la dictature, n'est-ce pas la plus décevante des utopies ?

Les socialistes ont un autre remède qu'ils s'accordent à considérer comme infaillible, c'est de supprimer l'odieuse concurrence qu'ils rendent responsable de tous les maux de l'humanité, c'est d'absorber la société dans l'Etat, lequel se chargera d'organiser l'industrie et d'en distribuer les produits au travail à l'exclusion du capital. Mais cette conception d'une organisation de l'industrie en opposition avec les lois naturelles qui gouvernent l'activité humaine n'est-elle pas aussi chimérique que celle d'une ville bâtie sur les nuées, qui excitait la verve d'Aristophane aux dépens des socialistes d'il y a 2500 ans ? N'est-ce pas, à son tour, la plus invraisemblable des utopies ?

Cependant nous ne pouvons nous le dissimuler : les classes pensantes et dirigeantes des sociétés civilisées, si opposés que soient leurs intérêts et leurs tendances, sont également étatistes. La seule différence que l'on puisse signaler entre les conservateurs et les socialistes, c'est que ceux-là veulent conserver l'Etat pour l'exploiter à leur profit tandis que ceux-ci veulent s'en emparer pour l'accommoder au leur. Les partis intermédiaires, libéraux et radicaux, sont en voie de disparaître, les libéraux se joignant de préférence aux conservateurs, les radicaux aux socialistes. Après avoir dénoncé la faillite de la science, on proclame celle de la liberté. Bien peu nombreux sont les libéraux qui lui sont demeurés entièrement fidèles. On pourrait dire d'eux ce qu'on disait des doctrinaires de la Restauration : qu'ils tiendraient sur un canapé. Mais ils ont cette fortune de posséder comme auxiliaires leurs adversaires eux-mêmes. Il leur suffirait de laisser faire le militarisme, le protectionnisme et finalement le socialisme pour avoir gain de cause. Car un moment viendra où l'Etat, soit qu'il demeure dans les mains des conservateurs ou qu'il tombe dans celles des socialistes, pèsera sur la société d'un tel poids qu'elle cessera de pouvoir le porter. Souhaitons qu'elle n'attende pas ce moment-là pour savoir où est l'utopie.

ISBN : 978-1511498319

Gustave de Molinari